经济管理类创新融合精品教材
“互联网+”教育改革新理念教材

现代企业管理

董　慧　王　微　巫嘉仪　主　编
张　伟　刘　昌　章雪莉　曾悦秀　副主编

中国商业出版社

图书在版编目（CIP）数据

现代企业管理 / 董慧，王微，巫嘉仪主编. -- 北京 ：中国商业出版社，2024. 9. -- ISBN 978-7-5208-3142-0

Ⅰ. F272

中国国家版本馆 CIP 数据核字第 2024LV1375 号

责任编辑：管明林

中国商业出版社出版发行

（www.zgsycb.com　100053　北京广安门内报国寺1号）

总编室：010-63180647　　编辑室：010-83114579

发行部：010-83120835/8286

新华书店经销

唐山唐文印刷有限公司印刷

*

880毫米×1230毫米　16开　13印张　345千字

2024年9月第1版　2024年9月第1次印刷

定价：48.00元

* * * *

（如有印装质量问题可更换）

前 言

现代企业管理是系统地研究管理知识、指导人们从事现代企业管理实践的科学。当前，世界经济正在飞速发展，整个人类社会面临世界经济一体化及信息化的挑战，管理科学作为社会管理实践活动的理论概括和总结，并反过来指导着现代企业管理的实践活动，其发展正接受着时代的挑战与洗礼。管理革命、管理创新正在世界各地广泛开展。与此相适应，现代企业管理课程及其教材所涉及的内容也应及时反映时代的变革要求。为满足企业管理实践活动的需要，以及培养现代企业管理人才的需要，本书结合高等教育的特点和教学要求，从理论提高与技能培养相结合的目标出发，以培养富有创新精神的应用型人才为宗旨，以企业基本管理职能为依据，在内容安排上注重理论指导与实际业务相结合，在结构安排上力求编排合理、条理清晰，深入浅出、阐明透彻。

本书共八章，分别为现代企业管理导论、战略管理、生产管理、营销管理、物流管理、人力资源管理、财务管理、管理创新。

本书编写人员都从事企业管理教学工作，具有多年的教学与社会实践经验，对企业管理学的基础理论与前沿理论有较深入的研究，对企业管理的发展动态有较好的把握。本书在编写过程中，突出了基础性、系统性、实用性和前瞻性的特点，力求有所创新，同时避免烦琐、冗长。本书在介绍理论知识的基础上，每章前增加了引入案例，为学生的学习和思考提供了足够的空间。

本书既可作为经济类和管理类各专业的教学用书，也可作为现代企业的培训教材。由于编写时间紧迫，教材难免会有纰漏或不足之处，恳请广大读者批评指正。

编 者

2024 年 6 月

目录

第一章 现代企业管理导论

本章导读

本章主要介绍企业的形成与发展，现代企业的含义与特征，现代企业的类型及组织结构；研究企业管理的内涵及作用，现代企业管理职能，管理理论的产生与发展，现代企业系统的构成要素，现代企业组织形式；阐述现代企业经营目标、管理职能及观念，分析企业经营能力。

引入案例

拉面馆的故事

朋友和一个小老板在路边闲聊，这个小老板谈及如今的生意，感慨颇多。他曾经辉煌过，在兰州拉面最红火的时候在闹市口开了家拉面馆，生意很是兴隆，后来却不做了。朋友心存疑虑地问他："为什么？"

"现在的人贼着呢！"小老板说，"我当时雇了个会做拉面的师傅，但在工资上总也谈不拢。开始的时候为了调动他的积极性，我们是按销售量分成的，一碗面给他 5 毛钱的提成。经过一段时间，他发现客人越多他的收入也越多，这样一来他就在每碗里放超量的牛肉来吸引回头客。一碗面才 4 块钱，本来就靠薄利多销，他每碗多放几片牛肉我还赚哪门子钱啊！后来看这样不行，钱全被他赚去了！我就换了一种分配方式，给他每月发固定工资，工资给高点也无所谓，这样他不至于多加牛肉了吧？因为客多客少和他的收入没关系。"

"你猜怎么着？"小老板有点激动了，"他在每碗里都少放牛肉，把客人都赶走了！""这是为什么？"朋友不解地问道。小老板生气地说："牛肉的分量少，顾客就不满意，回头客就少，生意肯定就清淡。他才不管你赚不赚钱呢，他拿固定的工钱，巴不得你天天没客人才清闲呢！"

结果一个很好的项目因为管理不善而黯然退出市场，尽管被管理者只有一个人。

这个小拉面馆的故事反映出一个小企业在生产经营管理中的各种问题。虽然是小面馆，但是也必须有完整的生产管理，如工作程序、定额消耗以及制度规范等，以及经营过程中有效的监督和控制，否则就将面临各种危机。作为小规模店铺老板更要熟悉每个环节，才能做好管理。这实际上反映出大部分现代企业在生产经营管理中存在的问题：管理混乱，组织运作效能低。现代企业管理是一门综合性学科，它涵盖了社会学科和技术学科两大领域，内容涉及企业生产经营管理的各个方面。研究现代企业管理的实际问题，首先必须对现代企业以及管理基本理论有全面的了解和认识。

第一节　现代企业概述

具备何种特质与内涵的组织称得上是现代企业？现代企业又有哪些类型？这是我们必须掌握的内容。只有在掌握这些基本内容的基础上，才能掌握现代企业的经营与管理的各项职能内容。

一、企业的形成与发展

（一）企业的产生

由许多人集合在一起，生产某种产品或提供某种服务，他们生产的产品和提供的服务并非为了自身的需要，而是向社会提供，并满足消费者需要，这就是企业。

企业是怎样产生的呢？在自然经济占统治地位的社会里，社会生产和消费以家庭或手工作坊为单位，它们并不是企业。在资本主义社会，企业是取代家庭经济和作坊而出现的一种具有更高生产效率的经济单位，企业成了社会的基本经济单位。

现代市场经济理论分析了企业产生的经济动因。起初出现的企业规模比较小，多数是手工工场。产业革命后技术进步和市场的扩张，资本主义生产开始转向大机器生产，企业生产经营规模迅速扩张，大型工厂的出现为现代企业的诞生奠定了基础。

（二）企业的演变

从最初出现的企业到今天的现代企业经历了较长的历史演变。从其生产技术与生产组织的发展来看，经历了手工工场—机器工厂—现代公司等阶段；从其资产所有者的形式考察，又经历了个人业主制企业、合伙制企业和公司制企业三种形式。

1. 个人业主制企业

个人业主制企业是指由个人出资兴办，并由个人控制的企业。这种企业是自然人，不具有法人资格，它是最早产生也是最简单的企业形态。早期的手工工场多数属于个人业主制企业。由于它规模比较小，开办时需要的资金少，开设简单，经营灵活，即使在今天，个人业主制企业还普遍存在。由于这类企业主要对债务承担无限责任，因而经营风险大，再加上规模有限，生产经营能力弱小，很难发展壮大。

2. 合伙制企业

合伙制企业是由两个以上业主共同出资兴办的企业，企业为出资人共同所有，共同经营，所获利润共同分享。合伙制企业的规模也比较小，通常在广告事务所、商标事务所、会计师事务所、零售商店等企业中较为常见。其优点是扩大了资金来源和信用能力，由于其是多名业主共同管理，既提高了经营管理能力，也增加了企业扩大与发展的可能性。但是，合伙制企业仍然是自然人，出资者对企业债务承担无限责任，且合伙人有连带责任，企业寿命不容易持久，企业规模受到限制。

3. 公司制企业

为了克服前两种企业投资少、规模有限的局限性，人们开始探寻新的企业形式。19 世纪中期，英国率先完成了产业革命，机器大工业广泛建立，生产的社会化程度有了极大的提高，企业也得到迅速发展，但此时的股份公司在法律上仍然被当作合伙制企业。到 1856 年，英国议会确认了注册公司只负有限责任，并且公布了第一部现代公司法，即有限责任形式的公司法，公司制企业才得以正式建立。对此，美国的巴特勒（N. M. Butler）评价：“有限责任公司是近代最伟大的一个发明，甚至连蒸汽机和电的发明都不如有限责任公司来得重要。”公司制企业是由两个以上投资人（自然人或法人）依法集资联合组成，有独立的注册资产、自主经营、自负盈亏的法人企业公司。这种企业更能适应市场经济发展的需要，是现代企业的主要形式。

二、现代企业的含义与特征

（一）现代企业的含义

现代企业是指以盈利为目的，为满足社会需要，依法从事商品生产、流通和服务等经济活动，实行自主经营、自负盈亏、自我约束、自我发展的法人实体和市场竞争主体。企业是人类社会经济活动发展到一定历史阶段的产物，是社会生产力发展到一定水平的产物。企业是社会经济的基本单位，它的概念包括以下四方面的含义。

1. 企业是经济实体

企业不同于政府部门和事业单位，它必须追求经济效益，获得盈利。盈利是企业创造附加价值的重要组成部分，也是社会对企业所生产的产品和服务能否满足社会需要的认可和报酬。

2. 企业必须自主经营和自负盈亏

企业能够根据市场需要，独立自主地使用和支配其所拥有的资源，并能够对其经济结果独立地享有相应的权益并承担相应的责任。自主经营必然自负盈亏，自负盈亏制约自主经营。

3. 企业必须承担社会责任

企业要满足社会的需要，不仅是满足消费者的需要，而且还应满足出资者、职工、供货者、交易对象、银行、政府、地区以及一切与企业相关的社会团体的需要。同时，企业还应承担提供就业机会、防止环境污染、维护生态平衡、节约资源等社会责任。

4. 企业必须具有法人资格

企业是依法成立、具有民事权利能力和民事行为能力、独立享有民事权利并承担民事义务的组织，它必须拥有自己独立支配和管理的财产，有专门的组织名称、固定的经营场所和一定的从业人员，有一定的组织机构和组织章程等。

（二）现代企业的特征

从生产力角度研究，现代企业主要有以下特征。

1. 经济性特征

经济性是指企业是一个经济实体，拥有一定的资源条件，开展生产经营和服务等经济活动。经济性特征表明企业是国民经济的细胞和微观经济基础，是创造社会财富、满足人们物质文化需要的最基本经济单位，是构成社会生产力的基础。在现代商品经济条件下，没有企业就没有社会经济活动。

2. 盈利性特征

盈利性是指企业进行社会经济活动的目的是获得利润。企业盈利既是企业扩大再生产和提高职工生活水平的需要，也是国家财政收入的重要保证。盈利性特征是企业区别于事业单位、公益部门和政府机关等组织的最明显的标志。

3. 相对独立性特征

相对独立性是指企业主要以市场需求为导向，较少受政府的直接干预，拥有相对独立的生产经营自主权，有权自主支配资源，独立核算，自负盈亏。没有生产经营自主权的企业就不是完整意义上的企业。

4. 社会性特征

社会性是指企业作为国民经济的细胞，它的生产经营活动关联到社会的各个方面，企业依赖于社会、服务于社会，并对社会承担一定的义务和责任。因为企业生存与发展的环境是社会，企业效益只有通过为社会提供满意的商品和服务才能获得，企业只有通过与其相关的社会团体的有效合作才能得以发展。

5. 法定性特征

法定性是指企业在法律上具有“法人”资格，即具有一定的组织结构和法定财产权，能以自己的名义进行民事活动，享有法律规定的权利，履行法律规定的义务。

现代企业的这些特征完全区别于事业组织和慈善组织。

三、现代企业的类型

根据不同的划分标准，现代企业有以下四种分类。

（一）根据生产要素比例分类

根据不同生产要素所占比例，可以将现代企业分为劳动密集型企业、资金密集型企业和知识密集型企业。

劳动密集型企业是指技术装备程度低，用人较多，产品成本中劳动消耗所占比重较大的企业，如服装加工行业、玩具制造行业等。

资金密集型企业是指投资较多，技术装备程度较高，用人较少的企业，如自动化程度较高的装备制造业等。

知识密集型企业是指拥有较多中、高科技专家，综合运用先进科学技术成果的企业，如 IT 行业等。

（二）根据企业组织形式分类

根据不同的企业组织形式，可以将现代企业分为单厂企业、多厂企业和企业集团。

单厂企业是指由若干在生产技术上有密切联系的生产部门所组成的企业。一般实行统一经营、统一核算。

多厂企业是指由两个以上的工厂所组成的企业。它是按照专业化、联合化以及经济合理优化的原则，将互相间有依赖关系的若干个分散的工厂组织起来，实行统一经营管理的经济组织。多厂企业的主要形式是总公司下设若干分厂或分公司。

企业集团是指以一个或若干个实力雄厚的大企业为核心，以资本、产品、技术、契约等多种要素为纽带，把多个企业单位联结在一起而形成的具有多层次机构的经济组织。它由核心层、紧密层、半核心层、松散层等多层企业构成，如宝山钢铁集团有限公司等。工厂和企业是两个完全不同的概念，工厂仅指生产的场所，而企业是法人的概念。

（三）根据企业规模分类

根据不同的企业规模，可以将现代企业划分为特大型企业、大型企业、中型企业和小型企业。

从衡量企业规模的指标来分析，一般包括企业生产能力、机器设备数量或装机容量、固定资产原值和职工人数四个方面。划分企业规模的具体数值和内容重点，随着科技水平和生产社会化程度的不断提高以及行业的不同会有所变化。

（四）根据企业的法律形式分类

根据不同的法律形式，可以将现代企业分为自然人企业和法人企业。

自然人企业是指具有民事权利能力和民事行为能力的公民依法投资建立的企业。企业财产属于出资者私人财产的一部分，民事主体是自然人，而不是企业。个人业主制企业和合伙制企业是典型的自然人企业。

法人企业是指具有法人资格的企业。法人企业的典型形式是公司制企业。

四、现代企业的组织结构

企业组织结构是指构成企业管理组织各要素的组合方式，也就是组织中各部门以及各层次之间所建立的一种人与事、人与人的相互关系，它是管理者实现组织目标的手段。常见的组织结构有以下六种类型。

（一）直线制

直线制是工业发展初期的一种比较简单的组织结构，它是指企业管理权力由最高管理者经过下级管理人员直到组织最基层执行人，以垂直方式传递、流动的组织结构。

这种组织结构的优点是结构简单，责权集中，指挥灵活，管理费用低；缺点是企业缺乏必要的横向协调与沟通，管理者的任务繁重，对管理者素质技巧要求高。直线制适用于规模小、生产技术比较简单的小型企业。

（二）职能制

职能制是指在组织中按照管理职能组织专业分工，设立若干职能管理机构，各职能部门在业务范围内直接管理下级各执行机构中相关业务活动的组织结构。

这种组织结构的优点是各职能机构都可以进行指挥，工作细致，职能作用发挥充分，减轻了直线领导人员的工作负担；缺点是容易形成多头领导，往往出现职责不清的局面，抢功与推过并存，并且使管理受到职责束缚，易产生本位主义。由于缺点比较明显，现代企业一般不单独采用这种结构形式。

（三）直线—职能制

直线—职能制是指在企业内设置两套系统：一套是按命令统一原则组织的指挥系统，另一套是按专业化原则组织的职能系统。职能机构和人员是直线指挥系统的参谋，不能直接对部门发号施令，只能进行业务指导。

这种组织形式的优点是集中领导，统一指挥，职责清晰，灵活性强，能发挥专业管理的作用；缺点是协调困难，信息反馈迟缓，办事效率低。

这是一种在直线制和职能制基础上取长补短建立起来的组织结构，大多数企业都采用这种组织结构。

（四）事业部制

事业部制是指企业按产品或地区分成各个事业部，从产品设计、原料采购、生产制造、产品销售直至售后服务，完全由事业部负责的一种组织结构形式。它可以分为产品事业部和区域事业部两大类。事业部过多时，可组成事业部组织结构。这种组织结构具有相对独立的市场、相对独立的利益和相对独立的自主权三个基本要素。

这种组织结构的优点是减轻了经营者的负担，责权利明确，能充分发挥各职能机构和事业部的作用；缺点是追求眼前利益，机构臃肿，整体协调性差。

它适用于规模庞大、品种繁多、技术复杂的大型企业。

（五）矩阵制

矩阵制是指为了完成综合性任务而设立的实行双重领导的组织结构，是一种既有按职能划分的垂直领导系统，又有按产品（项目）划分的横向领导关系的结构。一般情况下，按项目划分的部门工作人员是从各职能部门抽调组成的，组成后由项目经理领导，项目完成后，这些人员回到原来的职能部门。

这种组织结构的优点是灵活机动，任务清楚，能充分发挥专家所长，职能部门与技术部门容易沟通；缺点是双重领导容易发生矛盾，组织稳定性差。

它适用于一些重大攻关项目，一些涉及面广、临时性的、复杂的重大工程项目或管理改革任务，特别适用于以开发与实验项目为主的单位。

（六）模拟分散制

模拟分散制是指对企业内部各部门、各环节模拟成立经济实体，实行相对独立经营与相对独立核算，以改善经营管理、提高工作效率的一种组织结构。它是介于直线—职能制和事业部制之间的一种组织结构。

这种组织结构的优点是将企业中各部门、各环节作为相对独立的经济实体，各经济实体被赋予了较大的职权，并使其承担相应的“模拟性”盈亏责任；缺点是模拟组织任务难以具体明确，考核难度大，各部门的信息交流不畅。

它适用于连续生产的钢铁、化工等大型企业。

相关链接

国资国企落实改革新使命新任务

2020年以来，国企改革全面发力、多点突破、纵深推进。从中国特色现代企业制度更加成熟定型，到三项制度改革大范围破冰破局，再到国有经济布局结构实现全方位整体性优化，改出了新活力、高效率、好机制。面向未来，党的二十大报告提出“深化国资国企改革，加快国有经济布局优化和结构调整，推动国有资本和国有企业做强做优做大，提升企业核心竞争力”“完善中国特色现代企业制度，弘扬企业家精神，加快建设世界一流企业”，赋予了国资国企新的使命和任务。

第二节 现代企业管理理论

一、企业管理的内涵及作用

（一）管理与企业管理

1. 管理的概念

自管理成为一门学科、一种理论以来，许多专家从不同角度解释管理的概念，但至今还没有一个公认和统一的概念。历史上最早提到“管理”的学者是苏格拉底，他说：“管理是区别于其他技术和经验的一种技能。”20 世纪初，法国的法约尔说：“管理是一种以绩效责任为基础的专业技能。”通俗地讲，管理就是管人管事。

管理是通过计划、组织、领导、激励和控制等组织职能来协调人力、物力和财力资源，有效地组织企业的经营活动，以期实现预定目标的过程。对这一定义应该有以下几点认识。

(1) 管理活动是一切社会组织普遍具有的活动。这一活动是维持社会组织，并且是其实现特定目标和发挥特定功能的必备条件。缺乏管理或管理不善，将无法发挥社会组织的正常功能，甚至会使社会组织失去存在的价值，从而导致组织瓦解。

(2) 管理活动充分体现了人类有目的活动的过程。这一过程从计划开始到控制结束，周而复始，不断循环。管理的计划、组织、领导、激励和控制体现了管理的各项组织功能，它们是互相作用、缺一不可的。只有这样，才能发挥出管理的整体功能和作用。

(3) 管理具有明确的目的性，它是为现实组织预定的目标服务的，不存在没有目的和目标的管理，任何组织的管理都具有明确的目的性，因此组织的目标就是管理的目标。

(4) 管理工作要通过综合运用组织掌握的各种资源来实现组织的目标。有效的管理是将组织中各种资源加以整合，以最小的投入获得最大的产出。这是一切社会组织追求的目标之一。

(5) 管理是主客体相结合的过程。管理的主体是管理者，而管理者的活动总是在一定的组织中实施的，因而管理的载体是组织，管理的客体是以人为主导的投入产出系统。从现代管理的角度看，只有以人为主导的客观系统才是管理的客体。管理作为主客体相结合的活动过程始终是管理者与被管理者的对立统一，管理必须充分发挥两方面的积极性。

2. 企业管理的概念

在弄清“管理”的内涵之后，就容易理解“企业管理”。管理科学起源于企业管理实践，“管理”的概念也是从企业管理的实践中抽象提炼出来的。随着管理科学进一步发展，人们认识到这一概念同样适用其他性质的社会组织，如文化、教育、卫生、体育等事业单位。这些社会组织的功能与目标会有所不同，但它们管理的本质与职能是一致的。企业与其他社会组织的最大区别在于，企业是盈利性经济组织，以获取利润作为企业的主要经营目标。

（二）管理的地位与作用

有人形象地比喻“管理”与“技术”是企业建设发展的两个轮子，从整个国家经济发展来看也是如此。美国和日本的经济发展也都得益于对管理的重视和管理水平的提高。

1. 管理也是第一生产力

科学技术是第一生产力，早已被人们所认识。但是过去往往把它局限于科学技术本身，这是不全面的。因为生产力是由多种要素构成的系统，这些要素可以分为两类：一类是实体性要素，包括劳动者、劳动资料、劳动对象等，它们是生产力的物质承担者，属于生产力的系统的“硬件”；另一类是非实体性要素，包括科学、技术、管理、教育等，是生产力的系统的“软件”。同是非实体性要素，管理与技术有不同的作用。科学技术在生产力系统中分别作用于各个实体性要素，如提高劳动者素质，革新劳动工具、劳动手段，改造劳动对象，促进生产力的发展；而管理则整体作用于实体性要素系统，即通过对资源的整合作用、效率倍增作用促进生产力发展。据专家保守估计，在现有的科技与设备条件下，改善管理至少可以把生产力水平提高 1/3；反之，缺乏管理或管理不善，即使技术设备非常先进，它们也不能很好地发挥作用，甚至变成一堆废铁。

2. 管理对于社会与企业的发展以及经济效益提高具有重要意义

（1）有效的管理才能使科学技术转化为生产力。先进的科学技术只有通过有效的管理才能与生产实践相结合，进而转化为巨大的社会生产力。著名经济学家、创新理论家熊彼得明确指出，创新与创造发明的根本区别在于创新成果必须市场化，必须得到市场和消费者的认可。因此，他提出的创新概念实际上将管理的环节与功能包括在内。这充分说明科学技术在转化为生产力的过程中，管理是必不可少的要素，而且直接影响转化的速度和效果。

（2）管理对提高企业的经济效益起关键性作用。市场经济的发展要求经济工作真正转移到提高经济效益的轨道上来，变粗放经营为集约化经营。其中的关键是重视管理和强化管理，“向管理要效益”已成为普遍的共识。提高经济效益应该成为管理工作的出发点和落脚点，尤其是盈利性组织，更应该重视经济效益的提高。

经济效益就是以尽可能少的投入生产出尽可能多的适销对路、价廉物美的产品。可见，提高经济效益与管理的根本任务是完全一致的。管理工作的有效性应该用经济效益是否提高与提高多少来衡量。

（3）管理是推动现代社会发展的杠杆。各国经济发展的历史证明，科学、技术和管理是经济腾飞、社会发展的重要支柱。因此，能否实现适合我国特点的科学管理，能否全面提高管理水平，将在很大程度上决定我国经济发展的水平与质量，并且直接关系到我国经济体制改革的成败。

（4）管理是改善国民素质的重要途径。“以人为本”是现代管理的一条基本原则。加强管理不仅要提高广大经营管理人员的素质，培养和造就一支懂得市场经济的职业化的企业级队伍，更要不断提高广大职工的思想素质和技术文化素质，从而实现国民素质的全面提高。管理现代化必须做到科学化与民族化的统一。通过加强管理，不仅要建立起有中国特色的管理文化，也要造就适应社会主义市场经济发展的一代新人。

二、现代企业管理职能

（一）管理职能的由来与发展

管理职能学说最早是由法国管理学者法约尔提出的，他将企业的活动分为六类，即技术活动（生产、制造、加工）、商业活动（采购、销售、交换）、财务活动（资本筹集和运用）、安全活动（财产与人员的安全）、会计活动（财产盘点、成本核算、资产负债表制作等）和管理活动。而管理活动又包括计划、组织、指挥、协调和控制五个要素。

经过近百年的发展，管理的实践得到极大丰富和发展，人们对管理职能的认识也在不断深化。在此期间，许多著名的管理学者对管理的职能有多种理解和解释。因此，出现过三功能、四功能、五功能和七功能的不同提法。通过比较不难发现，这些不同解释提出的主要功能是一致的，它们的差异表现在两个方面：一是对某些职能的合并与分解；二是管理职能本身的发展，如现代管理的决策职能、激励职能、领导职能等得到了加强。

计划（包括决策）、组织、领导、激励和控制，可以比较全面地说明管理所具有的基本功能。

（二）管理职能的含义

（1）计划职能。计划是一种预测未来、设定目标、决定政策、选择方案、实现任务与自身能力的动态平衡的过程，目的是实现组织目标和取得最大的经济效益。

（2）组织职能。组织是为了达到预定目标，经由建立在分工与协作基础上形成的组织结构，并组织实施计划任务的过程。

（3）领导职能。领导是领导者以其影响力，在特定的环境中影响个人与群体，以统一意志、统一行动，保证组织目标实现的过程。

（4）激励职能。激励是根据职工的需要设置目标，并且通过目标导向活动，使职工产生组织所期望的行为的过程。

（5）控制职能。控制是检查工作是否按照规定的计划、标准、方法进行，发现偏差及时调整，确保组织目标实现的过程。

（三）管理职能之间的关系

许多学者认为管理是从计划开始到控制结束的一个循环过程，而管理者就在这个过程中重复地执行各种职能。因此，管理职能学说也称为“管理过程学派”。通过对管理职能及其相互关系的深入分析，认为它们体现了以下的关系。

领导职能处于核心地位。其核心作用表现为对管理其他职能具有决策与指挥作用，以及对管理其他职能的总体协调作用。领导职能具有很强的辐射功能，能够管理形成一个有机的整体，发挥其整体的功能。

计划是管理的首要职能，在任何一项工作开始之前计划是第一位的。工作的计划性体现了人类活动的目的性和预见性。

组织是计划、目标明确以后，将企业掌握的各种资源，尤其是人力资源有效地整合起来，去实现预定的目标的过程。

"管理以人为本"，人的积极性是完成各项任务、实现组织预定目标的根本保证，激励是管理有效性的重要条件和功能。

控制是直接为实现组织预定目标服务的。只有计划、没有控制，就不能保证企业的经营活动按预定的方向、目标前进。

总之，管理本身是一个闭环系统（注意不是封闭系统），周而复始，不断循环，从而推动企业经营活动不断向前。

三、管理理论的发展

由于管理科学产生于西方工业发达国家，管理理论的产生与发展实质上是西方国家的管理思想与理论的产生与发展。1776 年，英国经济学家亚当・斯密在《国民财富的性质和原因研究》（《国富论》）一文中系统地阐述了劳动价值论及劳动分工理论，揭开了资本主义社会经营管理研究的序幕。在其后也有不少学者对管理问题进行了研究。系统管理理论在 19 世纪末到 20 世纪初最终成型。西方管理思想与理论的发展大致经历了古典管理理论阶段、人际关系学说阶段和现代管理理论阶段。

（一）古典管理理论阶段

这一阶段以泰勒的科学管理理论和法约尔的一般管理理论最具代表性。

泰勒（Frederick W. Taylor）的《科学管理原理》一书通常被认为是管理科学形成的标志。泰勒科学管理理论的主要内容包括管理哲学（思想）和管理方法两部分。泰勒将科学管理思想归纳为四大原则：建立一门严格的科学；科学地挑选工人；把科学方法与工人结合起来；管理当局与工人之间亲密无间的合作。泰勒以这些原则为基础将其具体化为一系列的管理方法，主要有制定工作额度制度、计划与执行分离制度、差别计件工资制度等。

1911 年 10 月，泰勒在美国国会举行的听证会上特别阐明了科学管理的实质。他说："科学管理是任何公司或产业中劳资双方的一种精神革命……双方不再把注意力放在盈利的分配上……他们将注意力转向盈余的数量上，使盈余增加到如何分配盈余的争论成为不必要。"

在泰勒的影响下，许多学者投入到科学管理方法的研究中，并且进一步发展了这一理论，其中的代表人物有吉尔布雷斯夫妇和亨利・甘特等。

与泰勒同一时代的法国学者法约尔为管理学的发展作出了重大的贡献，他对管理研究的成果主要体现在《工业管理与一般管理》一书中。泰勒是从工场往上研究，而法约尔则是从董事会往下研究，他们的研究是相互补充的。

法约尔认为搞好企业经营必须做好六类活动，即技术、商业、财务、安全、会计和管理活动。管理活动包括七个要素，即计划、组织、指挥、协调、控制、人员和预算。他认为当时学校教育只强调技术知识，不重视对商业、财务、管理能力的培养，而学校不重视管理教育的真正原因是缺乏普遍被接受的管理理论。法约尔还提出了管理的 14 项原则，即劳动分工、权力与责任、纪律、统一指挥、统一领导、个人利益服从整体利益、人员报酬、集中、等级制度、秩序、公平、人员稳定、创新精神和团结精神。

古典管理理论在管理发展史上和对以后的管理理论的发展有重大影响。目前"现代"管理理论与方法中有许多可以追溯到泰勒等在半个世纪以前提出的思想。

（二）人际关系学说阶段

人际关系学说重要的代表人物是美国哈佛大学教授梅奥（Elton Mayo），他的《工业文明的人性问题》一书标志着人际关系学说的正式创立。人际关系学说产生于“霍桑试验”。这一试验起初是为了证明一种假设：物质条件和工作环境的改善可以提高生产率，两者之间存在明确的因果关系。只要照明、通风、温度等各种条件适当，再加上刺激性的工资制度，照明只不过是影响个人产量的诸多因素之一，而且在整个过程中影响不大。那么，什么因素对工人生产率产生较大影响呢？于是在梅奥等的参与下继续进行试验。之后，梅奥从另外的角度观察到，试验小组的工人在精神方面发生了重要变化。因为参与试验的工人由工头领导改为由研究人员领导，同时小组受到各方面的重视，形成一种参与试验计划的意识，试验小组工人之间、工人与研究人员之间互相协作，创造出更加自由和愉快的工作气氛，提高了工作效率。

梅奥等通过对霍桑试验材料进行分析，得出了三个结论：①职工是“社会人”，不是单纯追求金钱收入，还有社会方面、心理方面的需求，即人与人之间的友情、安全感、归属感和受人尊重等要求；②正式组织中存在着“非正式组织”，公司中正式组织是根据“效率逻辑”“费用逻辑”建立起来的，管理当局应充分认识到非正式组织的作用，注意在正式组织与非正式组织之间保持平衡；③新的领导方式在于提高职工的满足度，管理的目的是使人们为实现组织的共同目标而合作，一方面要满足成员物质的、经济的需要，另一方面要满足成员间的自发性合作的社会需要。

人际关系学说创立以后，受到企业界与理论界的普遍重视，以后又涌现了大量的研究成果。1949 年，在美国芝加哥召开的一次跨学科会议上，首先提出了“行为科学”理论的研究。到目前为止，行为科学理论已成为现代管理理论的重要支柱。

（三）现代管理理论阶段

美国管理学家哈罗德·孔茨（Harold·Koontz）认为，20 世纪 60 年代开始进入现代管理理论时代，其特点是各种管理理论和学派形成了相互盘根错节的一片丛林。他发表了题为《管理理论的丛书》和《再论管理理论的丛书》的文章，在后一篇文章中他将管理学派归纳为管理过程学派、经验学派、人际关系学派、群体行为学派、社会协作学派、决策理论学派、管理科学学派、社会技术系统学派、系统管理学派、权变理论学派、经理角色学派和经营管理学派等。下面将重点介绍四个学派。

1. 管理过程学派

管理过程学派是目前最有影响的学派，代表人物有法约尔、哈罗德·孔茨等。他们把管理看成一种过程，其研究方法可以分为两步：第一步是研究管理者在管理过程中“做什么”，以确定管理的基本职能；第二步是研究管理者“怎么做”，由此提出一些实用的原则以及一系列管理技巧。

2. 系统管理学派

这一学派将系统理论与控制理论应用于管理，代表人物有美国的约翰逊、卡斯特、罗森茨韦克等。系统管理学派认为，企业是人们创造的由相互联系的各个要素组成的系统，以便达成一定目标。它同周围环境之间存在着动态的相互作用，并且具有内部和外部的信息反馈网络，能够不断地自行调节，以适应环境的变化与本身的需要。

系统管理学派认为，组织是一个社会技术系统，它由许多分系统组成，包括组织目标和价值系统、技术系统、社会心理系统、组织结构系统等，而管理分系统联系着整个组织，同时组织与外部环境发生联系。这些子系统在组织中是缺一不可的，它们相互作用、相互影响。

3. 管理科学学派

管理科学学派又称为管理中的数理学派，也称为运筹学派。这一学派把管理视作计量工具和方法，用来协助管理人员对复杂生产和作业进行决策。他们认为，只要管理，或组织、或计划、或决策是一个逻辑过程，就能用数学符号与运算公式表示出来，运用模型把问题的基本关系和选定的目标表示出来。

管理科学解决问题的程序是系统考虑问题，建立数学模型，利用模型求解，检验模型，将模型付诸实施。

管理科学具有的特点：管理科学的方法有助于提高管理决策者的效率；通常应用经济假设来进行特定的决策；应用数学模型；广泛应用计算机。

4. 权变理论学派

权变理论学派强调，管理者的实际工作取决于其所处的环境条件，认为环境变化同管理对策之间存在着一定关系。管理科学和理论没有，也不可能提供在每一种情况下如何行事的“最好方法”。权变研究方法试图把所有的条件和状况归纳为几个基本类型，给每个类型找出一种解决问题的模型，以保证各种不同管理方法有成功的机会，从而提出了“稳定—机械式组织结构”与“适应—有机式组织结构”的一般性结论。

四、现代企业系统的构成要素

现代企业系统构成可以从静态和动态两个方面观察。

（一）现代企业静态构成要素

现代企业的静态构成要素按经营活动性质可以分为生产子系统、技术子系统、营销子系统、财务子系统和人事子系统。

1. 生产子系统

生产子系统是指主要由企业各个基本生产与辅助生产单位组成的系统，同时包括产品检验、物料供应、生产安全系统。这一系统的主要职能是承担产品的制造，保质、保量和按期交货，确保设备和人身安全。

2. 技术子系统

技术子系统是指主要由企业产品研制、开发和技术保障部门组成的系统。这一系统的主要职能是推动企业技术创新，从技术方面保证企业生产有效进行。

3. 营销子系统

营销子系统是指主要由企业市场营销部门组成的系统。这一系统的主要职能是组织产品销售和售后服务，积极开拓国内外市场。

4. 财务子系统

财务子系统主要由企业中财务、会计核算部门组成。这一系统的主要职能是筹措和管好、用好资金，做好会计核算和财务监督工作，保证企业生产经营活动取得良好的经营效益。

5. 人事子系统

人事子系统是指主要由企业全体员工按组织体系形成的系统。这一系统的主要职能是根据生产的需要不断更新和补充职工队伍，搞好人力资源的开发以及工资、保险和福利工作。

（二）现代企业动态构成要素

企业系统是一个不断地由投入经过转换形成产出的动态系统，在其不断转换的过程中同时存在着物流、人流、价值流和信息流等，这便形成了企业动态结构形式。

1. 物流

物流是指企业生产经营所需的各种物质要素，从供应和投入生产开始，经过加工制造成为在制品、半成品再到成品，最后把产品销售出去的整个生产经营过程。物流是企业系统最基本的运动形态，物流的特征由产品和加工工艺的特性决定，其流量大小受制于企业系统的规模和市场供求情况。

2. 人流

人流是指企业全体员工在企业系统中的全部活动过程，包括人员的流入与流出、人员的派遣和晋升以及员工的劳动和工作过程。

3. 价值流

价值流是指企业系统运动中的转移、交换和增值的过程，直观地表现为企业资金的运动过程。在企业系统中人流和物流的结合最终造成产品价值的增加，企业生产经营活动也是原有使用价值的消耗和新的使用价值的再生过程。企业价值流动的状况以及增值的大小综合反映出企业的经营状况和成果。

4. 信息流

信息流是指企业生产经营活动所需的全部信息收集、加工、存储和传递过程。它主要表现为以各种数据、标准、定额、决策、计划和指令等形式，进行上传下达、执行和调整的过程。企业系统的全部运行活动无不需要通过信息来加以认识与调控，其全面性、准确性和及时性对企业系统的正常良好运行起着至关重要的作用。

五、现代企业组织形式

现代企业的生产经营运作都是借助于一定的组织形式开展的，而组织形式的科学合理性可以为现代企业运作提供一种有效的运作架构，同时，在财产权、运营权和收益权等方面提供支持和保障。

现代企业组织形式是指企业组织经营的形态和方式。组织形式主要涉及以下三个方面的问题。

第一，资金来源，即由谁投资的问题。这一点是决定企业组织形式的最根本因素。资金不但是任何企业进行生产经营活动的必备资源，而且直接决定着企业的财产关系、责任关系和组织关系。

第二，分配利润、承担风险。企业的盈利如何分配，以及由谁承担责任与风险，反映了企业的财产关系、责任关系，是组织形式中的本质内容。

第三，运用资金、决策行为。在企业内所有权与经营权经常是分离的，生产资料所有者不一定是运用资金的经营者，而负责决策企业经营行为的人也未必是企业的所有者。由谁运用资金，由谁决策企业的经营行为，由谁负责企业的业务管理等问题反映了企业的组织关系。

企业组织形式的主要类型有六种。

（一）个体企业

个体企业是由业主个人出资兴办，由业主自己直接经营的企业。业主享有企业的全部经营所得，同时对企业的债务负有完全责任。如果经营失败，出现资不抵债的情况，业主就用自己的财产来抵偿。

这种企业组织形式简单、规模较小，既可以保持经营特色，又可灵活、机动地适应不断变化的各种需求，便于分散设立、方便顾客。但是，个人资金与能力等方面的局限性不可避免地限制了企业的发展，个人专业、死亡等变故也会直接影响企业的存亡。

在市场经济国家，个体企业通常存在于零售商业、自由职业和个体农业等领域。

（二）合伙制企业

合伙制企业是指由两个或两个以上的个人联合经营的企业，合伙人分享企业所得，并对营业亏损共同承担责任。它可以由部分合伙人经营，其他合伙人仅出资并共负盈亏，也可以由所有合伙人共同经营。

这种企业组织形式比个体企业更容易筹集资金，它设立容易，手续简便，合伙人不以出资为限，都有表决权。但是，合伙人在转让股权时必须经过全体合伙人的一致同意。因此，在决策效率、资金转让等方面有一定的局限性。

合伙制企业一般规模较小，资本的需要量也较小，合伙人数较少。它是合伙人个人信誉有明显重要性的企业。

律师事务所、会计师事务所、诊疗所等常采用这种形式。

（三）合作制企业

合作制企业是以本企业或合作经济实体内的劳动者平等持股、合作经营、股本和劳动共同分红为特征的企业制度。合作制企业是劳动者自愿、自助、自制的经济组织。

实行合作制的企业，外部人员不能入股，它的产权分属于企业职工或合作社社员所有，这是合作制与股份制的区别。如果在企业内部发行股票或股权证，就不是合作制而是股份制，应按照股份制企业的有关法律和规则运营。

这种企业组织形式有利于调动企业职工的积极性，有利于增强企业活力，降低成本，提高经济效益。合作制企业比较适用于城乡小型工商企业以及各种服务性企业。这些企业一般以劳动出资型为主，本小利微，工资收入较低。实行合作制可以使企业职工在工资收入以外还能按股本金获得红利。

（四）无限责任公司

无限责任公司是指由两个或两个以上的股东所组成的法人单位，全体股东提供公司资本，并对公司的债务承担连带无限清偿责任的公司。连带无限清偿责任是指股东无论出资多少，对公司债权人以全部个人财产承担共同或单独清偿全部债务的责任。

由于无限责任公司是法人单位，所以在出现债务时不能对个别股东起诉。无限责任公司一般采用股份资本的形式，每个股东都有参与和管理的权力，但在实际中，一般都通过协商委托其中一方或几个人负责执行具体管理事务。

这种企业组织形式开办手续比较简单，组织精干，因出资人用全部财产担保，对债权人的责任大、信誉好。但是出资人的责任、风险太大，筹集资金渠道有限，转让资金较为困难，因此在国内外都没有得到大的发展。

（五）有限责任公司

有限责任公司是两个以上 50 个以下股东共同出资设立，股东以其出资额为限对公司承担责任，公司以其全部资产对公司的债务承担责任。

有限责任公司不对外公开发行股票，股东的出资额由股东协商确定，股东之间并不需要等额。股东拥有的股权证书不能自由流通，须在其他股东同意的情况下才能进行转让，并要优先转让给公司原有股东。

这种企业组织形式设立程序比较简单，不必发布公告，也不必公开账目，尤其是公司的资产债务表一般不公开，公司内部机构设置灵活。但是，由于不能公开发行股票，筹集资金的范围和规模一般较小，难以适应大规模生产经营活动的需要。有限责任公司一般适用于中小型企业。

（六）股份有限公司

股份有限公司的全体资本为等额股份，股东以其所持股份对公司承担责任，公司以其全部资产对公司的债务承担责任。上市公司通过发行股票来募集资金。

这种组织形式的企业筹资能力强，可以广泛吸收社会闲散资本集中使用，有效分散投资风险。公司所有权与经营权的分离，使股东个人的变故不会影响公司的长期存在与发展。股份有限公司的缺点：设立程序比较复杂；定期公布财务报表导致保密性差；少数大股东可以操控公司；股东流动性较大；等等。在市场经济国家，大中型企业通常采用股份有限公司形式。

政园地

企业党组织的机构设置及职责

公司机关和各基层单位分别成立党支部委员会。两个单位在一起办公时，可视情况设立联合支部。7 名以下党员的支部，可只设支部书记 1 人。支部书记可由党员大会选举产生，也可由公司党委任命。党支部委员会由党员大会按照《中国共产党章程》（简称《党章》）和《中国共产党基层组织选举工作暂行条例》的规定选举产生，每届任期 3 年。党员人数多的支部可考虑增设副书记。党支部应从有利于开展党建工作的实际出发，选配专职或兼职支部书记。通过选举产生的党支部委员会委员应报上级党组织备案和批准。

根据《党章》规定：国有企业和集体企业中党的基层组织的主要职责是保证监督党和国家的方

针、政策在本企业的贯彻执行；支持股东会、董事会、监事会和经理（厂长）依法行使职权；全心全意依靠职工群众，支持职工代表大会开展工作；参与企业重大问题的决策；加强党组织的自身建设，领导思想政治工作、精神文明建设和工会、共青团等群众组织。非公有制企业党组织的主要职责是宣传贯彻党的路线方针政策、团结凝聚职工群众、维护各方合法权益、建设先进企业文化、促进企业健康发展和加强自身建设。

第三节　现代企业经营理论

一、现代企业经营概述

（一）企业经营的含义

现代企业是在市场环境中自主经营、自负盈亏的经济实体。经营就是企业根据市场需要，运用现有的人、物、财、时间和信息等资源，向社会提供产品和服务，并且获得一定经济效益和社会效益的活动。

（二）企业经营管理的含义

企业经营管理是指在市场经济条件下，对企业经济活动具有支配权的人们，面向市场和用户需要，平衡企业内外一切条件和可能，自觉地利用价值规律，通过一系列的运筹、谋划活动去达成企业目标。企业经营管理是一个连续不断的循环过程。

（三）现代企业经营目标

简单地说，传统企业的经营目标就是利润最大化。而现代企业仅仅追求利润最大化是不够的，还应追求所有者（股东）权益最大化和企业价值最大化。

1. 利润最大化

利润是企业所得的收入大于投入的耗费的部分。若收入小于耗费，则发生亏损。利润最大化是所有投资者与经营者追求的目标。这是因为，人类进行生产经营活动的目的是创造更多的剩余价值。在商品经济条件下，剩余价值的多少可以利用利润这一指标来衡量。同时每个企业都最大限度地获得利润，整个社会的财富才可能最大化，从而带来社会的发展与进步。这也是企业对社会所作的主要贡献。

社会主义企业的性质决定人们追求利润最大化的出发点是满足人民群众日益增长的物质与文化需要。企业利润最大化不应该以损害客户和消费者利益为代价。另外，企业应该将经济效益与社会效益很好地统一起来。凡是这样做的企业，必将获得更好的经济效益。

2. 所有者（股东）权益最大化

所有者权益是投资者对企业净资产的所有权，包括实收资本、资本公积、盈余公积和未分配利润等。企业在一定时期内实现的利润越多，从税后利润中提取盈余公积和向投资者分配的利润就越多。盈余公积可用于弥补企业亏损，也可以用于转增资本，从而使投资者投入企业的资本增多。

将企业期末所有者权益与期初所有者权益总额进行对比：如果两者相等，表明企业在这段时期内自有资本保值；如果前者大于后者，则表明企业自有资本增值。在比较时应注意期末所有者权益总额中不包括本期非损益的资本增减额，如投资者追加的投资、接受捐赠资产等。

一般来说，利润最大化将导致所有者权益最大化。但也有背离的情况，如出现“内部人控制”，就有可能损害所有者权益，应该避免这种情况。

3. 企业价值最大化

在市场经济条件下，企业产权也是商品，企业可以整体出售或者合资，这时需要对整个企业的价值进行评估，以便确定企业出售价格或合资投资价值。因此，企业经营中还要重视企业价值最大化，将企业价值最大化作为经营的最终目标。

决定企业价值的基础是企业获利能力。评价企业获利时，不仅要关注企业当期的利益，更要关注企业的未来获利能力，即长期获利水平。企业获利能力与单项资产价值之和存在一定联系，企业各单项资产价值之和越大，即生产规模越大，企业的获利能力越强。但是，企业获利能力还受到其他因素的影响。单项资产构成完全相同的两个企业，由于两个企业经营方式、经营管理、技术力量、人员素质以及企业信誉有差异，其盈利状况会有很大差别。这种情况是屡见不鲜的。

上市公司价值可根据其股票价格来确定。在规范的股票市场上，公司股票价格的高低主要取决于公司的盈利能力。公司价值可根据发行股票股数乘每股市价来计算。企业价值是一个长期的概念。追求企业的价值必须克服短期行为，不仅要抓好当前的经营，而且要有长远的发展战略，追求投资的高效益和筹资的低成本，注意合理的资本结构，注重技术进步与产品开发，不断开拓市场，使企业在市场竞争中占据明显的优势，从而保持企业长期的盈利能力。

二、现代企业经营管理职能

现代企业经营管理职能包括五方面内容。

（一）战略职能

战略职能是企业经营管理的首要职能。因为企业所面临的经营环境非常复杂，且影响因素众多，局势变化很快。在这样的环境中企业想要稳定地长期生存与发展，就必须高屋建瓴、高瞻远瞩、审时度势、随机应变地实行战略经营。

（二）决策职能

经营管理的中心内容是决策，甚至可以说经营管理在一定程度上就是决策。决策中最重要的莫过于经营战略的决策。决策主体不应仅仅包括企业的最高领导层，也应包括整个企业的所有管理者和全体员工。企业经营决策只有经过所有管理者与员工长期不懈的努力，才能最终得以实现。因此，企业经营管理的优劣与成败在很大程度上取决于决策职能。决策职能主要是通过环境分析，制定决策方案并进行方案优选、方案实施等过程来完成的。

（三）开发职能

经营管理者必须善于有效地开发和利用各种资源。企业战略职能的发挥很大程度上取决于开发职能的有效性。企业经营管理的开发职能重点在于产品的开发、市场的开发、技术的开发和人才的开发等方面。强势企业的制胜法宝便是其拥有一流的人才、一流的技术、一流的产品和一流的市场竞争力。因此，人才、技术、产品和市场四位一体的开发构成了经营管理开发职能的主体。

（四）财务职能

企业的经营管理过程始终与财务活动相伴随。财务活动就是资金的筹措、运用与增值。财务职能集中表现为资金筹措职能、资金运用职能、增值价值与分配职能以及经营分配职能。资金筹措是企业经营活动的起点，资金运用涉及资金的重点分配与预算，增值价值的分配关系到国家、企业与员工关系的正确处理，经营分配原则是企业经营活动的终点。企业的经营管理始于财务职能，也终于财务职能。企业的战略职能、决策职能和开发职能等都必须以财务职能为基础，并通过财务职能做出最终的评价。财务职能是一项制约性的职能。

（五）公关职能

企业是社会经济系统的一个子系统，是进行经济活动的基本单位。企业要维持生存与发展，必须按照环境适应论的观念与它赖以生存的社会经济系统的诸多环节保持协调一致，这种与外部环境保持协调的职能便是公关职能。

从大系统观点看，企业行为受许多外部因素的影响，包括政治、经济、文化、科学、技术和自然等方面；从企业系统出发，企业与投资者、从业人员、顾客、社会大众、同行、供需厂商以及行政机关之间存在着密切的关系，这些关系有的可能以共同的利益为基础，有的可能以不同的需求为基础，有的可能以利益的矛盾为基础。而公关职能正是要求以企业为中心，有意识地进行积极的协调和必要的妥协，使各种利益团体根据各自的立场，对企业的生存与发展给予承认和合作。

三、现代企业经营观念

现代企业是一个法人组织，它是由其明确的经营观念作为行动纲领，引导和指引企业的生产经营活动循着既定目标前行，因此，企业的经营观念决定着企业发展的大方向。企业经营观念是贯穿企业经营管理活动的指导思想，它是由一系列的观念构成的、对经营过程中发生的各种关系的认识和态度的总和。企业最基本的经营观念就是要扬长避短、发挥优势，以优质的产品与服务满足市场，取得最大的经济效益。这个最基本的经营观念具体表现为六个方面。

（一）市场观念

市场是企业生存的空间与表演的舞台，市场观念是企业经营思想的中心。市场观念是逐步形成与发展的，大致经过三个阶段：第一阶段为生产中心型，其特点是以产定销，卖方市场，买方风险；第二阶段为消费中心型，其特点是以销定产，买方市场，卖方风险；第三阶段为动态均衡型，其特点是满足顾客需求与创造顾客需要相互作用而形成双重市场运行轨迹。树立正确的市场观念，一是消除长期以来的生产中心论的影响，二是树立以创造性经营去创造顾客需求的新理念。

（二）用户观念

用户是市场与消费者的具体组成部分，是实施购买行为的消费者，是企业的直接服务对象。企业研究市场和消费者需求的目的就是赢得用户，而用户的数量直接决定着企业的经营业绩。用户观念首先要求企业学会站在用户的立场上想问题，按照“假如我是用户”的标准处理问题；想用户之所想，树立“用户至上”的理念，把用户的需要和利益放在首位；用户观念要求企业树立先要用户后要利润的思想，明白用户就是最大的利润源泉；用户观念最直接的体现是为用户提供适宜的产品与服务，使用户从产品的使用和得到的服务过程中获取直接的经济利益。

（三）竞争观念

市场经济条件下竞争是一种必然。企业必须树立正确的质量观和服务观，以优异的产品和优质的服务在市场竞争中拔得头筹。竞争观念强调既敢于竞争又善于竞争，要扬己之长避己之短，通过差异化的优势赢得市场，取得市场占有率，开辟新市场。

（四）创新观念

企业的生命力在于它的创新能力。创新观念既包括产品创新、服务创新和技术创新，也包括经营理念与方式的创新。创新要有科学的思想，要有最基本的条件，要面向未知领域。只有不断开拓管理思路，不断改革管理方式，不断采用新的科技成果与技术，不断开辟新的生产经营领域，不断开拓新的市场，不断推出新的产品，才能在竞争大潮中不被淘汰。

（五）开发观念

开发观念要求企业经营者善于有效地开发和利用企业的各种资源，包括资金、物质资源、人力资源、市场资源、时间资源、技术资源、信息资源和管理资源等，并使各种资源的融合程度达到最优。

（六）效益观念

企业经营管理的最根本目的就是提高效益，由此，经营管理的中心任务就是保证企业的经营活动能够带来良好的效益。在现代经济社会中，评价企业的效益，首先要看企业是否为提高社会综合效益做出了贡献，其次才看企业的盈利，企业不再是为了单纯地获利，而是更多地考虑社会效益和经济效益相统一。因此，企业要以产品和服务为社会和消费者带来直接和间接利益作为宗旨，根据社会需要和消费者的利益采用最有效的技术，生产最适用的产品，提供最佳的服务，在此前提下创造更多的企业利润。

四、企业经营能力分析

影响企业生存与发展的因素主要有人、财、物、信息、任务等。如果每个因素的状态均良好，并且符合现代企业的生产经营要求，企业就有良好的发展条件；反之，就会对企业不利。企业的这些影响要素结合在一起便形成了七种经营能力，即生存能力、反馈能力、应变能力、创新能力、竞争能力、盈利能力和发展能力。

（一）生存能力

生存能力是维持企业内部正常循环或简单再生产的能力，它是指企业将不断输入的原材料顺利地转换为产品，加速企业资金的循环与周转的能力。只有这两个过程正常运行，企业才能生存。

（二）反馈能力

反馈能力也称为信息传递与反弹能力，它是指信息系统完善、灵敏和有效的程度，以及及时、准确掌握和传递市场变化的情况、消费者需求变化的情况、竞争对手的情况、生产能力的适应情况等的能力。

（三）应变能力

应变能力是指企业接受外部环境的刺激和冲击，适时地调整企业的生产经营活动，既确保企业任务的完成，也确保企业产品与服务能够最大限度地满足市场与消费者的需要的能力。

（四）创新能力

创新能力是指企业科学地把人、财、物组织好以更好地开展企业生产经营活动的能力，不断采用新技术、新工艺、新材料、新设备生产出品质良好、适销对路的新产品的能力，根据环境的需要不断改善管理方式变革求新的能力。

（五）竞争能力

竞争能力是指在激烈多变的国内外环境中，企业以高质量、多品种和低价格的产品和服务，或是以自己具有较大差异程度的产品与服务，不断巩固和扩大市场的能力。竞争能力是应变能力和创新能力的综合表现。

（六）盈利能力

盈利能力是指企业通过各种资源的有效利用，通过各种有效的成本管理手段，使产品与服务在满足市场需求的同时获取应得的利润，并在保证质量的前提下通过不断降低成本的举措来取得比竞争对手高的收益的能力。

（七）发展能力

发展能力是指企业筹措足够的资金、人力资源和物质资源，按照社会需求运用新技术扩大再生产，并在发展生产的基础上改善员工的物质生活和精神生活的能力。

课后阅读

出色的管理者应该具备的十大素质

出色的管理者应该具备以下十大素质。

（1）处事冷静，但不优柔寡断。出色的管理者具有处事冷静的特点，他们善于考虑事情的多个方面或问题涉及的各利害关系方，不易冲动行事。优秀的管理者虽然处事冷静，但并不优柔寡断，他们往往会在周密思考后果断做出决定或清晰地阐明自己的观点。具有这种特征的管理者往往能使事情或问题得到比较妥当的处理，同时又有利于形成良好的人际关系。

(2) 做事认真，但不事事求“完美”。出色的管理者深知经商和科研不一样，科研侧重追求的是严谨、精益求精，经商侧重追求的是效益、投入产出比。出色的管理者做事非常认真，同时也懂得什么事情需要追求“完美”(尽善尽美)，什么事情“差不多就行”(达到基本标准)。具有这种特征的管理者往往能把事情“做对”，并且能比一般人更容易创造出价值。

(3) 关注细节，但不拘泥于小节。出色的管理者善于关注事情的细节，善于留意观察身边的人和事。他们善于抓住问题的要害，善于将问题“扼杀”在萌芽状态。出色的管理者虽然善于关注细节，但不会过分拘泥于小节，不会在意别人的一点小过错或小过失。具有这种特征的管理者往往能大幅度减少“问题”的发生，日常管理工作也会井然有序。

(4) 协商安排工作，绝少发号施令。能让下属主动“追随”的管理者，依赖的是他（她）的个人魅力和领导力，而不是他（她）手中的“权力”。出色的管理者绝少对下属发号施令，他们往往采用和下属商量的方式布置和安排工作。具有这种特征的管理者往往能让下属真正“心甘情愿”地完成好被安排的任务，这样的管理者也往往能营造出和谐团结的团队氛围。

(5) 关爱下属，懂得惜才爱才。出色的管理者善于尊重和关爱下属，他们往往视同事如“兄弟”，懂得怎样去珍惜和爱护与自己朝夕相处、共同拼搏的“战友”。具有这样特征的管理者往往会让下属有一种“如家”的感觉，无形中也让大家更积极、更主动、更无怨无悔地付出。

(6) 对人宽容，甘于忍让。出色的管理者胸怀宽广，对人宽容，甘于忍让，他们善于将心比心，善于考虑别人的难处和利益，善于“挖起荆棘并种下玫瑰”。具有这种特征的管理者往往易于形成良好的人际关系，能在需要时得到别人最真诚的支持和帮助。

(7) 严于律己，以行动服人。出色的管理者不会让自己独立于各种规章制度之外，他们身体力行、为人表率，用自己的实际行动来影响和带动身边的人。具有这种特征的管理者“其身正，不令而行”。

(8) 为人正直，表里如一。出色的管理者为人正直，表里如一。他们对人一视同仁、处事公平公正，没有暗箱操作，也不会当面“抹蜜饯”，背后“捅刀子”。具有这种特征的管理者使人有“安全感”并能得到别人充分的信任。

(9) 谦虚谨慎，善于学习。出色的管理者不会把自己已有的知识和技能作为管理的资本，他们往往谦虚谨慎，乐于向自己的上司、同事和下属等学习。具有这种特征的管理者往往具有比较强的能力，并且能够使自己的能力得到持续提高。

(10) 不满足于现状，但不脱离现实。出色的管理者不满足于当前的业绩，他们都有比较高远的目标和追求。他们不满足于现状，但绝不会脱离现实，他们总是一步一个脚印地朝更高更远的目标去奋斗。

思考与练习

1. 什么是现代企业制度？现代企业制度有哪些基本特征？

2. 现代企业制度的内容有哪些？建立现代企业制度需要哪些配套措施？

3. 如何理解企业管理的五大职能？

4. 企业的利益相关者有哪些？

5. 什么是管理者？优秀的管理者需要具备哪些技能？

6. 什么是现代企业制度？现代企业制度有哪些基本特征？

7. 科学管理理论的代表人物有哪些？他们的主要观点是什么？

8. 简述我国公司法规定设立有限责任公司应具备的条件。

案例分析

德国西门子股份公司的治理结构

在公司治理结构方面，德国公司有鲜明的特点，即在股东大会、董事会和经理外还设有监事会，实现了所有权、经营权和监事权的相互分离。德国西门子股份公司是德国乃至欧洲最大的电子电气公司，也是世界十大电子公司之一。据美国《财富》杂志提供的统计数据，1999 年公司以年销售额 753.37 亿美元居全球最大 500 家公司的第 22 位，以年利润 17.737 亿美元居美国《财富》杂志所列世界最大 500 家公司的第 104 位，总资产 654.888 亿美元，居第 150 位，股东权益 172.83 亿美元，居第 71 位，雇用人员 443000 人，居第 9 位。

西门子股份公司的前身是 1847 年创建于柏林的西门子—哈尔斯克电报机制造公司，1897 年该公司改制为股份公司，1966 年正式取名为西门子股份公司。西门子家族拥有西门子股份公司约 10%的股份，但自 1897 年西门子公司由家族公司转变为股份公司以来，一直规定其家族的股票按“一股六票”行使表决权。1981 年，彼德·冯·西门子退休，由伯恩哈德·普莱特纳接任，这是西门子家族在掌管公司近 140 年来第一次将管理权交给非家族成员。西门子股份公司是德意志银行财团的主干企业，同时西门子股份公司又是德意志银行的大股东，西门子股份公司和德意志银行存在密切的人事和业务关系。西门子股份公司的股票表决权中，银行系统拥有的就占 79.83%，而其中德意志银行、德累斯顿银行和商业银行三大银行的总和为 35.52%。2001 年 5 月 19 日公司股东有 70 余万人。

西门子股份公司设有董事会（又称理事会）、监事会和股东大会三个领导机构，分别代表着经营权、监督权和所有权。

监事会是公司股东和职工利益的代表机构和监督机构，类似于英美国家的董事会。西门子股份公司的监事会有 22 名监事，其中 11 名由股东大会选出，代表股东的利益；另一半由职工代表大会选举产生，代表职工的利益。职工参与制是德国公司的普遍做法，由于公司员工可以拥有其参与企业管理的权力，客观上缓和了劳资关系，有利于调动员工的积极性。监事会是公司的最高决策机构，其主要职责是聘任董事会成员，向董事会提供咨询和同董事会的法律交往中代表公司，根据《德国股份公司法》的规定，监事会的主要权利包括以下几个方面。

（1）任免董事会权。董事会成员由监事会任命，连续或延续任命需监事会在期满前做出决议；有重要理由时，监事会有权撤销董事会成员的任命，更换董事会主席。

（2）知晓权。董事会必须将已定的经营政策、公司业务情况等向监事会汇报，监事会可以随时要求董事会报告公司的各种情况。

(3) 监督权。监事会监督公司的业务执行，有权查阅、检查本公司的财务文件及财产物品等，并在公司利益需要时召集股东大会。

(4) 代表权。监事会在法院内外代表公司。

(5) 其他权利。如确定董事会成员收入，批准向董事会成员提供贷款等。

西门子股份公司的股东大会一般每年召开一次正式大会，由董事会召集和主持。董事会和监事会全体成员应参加大会。当需要决定重大突发事务时，董事会、监事会可临时召开特别股东大会，股东大会的职责主要表现在批准董事会、监事会的工作报告和公司利润分配方案上。每个股东原则上按“一股一票制”行使表决权，但西门子家族掌握的股票按“一股六票”行使表决权。

董事会是执行监事会决定，负责公司日常运作的执行机构，类似于美国公司中的经理班子。董事会是公司的法人代表，董事会对外实行集体代表制，对内实行集体领导，决策需经集体讨论决定，基本上实行一致通过原则，避免实行少数服从多数的表决方式。董事会的主要职责有：

(1) 制定公司的方针政策、经营目标和管理原则，并负有定期检查、随时调整的职责；

(2) 挑选和聘任公司高级管理人员；

(3) 协调公司与股东、管理部门与股东之间的矛盾；

(4) 向监事会报告经营状况、经营计划及重大经营业务活动等。

西门子股份公司采取了一系列激励和约束措施，具体如下。

(1) 对董事会和高级经理人员实行高薪制。在西门子股份公司，董事会成员的薪金相当于监事会成员的2倍，而高级管理人员的年薪收入也相当于普通职工收入的2～3倍。

(2) 优厚的退休金和抚恤金制度。西门子股份公司规定，如果董事会和高层管理人员为公司服务一直到退休，可得到一笔数量可观的退休金；如果他们因公殉职，其家属也可以得到非常优厚的抚恤金。这样能够有力地克服管理层的短期行为，使他们的目标与公司的目标趋于一致。

(3) 薪金与利润挂钩制度。董事会和高层管理人员的薪金从结构上分为两大部分：一部分是固定的基本薪金，占全部薪金的30%～70%；另一部分是由企业利润决定的浮动的业绩薪金。如果董事会或高层管理人员违反公司原则，产生渎职行为，不仅薪金大幅减少，情节严重者还应赔偿给公司造成的损失。另外，西门子股份公司的监事会由于重要理由可以随时解聘董事，形成了对经营者的无形约束。

近年来，西门子股份公司开始采用股票期权计划，以使经营者与股东的利益一致。1999年的股东大会授权西门子股份公司实施股票期权计划，该计划包括对应1000万股票的期权，相当于股票总数的1.7%，该计划有2年的授权期，然后进入5年的行权期，在授权期以后只有当西门子股份公司的股票价格超过道琼斯指数一定比例时才能行权。2000年，公司授予500名主要经营者118.1万股票期权。

资料来源：https：//wenku.baidu.com/view/eac9353cee06eff9aef8071f.html。

问题：

1. 结合案例说明西门子股份公司治理结构的内涵及其功能。
2. 结合案例分析西门子股份公司治理结构模式的特点。

第二章
战略管理

本章导读

由于企业的各种环境因素在剧烈地变化，企业的整体环境也处在瞬息万变之中。因此，企业战略已经成为现代企业经营管理的重要内容。本章介绍企业战略的起源、含义和特征、层次、管理过程、目标、评价等基础内容，重点分析企业战略环境，并研究企业总体战略和企业经营战略。

引入案例

珍珠港事件

1941 年 4 月，日本开始逐步向东南亚扩张，掠夺物资。这引起了其他强国的不满，美国禁止对日本的经济贸易，其中重要的是高辛烷石油贸易。这对日本是重大的打击，缺少石油，日本的飞机就无法升空，舰艇就无法在海中行驶，其对外扩张战略也会因此受阻。当时，日本的石油只能维持半年，日本政府明白，要么从中国撤兵，停止对外扩张，外交上向美国靠拢；要么自组旗帜，南下夺取战略资源，继续加强对外侵略。南洋有美国、英国、荷兰的殖民地，进军南洋就等于向美英两国宣战。

太平洋上的珍珠港是主要的交通枢纽，珍珠港位于太平洋东部的夏威夷群岛，夏威夷东距美国西海岸，西距日本，西南到诸岛群，北距阿拉斯加和白令海峡，都在 2000～3000 海里，跨越太平洋南来北往的飞机都以夏威夷为中续站。日本政府认为，要想在太平洋上夺取制空和制海权，使进一步南下的道路畅通无阻，就必须先摧毁珍珠港。于是，日本秘密策划了袭击珍珠港的行动。

日本联合舰队司令山本五十六负责策划袭击珍珠港这一行动，提出了偷袭珍珠港的设想。此后就和几个参谋一起，秘密地制定“Z”形作战方案。1941 年 6 月，正式方案提出后，曾在日本上层引起争论，一些人不相信庞大的舰队能横渡 3500 海里而不被发现，对这一计划的可行性表示怀疑。山本固执己见，甚至以辞职相要挟。日本政府为了“南进”，于 10 月中旬批准了这个计划。于是，山本指挥联合舰队选择了与珍珠港相似的鹿儿岛湾，开始了充分的准备和严格的模拟训练。

1941 年 12 月 7 日凌晨，从 6 艘航空母舰上起飞的第一攻击波的 183 架飞机，穿云破雾，扑向珍珠港。7 时 53 分，发回“虎、虎、虎”的信号，表示偷袭成功。此后，第二攻击波的 168 架飞机再次发动攻击。仓促应战的美军损失惨重，8 艘战列舰被击中，4 艘被击沉，1 艘搁浅，其余都受重创；6 艘巡洋舰和 3 艘驱逐舰被击伤；188 架飞机被击毁，155 架飞机被破坏；数千名官兵伤亡。日本只损失了 29 架飞机和 55 名飞行员以及几艘袖珍潜艇。

日本在珍珠港事件中的战术上是赢了，但是在整个战略上输了，珍珠港事件直接促成了反法西斯联盟的建立。珍珠港事件告诉我们，战略和战术是不同的，战略事关一个组织发展的全局，必须引起高度重视。企业要在激烈的市场竞争中保持竞争力以实现可持续发展，其根本途径就是在企业发展中树立战略观念，高瞻远瞩，立足长远，着眼大局，统筹安排，把握企业内部条件和外部环境的动态平衡，以实现企业的长期生存和发展。

第一节　战略和战略管理概述

一、战略的起源

“战略”源于古代兵法，属军事术语，意译于希腊一词“Strafegos”，其含义是“将军”，词义是指挥军队的艺术和科学，也意指基于对战争全局的分析而做出的谋划。20 世纪 60 年代，战略思想开始运用于商业领域，鉴于市场经济激烈的竞争环境，为兼顾长、短期利益，促进企业长远发展，受美国经济学家安索夫《企业战略论》一书的影响，“战略”一词开始广泛应用于经济管理中，并由此延伸至社会、教育、科技等各个领域。

随着人类社会的发展，“战略”一词被引申到政治领域，作为各个政党、集团政策规定在一定时期内的全局性方针，包括政治斗争中预期达到的主要目标和为达到目标所做的力量部署、采取的手段等。随后“战略”这个词汇广泛出现在社会经济领域，特别是在 20 世纪 50 年代以来，社会经济活动日益复杂，对全局性的、长远的发展方向和指导思想的研究显得越来越重要，因而社会经济发展战略也逐步引起人们的重视。

企业战略是在第二次世界大战以后，特别是 20 世纪 50 年代以后发展起来的。50 年代以后，社会形势发生了变化，社会经济的发展需要现代企业研究战略管理。进入 70 年代，随着战略理论的研究和管理实践的发展，美国的霍福尔与舒恩德尔率先提出了战略管理的概念，并建立了战略管理模式。

现代企业面临的问题是：企业规模不断扩大，管理层次越来越多，管理幅度也越来越大；企业的发展方向从专业为主向多元化经营转变；企业竞争从本土化、国内化过渡到国际化、全球化；企业面临的环境更加复杂多变，需求结构由增加消费转向生活质量的提高。

企业为了争夺市场和生存发展的需要，在经营管理中将眼光由短期目标转向长期目标；由日常生产经营的专业职能化经营管理转向综合的全局性决策和管理；将战略思想运用于现代企业经营管理当中，形成了企业战略的概念。

二、企业战略的含义和特征

（一）企业战略的含义

企业战略有广义和狭义之分。广义的企业战略包括企业的宗旨、企业的目标、企业的政策。广义的企业战略强调企业战略的计划性、全局性和整体性，所以广义的企业战略也称为战略的传统观念。

从狭义的角度看，企业战略仅仅是指企业实现其宗旨和一系列长期目标的基本方法和具体计划。企业战略的这一概念更强调企业对环境的适应性，突出了企业战略的应变性、竞争性和风险性，所以狭义的企业战略又称为战略的现代观念。

因此，企业战略是指企业在确保实现企业使命的前提下，充分分析各种环境机会和威胁的基础上，进一步规定企业拟从事的经营范围、成长方向和竞争策略，并据此合理地配置企业资源，从而使企业获得某种竞争优势的一种长远性的发展谋划。

（二）企业战略的特征

1. 全局性

企业战略管理以企业全局为研究对象，确定企业的总体目标，规定企业的总体行动，追求企业发展的总体效果。战略目标和发展方向是一种原则性和总体性的规定，是对企业未来的一种粗线条、框架性设计，是指导整个企业生产经营活动的总谋划。

2. 长远性

企业战略既是企业谋求长远发展意愿的反映，也是企业规划未来较长时期生存与发展的设想。因此，企业战略管理要立足于现在，着眼于未来，谋求企业的长远利益，而不应仅仅追求眼前利益。管理者对未来的生存环境和自身状况应有足够的预见性，只有具有长远的预见性，企业战略才可能适应未来变化，才可能立于不败之地。

3. 竞争性

企业战略是直接与竞争对手和各种竞争压力相联系的。企业战略是企业在竞争中为战胜竞争对手、迎接环境的挑战而制定的总体规划，主要研究在激烈的市场竞争中如何强化本企业的竞争力量，如何与竞争对手抗衡，以使得本企业立于不败之地。同时在对未来进行预测的基础上，为避免和减轻来自各方面的环境威胁，迎接未来的挑战制定行为规范。企业只有战胜了竞争对手，才可能获得生存和发展。

4. 稳定性

企业发展战略的全局性和长远性决定了经营战略的相对稳定性。经营战略必须具有相对稳定性，才会对企业的生产经营活动有指导作用。如果经营战略朝令夕改、变化无常，不仅难以保证战略目标和战略方案的具体落实，而且失掉了战略的意义，还可能引起企业经营的混乱，给企业带来不应有的损失。

三、企业战略的层次

如果一个企业生产单一产品或者提供单一服务，那么它只需制订单一的战略计划。事实上，绝大多数企业的业务都是多元化的，分成多个事业部或者子企业，而且这些多元化企业都拥有多种职能部门，如生产设计和质量监督，这些部门为企业的各种业务提供支持。因此，往往需要开发三个层次的战略，即企业层战略、业务层战略和职能层战略。这三个层次的战略构成了企业的战略体系。

1. 企业层战略

企业层战略也称为企业总体战略，是指导整个企业生产经营活动的总谋划。它可以分为增长型战略、稳定型战略和紧缩型战略三种形态。

2. 业务层战略

业务层战略也称为企业经营战略或分企业战略，这个层次的战略和主要内容是针对不断变化的外部环境，在各自经营的领域里有效地竞争。它要在企业总体战略的制约下，指导和管理具体经营单位的计划与行动。

3. 职能层战略

职能层战略是企业的各个职能部门为支持经营层战略而制定的战略。它主要解决的问题是如何使企业的不同职能部门，如市场营销、财务管理、研究与开发、人力资源、采购和生产等，能更好地为各级战略服务，从而提高企业的效率。职能层战略是针对范围较狭窄而又密切关联的活动而制定的。例如，市场营销战略包括产品策略、定价策略、分销渠道策略和促销策略等，财务管理战略包括编制预算、会计记账和筹资投资决策等。

企业层战略、业务层战略以及职能层战略构成了一个企业的战略层次，它们之间相互作用，紧密联系。企业想获得成功，必须将三者有机地结合起来。

四、企业战略管理过程

（一）企业战略管理的概念

企业战略管理是指对企业战略进行设计、选择、控制和实施，直到达到企业战略总目标的全过程。战略管理是涉及企业发展的全局性、长远性的重大课题，如企业的经营方向、市场开拓、产品开发、科技发展、机制改革、组织机构改组、重大技术改造和筹资融资等。战略管理的决定权通常由总经理、厂长直接掌握。现代企业经营管理是在战略管理的指导下，有效利用企业资源，组织企业全体成员努力实现战略目标的全过程。

（二）企业战略管理的任务

企业战略管理过程主要是战略制定和战略实施的过程，包括五项相互联系的管理任务：

（1）提出企业的战略展望，明晰企业的未来业务和企业前进的目的地，从而为企业提出一个长期的发展方向，清晰地描绘企业将竭尽全力所要进入的事业，使整个企业对一切行动有一种明确的目标。

（2）建立目标体系，将企业的战略展望转换成企业要达到的具体业绩标准。

（3）制定战略所期望达到的效果。

（4）高效地实施和执行企业战略。

（5）评价企业的经营业绩，采取完整性措施，参照实际的经营事实、变化的经营环境、新的思维和新的机会，调整企业的战略展望、企业的长期发展方向、企业的目标体系，明确企业战略的执行。

（三）企业战略管理过程

从总体上看，战略管理过程包括战略制定、战略实施和战略评估三个阶段，将这三个阶段进行分解可得到七个步骤，如图 2-1 所示。

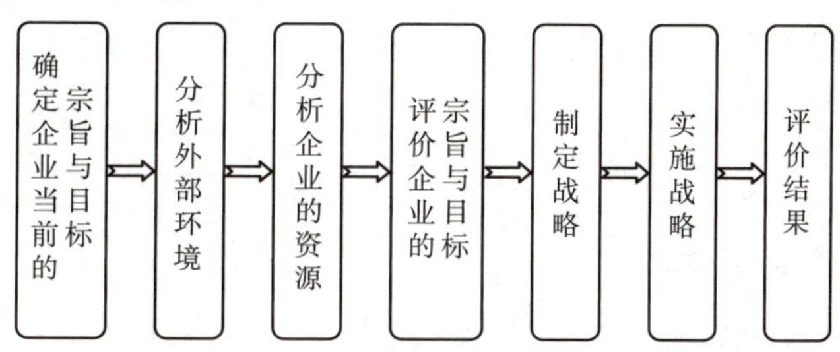

图 2-1　战略管理过程

1. 确定企业当前的宗旨与目标

每个企业都有自己的宗旨或使命，它规定了企业的经营目的，也是企业经营哲学的一种体现。确定企业的宗旨与目标，可以促使管理层仔细研究企业的产品和服务范围。

2. 分析外部环境

环境是管理行动的主要制约因素，环境分析是战略管理过程的关键阶段。每个企业在进行战略管理时，必须分析企业外部环境，如了解消费者需求有何变化、市场上竞争对手的动向以及新出台的相关行政法规对企业有什么影响等，这些都在很大程度上制约了管理层的选择。管理层需要根据自己所控制的资源，评估有哪些机会可以利用，以及企业可能面临哪些威胁。

3. 分析企业的资源

任何企业的资源都是有限的，所以企业在利用外部环境机会之前必须分析企业的资源与能力问题，必须使自身资源与外部机会达到优化组合，从而能够识别出什么是企业与众不同的竞争能力，也就是企业的优势。

4. 评价企业的宗旨与目标

根据环境和企业资源分析，对企业的宗旨与目标进行评价，看它们是否实事求是，是否需要调整。如果需要改变企业的宗旨与目标，战略管理的过程就要从头开始；如果不需要改变企业的宗旨与目标，管理层就应当着手制定战略。

5. 制定战略

对企业的宗旨与目标重新评价后，接下来就是实现战略目标。而实现战略目标就得制定相应对策，即为实现战略目标应采取相应的措施和手段，从而使企业获得最有利的竞争优势，并使这种优势能长期保持下去。

6. 实施战略

实施战略是战略管理十分重要的步骤，无论战略计划制订得多么有效，如果不付诸实施或者实施不当，还是不能实现企业的宗旨与目标。战略实施要遵循适度合理、统一指挥、权变三个原则。为贯彻实施战略，就要建立贯彻实施战略的企业机构，配置资源；建立内部支持系统，发挥好领导作用，使企业机构、企业文化均能与企业战略相匹配；处理好企业内部各方面的关系，动员全体员工投入到战略实施中，保证战略计划的实现。

7. 评价结果

战略实施的效果怎么样，需要做哪些调整，这一阶段主要衡量实际绩效、将实际绩效与标准进行比较、评价战略实施结果。

五、企业战略目标

（一）企业战略目标的概念与特点

企业战略目标是对企业经营管理活动中预期取得的主要成果的期望值。战略目标的设定，同时也是企业宗旨的展开和具体化，是企业宗旨中确认的企业经营目的、社会使命的进一步阐明和界定，也是企业在既定的战略领域展开战略经营活动所要达到水平的具体规定。与其他目标相比，企业战略目标具有以下特点。

1. 宏观性

战略目标是一种宏观目标，是对企业全局的一种总体设想，是从宏观角度对企业未来的一种较为理想的设定。它所提出的是企业整体发展的总任务和总需求，它所规定的是企业整体发展的根本方向。因此，人们所提出的企业战略目标总是高度概括的。

2. 长期性

战略目标是一种长期目标，它的着眼点是未来和长远。战略目标是关于未来的设想，它所设定的是企业职工通过长期努力奋斗而达到的对现实的一种根本性的改造。

3. 相对稳定性

战略目标既然是一种长期目标，它在其所规定的时间内就应该是相对稳定的。战略目标既然是总方向、总任务，它就应该是相对不变的。这样，企业职工的行动才会有一个明确的方向，大家对目标的实现才会树立起坚定的信念。当然，强调战略目标的稳定性并不排斥根据客观需要和情况的发展，对战略目标做必要的修正。

4. 全面性

战略目标是一种整体性要求。它虽着眼于未来，却没有抛弃现在；它虽着眼于全局，却又不排斥局部。科学的战略目标，总是对现实利益与长远利益、局部利益与整体利益的综合反映。虽然科学的战略目标总是概括的，但它对人们行动的要求又总是全面的，甚至是相对具体的。

5. 可分性

战略目标具有宏观性、全面性的特点，本身就说明它是可分的。战略目标作为一种总目标、总任务和总要求，可以分解成具体目标、具体任务和具体要求。这种分解既可以在空间上把总目标分解成一个方面又一个方面的具体目标和具体任务，又可以在时间上把长期目标分解成一个阶段又一个阶段的具体目标和具体任务。只有把战略目标分解，才能使其成为可操作的东西。可以这样说，因为战略目标是可分的，所以才是可实现的。

6. 可接受性

企业战略的实施和评价主要是通过企业内部人员和外部公众来实现的。因此，战略目标必须被他们理解并符合他们的利益。但是，不同的利益集团有着不同的，甚至是互相冲突的目标。因此，现代企业在制定战略时一定要注意协调。一般来说，能反映企业使命和功能的战略易于为企业成员所接受。另外，企业的战略表述必须明确，有实际的含义，不至于产生误解。

7. 可检验性

为了对企业管理的活动进行准确的衡量，战略目标应该是具体的和可以检验的。目标的定量化是使目标具有可检验性的最有效的方法。但是，由于许多目标难以数量化，时间跨度越长、战略层次越高的目标越具有模糊性。此时，应当用定性化的术语来表达所达到的程度，要求一方面明确战略目标实现的时间，另一方面必须详细说明工作的特点。

8. 可挑战性

目标本身是一种激励力量，特别是当企业目标充分地体现了企业成员的共同利益，使战略大目标和个人小目标很好地结合在一起的时候，就会极大地激发组织成员的工作热情和献身精神。

（二）企业战略目标的内容

在企业使命和企业准确定位的基础上，企业战略目标可以分为四大内容，即市场目标、创新目标、盈利目标和社会目标。

1. 市场目标

一个企业在制定战略目标时，最重要的决策是企业在市场上的相对地位，它反映了企业的竞争地位，包括产品目标、价格目标、渠道目标和促销目标。

2. 创新目标

在环境变化加剧、市场竞争激烈的社会里，创新受到重视是必然的。创新作为企业的战略目标之一，是使企业获得生存和发展的动力源泉。在每个企业中基本上存在三种创新，即技术创新、制度创新和管理创新。

3. 盈利目标

盈利目标是企业的一个基本目标。作为企业生存和发展的必要条件和限制因素的利润，既是对企业经营成果的检验又是企业的风险报酬，也是整个企业乃至整个社会发展的资金来源。盈利目标的达成取决于企业的资源配置效率及利用效率，包括人力资源、生产资源、资源的投入与产出目标。

4. 社会目标

现代企业越来越多地认识到自己对用户及社会的责任。一方面，企业必须对本企业造成的社会影响负责；另一方面，企业必须承担解决社会问题的相应责任。企业日益关心并注意良好的社会形象，既为自己的产品或服务赢得信誉，又促进企业本身获得认同。企业的社会目标反映企业对社会的贡献程度，如环境保护、节约能源，参与社会活动、支持社会福利事业和地区性建设等。

在实践中，由于企业性质的不同，企业发展阶段的不同，目标体系中的重点目标也大相径庭。同一层次的战略目标之间必然有优先导向目标。

六、企业战略评价

（一）战略评价的概念

战略评价是检测战略实施进展，评价战略执行业绩，不断修正战略决策，以期达到预期目标。战略评价包括三项基本活动：考察企业战略的内在基础；将预期结果与实际结果进行比较；采取纠正措施以保证行动与计划的一致。

（二）战略评价的内容

战略评价主要从以下五个方面进行。

（1）战略是否与企业的内外部环境相一致。

（2）从利用资源的角度分析战略是否恰当。

（3）战略涉及的风险程度是否可以接受。

（4）战略实施的时间和进度是否恰当。

（5）战略是否可行。

第二节 企业战略环境分析

战略是在一定的环境下制定和实施的。审时度势才能做出正确的战略决策和完成有效的实施。环境分析包括企业宏观环境、企业行业环境和企业内部环境。

一、企业宏观环境分析

企业宏观环境是指那些来自企业外部并对企业战略产生影响、发生作用的所有不可控因素的总和。企业宏观环境分析可以大体概括为政治环境、经济环境、社会环境和技术环境。

(一) 政治环境

政治环境是指那些制约和影响企业的政治因素的总和。政治是一种十分重要的社会现象，政治因素及其运用状况是企业宏观环境中的重要组成部分。政治环境中对企业起决定、制约和影响作用的因素主要有政治局势，政党、政治性团体和地方政府的方针政策等。

此外，政治环境中也包括政府制定的一些法律、法规，主要有政府的政策和规定、税率和税法、企业法、关税、专利法、环保法、反垄断法、进出口政策、政府预算和货币政策等，它们也直接影响某些商品的生产和销售，对企业的影响具有刚性约束的特征。我国已经出台的经济法律、法规有《中华人民共和国食品卫生法》《中华人民共和国烟草专卖法实施条例》《中华人民共和国药品管理法》《中华人民共和国专利法》《中华人民共和国公司登记管理条例》等近400部，这些有关的经济法律、法规对市场消费需求的形成和实现起着重要的调节作用。

(二) 经济环境

经济环境是指构成企业生存和发展的社会经济状况及国家经济政策的多维动态系统，主要由社会经济结构、经济发展水平、经济体制和宏观经济政策四个要素构成。一个企业经营得成功与否在很大程度上取决于整个经济运行状况。对于经济环境的分析，关键是要考察以下三点。

(1) 国民经济总体运行情况，即经济周期当前处于哪个阶段，国内生产总值的各项指标变动情况。

(2) 某国或某地区的通货膨胀率、银行利率、外汇汇率等经济指标，这些是影响市场和消费水平的重要指标。

(3) 经济体制、就业率、失业率、市场机制的完善程度、能源供给与成本等。

(三) 社会环境

社会环境是指企业所处环境中诸多社会现象的集合。企业在保持一定发展水平的基础上能否长期地获得高增长和高利润，取决于企业所处环境中的社会、文化和人口等方面的变化与企业的产品、服务、市场和所属顾客的相关程度。在社会环境中，社会阶层的形成和变动、社会中的权力结构、人们的生活方式和工作方式、社会风尚与民族构成、人口的地区流动性、人口年龄结构等方面的变化，都会影响社会对企业产品或服务的需求。

社会环境中还包括一个重要的因素就是物质资源（物质环境）。社会生产离不开物质资源，无论生产创造的财富属于哪个门类，其起始点都必定是物质资源。物质资源包括土地、森林、河流、海洋、生物、矿产、能源和水资源等自然资源，以及环境保护、生态平衡等方面的发展变化对企业的影响。

（四）技术环境

技术环境是指一个国家和地区的技术水平、技术政策、新产品开发能力以及技术发展动向等。在衡量技术环境的诸多指标中，整个国家的研究开发经费总额、企业所在产业的研发支出状况、技术开发力量集中的焦点、知识产权与专利保护、实验室技术向市场转移的最新发展趋势、信息与自动化技术发展可能带来的生产率提高前景等，都可以作为关键战略要素进行分析。

二、企业行业环境分析

（一）行业性质

行业状况是企业需要面对的最直接、最重要的环境，也称为任务环境。企业首先要判断自己所处行业是否存在发展的机会，根据行业寿命周期来判断行业所处的发展阶段，进而判断该行业是朝阳产业还是夕阳产业。

行业的寿命周期是一个行业从出现直到完全退出社会经济领域所经历的时间。行业寿命周期主要包括导入期、成长期、成熟期和衰退期。行业寿命周期曲线的形状是由社会对该行业的产品需求状况决定的。行业是随着社会某种需求的产生而产生，又随着社会对这种需求的发展而发展，当这种需求消失时，整个行业也就随之消失，行业的寿命即告终止。行业的寿命周期长则数百年，短则几十年。行业的寿命周期是在忽略产品型号、质量、规格等差异的基础上对行业整体发展水平予以考察和分析得出的。判断行业处于寿命周期的哪个阶段，可以用市场增长率、需求增长率、产品品种、竞争者数量、进入（或退出）行业的障碍、技术变革和客户购买行为等作为分析指标。

（二）行业能力分析

行业能力是指某个行业中每个竞争者所具有的能力的总和。行业能力分析主要是对行业规模结构和行业技术状况的分析。

1. 行业规模结构分析

行业规模结构分析是为弄清行业的发展与社会需求之间的关系，这对于确定企业的经营范围具有重要意义。进行行业规模结构分析的内容有行业生产产品或提供服务的总量与社会需求之间的关系，行业产品结构与该产品发展趋势之间的关系，行业目前的实际生产能力与设计能力之间的关系，行业内规模能力悬殊型企业和规模能力均衡型企业各自所占的比重，本企业规模与行业规模的发展趋势之间的关系等。

2. 行业技术状况分析

在科学技术高速发展的当代，技术状况对行业发展的影响越来越重要，只有对行业技术状况进行全面的分析，才能正确地判断行业的发展前景和行业能力的发展水平。进行行业技术状况分析的内容有行业目前的技术位于技术寿命周期的哪个阶段，行业的总体技术水平如何，行业技术的变化节奏如何，行业技术的发展方向是什么，本企业的技术水平在行业中处于什么地位等。

（三）行业竞争结构分析

在某个具体的行业内，企业与企业之间的力量对比构成了行业竞争环境。一个行业的竞争激烈程度取决于行业内的经济结构，行业的经济结构状况又对竞争战略的制定和实施起制约作用。所以，要根据行业内影响企业竞争的经济力量及其发展变化来确定企业的竞争战略。进行良好的行业竞争结构分析是制定优秀的企业战略的基础。行业竞争结构和竞争强度分析是在行业分析的基础上，进一步回答行业中竞争压力的来源和强度，进而做好对竞争的防范。对行业中的竞争进行分析通常采用波特的五种竞争力模型，如图 2-2 所示。

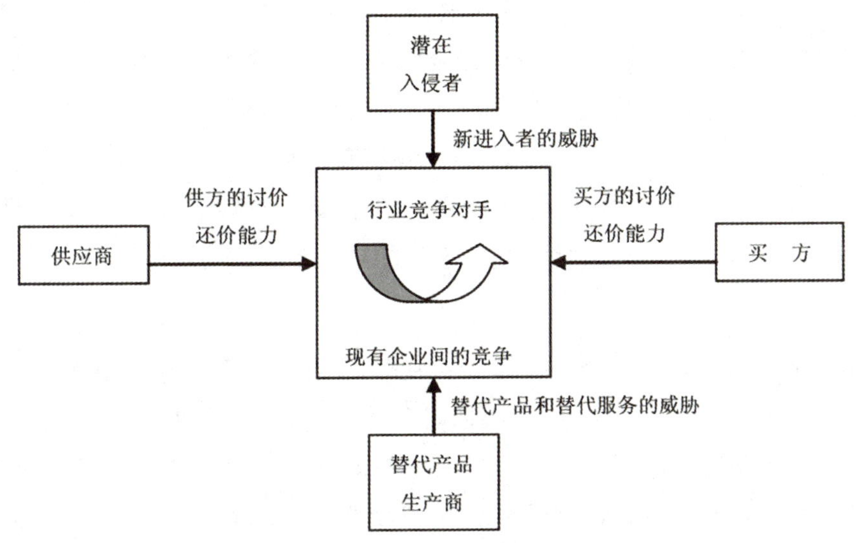

图 2-2　波特的五种竞争力模型

1. 供应商的议价能力

供方主要通过其提高投入要素价格与降低单位价值质量的能力来影响行业中现有企业的盈利能力与产品竞争力。供方力量的强弱主要取决于它们所提供给买主的是什么投入要素。当供方所提供的投入要素其价值构成了买主产品总成本的较大比例，对买主产品生产过程非常重要，或者严重影响买主产品的质量时，供方对于买主的潜在讨价还价能力就大大增强。一般来说，满足如下条件的供方集团会具有比较强的讨价还价能力。

（1）供方行业为一些具有比较稳固市场地位而不受市场激烈竞争困扰的企业所控制，其产品的买主很多，以至于每一单个买主都不可能成为供方的重要客户。

（2）供方各企业的产品各具有一定特色，以至于买主难以转换或转换成本太高，或者很难找到可与供方企业产品相竞争的替代品。

（3）供方能够方便地实行前向联合或一体化，而买主难以进行后向联合或一体化。

2. 购买者的议价能力

购买者主要通过其压价与要求提供较高的产品或服务质量的能力，来影响行业中现有企业的盈利能力。一般来说，满足如下条件的购买者可能具有较强的讨价还价能力。

(1) 购买者的总数较少，而每个购买者的购买量较大，占了卖方销售量的很大比例。

(2) 卖方行业由大量相对来说规模较小的企业所组成。

(3) 购买者所购买的基本上是一种标准化产品，同时向多个卖主购买产品在经济上也完全可行。

(4) 购买者有能力实现后向一体化，而卖主不可能前向一体化。

3. 新进入者的威胁

新进入者在给行业带来新的生产能力、新的资源的同时，希望在已被现有企业瓜分完毕的市场中赢得一席之地。这就有可能会与现有企业发生原材料与市场份额的竞争，最终导致行业中现有企业盈利水平降低，严重的还有可能危及这些企业的生存。竞争性进入所带来威胁的严重程度取决于进入新领域的障碍大小和预期现有企业对于进入者的反应情况。

进入障碍主要包括规模经济、产品差异、资本需要、转换成本、销售渠道开拓、政府行为与政策、自然资源和地理环境等方面，其中有些障碍是很难借助复制或仿造的方式来突破的。预期现有企业对进入者的反应情况，主要是它们采取报复行动的可能性大小，则取决于有关厂商的财力情况、报复记录、固定资产规模、行业增长速度等。总之，新企业进入一个行业的可能性大小取决于进入者主观估计进入所能带来的潜在利益、所需花费的代价与所要承担的风险这三者的相对大小情况。

4. 替代品的威胁

两个处于同行业或不同行业中的企业，可能会由于所生产的产品互为替代品，从而在它们之间产生相互竞争行为，这种源自替代品的竞争会以各种形式影响行业中现有企业的竞争战略。第一，现有企业产品售价以及获利潜力的提高，将由于存在着能被用户方便接受的替代品而受到限制；第二，替代品生产者的侵入，使得现有企业必须提高产品质量，或者通过降低成本来降低售价，或者使其产品具有特色，否则其销量与利润增长的目标就有可能受挫；第三，源自替代品生产者的竞争强度，受产品买主转换成本高低的影响。总之，替代品价格越低、质量越好，用户转换成本越低，其所能产生的竞争压力就越大。而这种来自替代品生产者的竞争压力的强度，可以通过考察替代品销售增长率、替代品厂家生产能力与盈利扩张情况来加以描述。

5. 同业竞争者的竞争程度

大部分行业中的企业之间的利益都是紧密联系在一起的。作为企业整体战略一部分的各企业竞争战略，其目标都是使得自己的企业获得相对于竞争对手的优势。而在实施中必然会产生冲突与对抗现象，这些冲突与对抗构成了现有企业之间的竞争。现有企业之间的竞争常常表现在价格、广告、产品和售后服务等方面，其竞争强度与许多因素有关。

一般来说，出现下述情况将意味着行业中现有企业之间竞争的加剧：行业进入障碍较低，势均力敌竞争对手较多，竞争参与者范围广泛；市场趋于成熟，产品需求增长缓慢；竞争者企图采用降价等手段促销；竞争者提供几乎相同的产品或服务，用户转换成本很低；一个战略行动如果取得成功，其收入相当可观；行业外部实力强大的企业在接收了行业中实力薄弱企业后，发起进攻性行动，结果使得刚被接收的企业成为市场的主要竞争者；退出障碍较高，即退出竞争要比继续参与竞争代价更高。在这里，退出障碍主要受对经济、战略、感情以及社会政治关系等方面考虑的影响，具体包括资产的专用性、退出的固定费用、战略上的相互牵制、情绪上的难以接受、政府和社会的各种限制等。

行业中的每个企业或多或少必须应对以上各种力量构成的威胁，而且必须面对行业中的每个竞争者的举动而有所反应。除非认为正面交锋有必要而且有益处，例如要求得到很大的市场份额，否则企业可以通过设置进入壁垒，包括差异化和转换成本来保护自己。当企业确定了优势和劣势时，必须进行定位，以便因势利导，而不是被没预料到的环境因素，如产品生命周期、行业增长速度等变化所损害。

三、企业内部环境分析

（一）企业内部环境概述

企业内部环境分析也就是企业内部条件分析，其目的是掌握企业的内部条件的现状，找出影响企业战略形成与成败的关键因素，辨别企业的优势和劣势，适应环境的变化，创造和获得成功的机会，避免或减少可能遇到的风险。

企业内部环境因素也称为企业内部条件，是指构成企业内部生产经营过程的各种要素，并且体现为企业总体的经营能力，如企业的领导指挥能力、协调能力、应变能力、竞争能力、获利能力、开发创新能力等。企业内部环境因素是可控因素，可以经过努力，创造和提高企业能力；但也可能由于管理不善而失控和削弱。

（二）企业内部环境因素的分类

企业内部环境因素可从不同的角度进行分类。

1. 按构成要素划分

按构成要素可分为以下五个方面。

（1）人力资源因素。这是构成企业内部环境中最基本和最具活力的因素，它包括领导人员的素质、管理人员和工程技术人员的素质以及生产工人的素质。这些人员的素质包含人员的数量、质量，如人员的文化技术水平、学历、资历、经验等以及人员构成的状况，既包括个人的素质，也包括群体的素质。

（2）资金因素。它反映企业的财力状况，包括所拥有的资本金和公积金、资产负债状况、固定资产和营运资金的状况、企业信贷能力和筹资的能力等。

（3）物资因素。它包括两个方面：一是技术装备的素质，这是企业进行生产经营活动的技术基础，包括现有技术装备的数量、技术性能、技术先进程度、技术磨损程度以及它们之间的构成和配套状况、生产效率等；二是劳动对象的素质，包括各种主要原材料、关键零部件和配套件、燃力和动力类物资供应的来源和供应的质量，以及企业本身所拥有的资源状况。

（4）技术工艺因素。这是指企业人员所拥有的工艺技术方法，他们的技术水平和先进程度，以及拥有的专利、专有技术和配方等。

（5）信息因素。它包括企业所拥有的科技情报资料、技术档案、销售及用户的资料、市场信息等，以及信息网络的构成状况。

2. 按能力划分

按能力可分为以下六个方面。

（1）经营管理能力。它包括企业的领导能力、协同能力和内部的企业管理能力等，反映企业整个经营机制是否充满生机和活力。

（2）应变能力。它是指产品能否适应市场需求变化的能力，包括多元化经营，产品多样化，产品的质量、价格、信誉、寿命周期等。

（3）竞争能力。它是指同竞争对手相比较所处的优势和劣势，如市场占有率，产品、成本、服务、销售渠道是否具有比竞争对手更为优越的地位和特色。

（4）创新开发能力。它是指开发新产品，采用新技术、新工艺的能力和所拥有的条件，如新产品开发的数量、质量和速度，投入市场的时机，新技术采用的程度以及科技开发人员、机构及装备水平等。

（5）生产能力。它包括原有设计的生产规模、生产率、生产技术条件以及可能采取变更生产能力的策略等。

（6）销售能力。它包括销售网络、销售人员的数量和质量、储运能力、信息反馈以及所应用的促销策略，反映企业是否具有较强大的营销力量。

四、企业战略的 SWOT 分析

SWOT 分析（又称为态势分析）法是由旧金山大学的管理学教授于 20 世纪 80 年代初提出的。SWOT 分析法就是系统地确认企业所面临的优势 S（Strengths）和劣势 W（Weakness）、机会 O（Opportunities）和威胁 T（Threats），从而将公司内部资源、外部环境与企业战略结合起来，据此构思、评价和选择企业战略方案，并提出企业战略的一种有效方法。SWOT 分析法的优点在于考虑问题全面，是一种系统思维，常用于制定企业集团发展战略和分析竞争对手情况。在战略分析中，它是最常用的方法之一。SWOT 分析模型如图 2-3 所示。

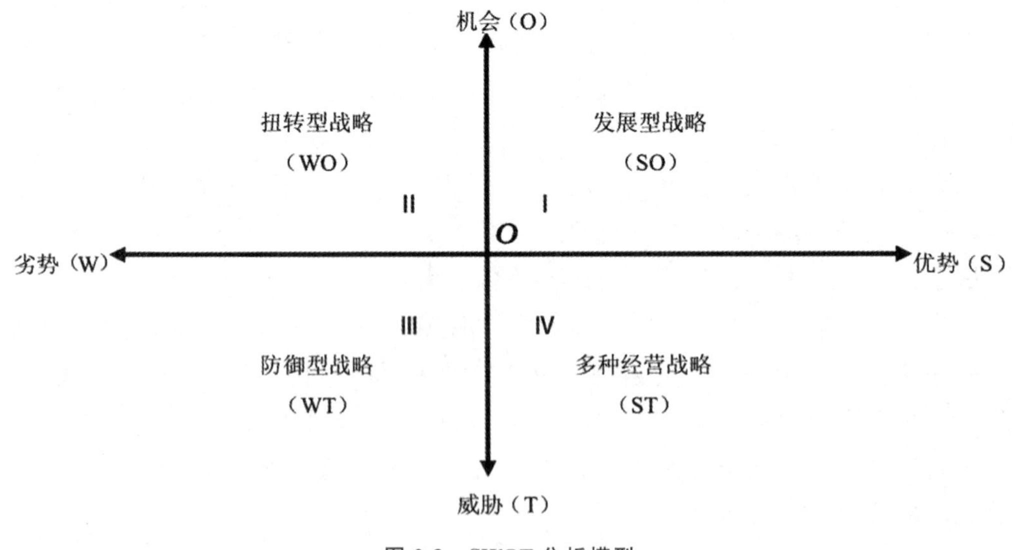

图 2-3　SWOT 分析模型

进行 SWOT 分析时，主要有以下两个方面的内容。

（一）分析环境因素

运用各种调查研究方法分析出企业所处的各种环境因素，即外部环境因素和内部环境因素。外部环境因素包括机会因素和威胁因素，它们是外部环境对企业的发展直接有影响的有利和不利因素，属于客观因素；内部环境因素包括优势因素和劣势因素，它们是企业在其发展中自身存在的积极和消极因素，属主动因素，在调查分析这些因素时，不仅要考虑到历史与现状，更要考虑未来发展问题。

优势是企业机构的内部因素，具体包括有利的竞争态势、充足的财政来源、良好的企业形象、技术力量、规模经济、产品质量、市场份额、成本优势、广告攻势等。

劣势也是企业机构的内部因素，具体包括设备老化、管理混乱、缺少关键技术、研究开发落后、资金短缺、经营不善、产品积压、竞争力差等。

机会是企业机构的外部因素，具体包括新产品、新市场、新需求、外国市场壁垒解除、竞争对手失误等。

威胁也是企业机构的外部因素，具体包括新的竞争对手、替代产品增多、市场紧缩、行业政策变化、经济衰退、客户偏好发生改变、突发事件等。

（二）构造 SWOT 矩阵

在完成环境因素分析和 SWOT 矩阵的构造后，便可以制订出相应的行动计划。制订计划的基本思路：发挥优势因素，克服劣势因素，利用机会因素，化解威胁因素；考虑过去，立足当前，着眼未来。运用系统分析的综合分析方法，将排列与考虑的各种环境因素相互匹配起来加以组合，得出一系列企业未来发展的可选择对策，如表 2-1 所示。

表 2-1　SWOT 组合分析法

	优势（S）	劣势（W）
机会（O）	发展型（SO）战略发挥优势利用机会	扭转型（WO）战略利用机会克服弱点
威胁（T）	多种经营（ST）战略利用优势回避威胁	防御型（WT）战略减小弱点回避威胁

五、企业业务组合分析——波士顿矩阵

波士顿矩阵（Boston Consulting Group，BCG）又称为市场增长—市场占有率矩阵，或成长—份额矩阵，它是在 20 世纪 60 年代后期由美国波士顿咨询公司提出的，后来在企业营销战略规划中得到了广泛的应用和发展。它特别适用于多种经营的大公司，在规划其多种业务时分析其各种业务的地位及其相互关系。其具体图形如图 2-4 所示。

（一）波士顿矩阵法的前提

波士顿矩阵法的前提是建立战略业务单位。一般来说，战略业务单位应具备以下三个特征：

（1）它是一项独立的业务，或是相关业务的集合体，计划工作能与公司其他业务分开；

（2）具有自己的竞争者；

（3）有一位专职经理，负责战略计划和利润业绩考核。

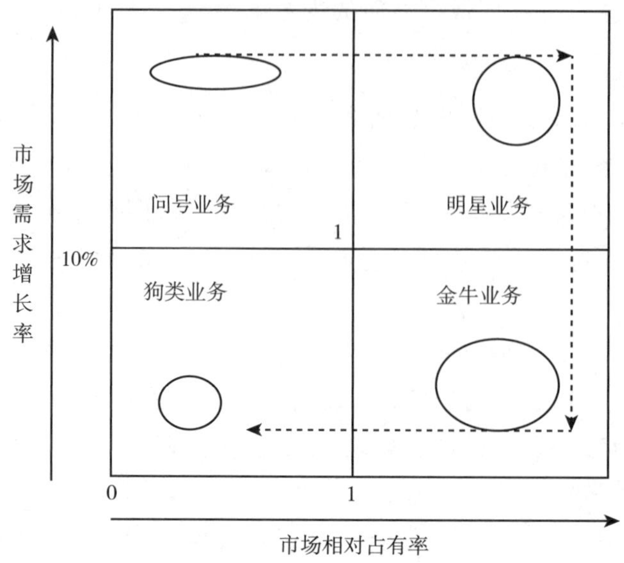

图 2-4　波士顿矩阵

（二）波士顿矩阵图的绘制

以 BCG 市场的需求增长率和市场相对占有率为坐标，分析企业现行各业务在所在行业的地位和发展潜力，并从相关角度分析各项业务对企业发展的贡献程度。考察企业目前业务结构及其变动趋势的合理性，从而对未来的业务组合做必要调整。战略的一项基本任务是配置企业的资源。BCG 为分析企业各业务的市场特点提供了方法，分析的结果则是企业确定资源投向的依据。图 2-4 中纵坐标为市场需求增长率，从 0 到 20%。10%以上为高增长率。具体操作时尺寸可大可小，需根据不同行业的特征决定。市场增长率根据历史资料计算。市场增长率所代表的是某项业务所处的行业在市场上的吸引力，它与该公司该业务所处的地位无关。横坐标为市场相对占有率，表示企业该项业务的市场份额与市场最大竞争者的市场份额之比。

由于一个市场上参与竞争的企业很多，直接计算一个企业某项业务的市场占有率是比较困难的，因为它需要收集大量的资料。用相对市场占有率来代表企业某项业务的市场地位，实施比较可行。市场相对占有率用倍数而不以百分数表示。其计算如下：

$$相对市场份额=\frac{本企业的某项业务的市场份额}{市场上最大竞争对手的市场份额}$$

1 为相对市场份额，表明该项业务的销售额仅为市场领导者市场份额的 10%；10 的相对市场份额则表示该项业务在市场上是领先者，并且是居市场第二位企业销售量的 10 倍。以 1.0 为分界，大于 1.0 为相对高份额，因为此时本企业该项业务的销售额超过了最大竞争对手；小于 1.0 则为相对低份额。

在波士顿矩阵中第三个参数是各项业务的销售收入规模，它以圆圈的面积来表示，说明该业务在公司所有业务中的相对地位和对公司的贡献。用来说明各项业务对公司的贡献的指标不只是销售额，其他的指标如利润额等也可以起类似的作用。但该企业和竞争对手的准确的销售额数据往往是现成的，而要取得竞争对手的利润资料确实很困难，因此，销售额是常用指标。

（三）波士顿矩阵的分析

波士顿矩阵由四个区域组成，不同区域内的业务具有不同的市场性质。

1. 高增长—高占有率区域

该区域中的业务被称为明星业务，具有市场发展迅速、企业市场占有率最高的特点（图 2-4 中右上角区域）。明星业务是企业业务组合矩阵中最具有长期发展机会和获利能力的业务，代表企业的前景。明星业务中，目前经营较成熟的业务所需要的资源追加量较少，甚至能自我提供发展所用资源，因此不需要从其他业务部分筹集资源。但是，明星业务中较年轻的业务，从目前的销售情况看，销售量可能并不大，但市场已明显地表现出未来发展的潜力，而且企业在这个新市场中处于领先地位，它们需要大量的投资，用以扩大生产设备规模，维持并扩大其在发展的市场中的主导地位。而它们所需的投资量一般超过了其自身的积累能力，因此在短期内它们应成为企业资源的优先使用者。

对明星业务，企业需要采用发展性战略，以扩大其市场占有率，支持其进一步发展。当市场发展率降低后，明星业务将转变为金牛业务，成为企业的现金源。如果企业不能维持明星业务的相对市场份额，该业务就将转化为狗类业务。如果企业过早对明星业务的主导地位进行资本化，若采用高价政策来榨取该业务的获利能力，则会加速该业务的寿命发展过程，提前恶化其市场地位。明星业务的发展趋势取决于是否能从企业内部或外部取得所需的扩展资源。

2. 低增长—高占有率区域

这一区域中的业务称为金牛业务（图 2-4 的右下角区域）。金牛业务所在的市场已进入成熟阶段，因而发展速度较慢，但企业市场上的占有率较高。金牛业务较有利的市场地位和较低的追加投资需要，使其创造的现金量高于自身对现金的需要量。因此，它们能为企业其他各类业务（主要是明星业务和问号业务）的发展提供所需的财力资源。金牛业务曾是企业过去的明星业务，现在仍是企业业务组合中的基础部分。

对实力不同的金牛业务应该采取不同的态度：对较弱的金牛业务，即市场发展已到尽头，或企业的市场地位在逐渐衰弱的金牛业务（处于该区域的左下方），企业应采取榨取性战略，争取在较短的时间内尽量多地获取该业务能提供的收益，逐渐退出该业务；对于较强的金牛业务，即市场刚刚开始饱和，企业在市场上处于支配地位的金牛业务（处于该区域的右上方），企业应采取维持性战略，有效利用这些业务提供的过剩资源发展其他的业务能力。

3. 低增长—低份额区域

属于这一区域中的业务称为狗类业务（图 2-4 左下角区域）。狗类业务所处市场已经饱和，因而竞争激烈，产业平均利润率很低。从内部能力来看，狗类业务成本高或是质量差，或是促销工作不尽如人意等，造成在市场中的竞争地位较弱。在 20 世纪 70 年代之前，战略管理人员一直认为狗类业务是没有价值的，企业应该尽快退出狗类业务。但进入 70 年代以后，人们对狗类业务的认识发生了变化。许多国家出现了整个经济发展速度降低、高通货膨胀、消费方式迅速变化等状况，导致许多业务进入狗类业务，这样大范围的退出会引起经济的迅速衰退。另外，一些企业也确实在狗类业务中取得了成功。

狗类业务分为两类：第一类狗类业务距市场领导地位的竞争对手比较接近，内部管理也比较好，在市场平衡状态较稳定时可以同时采取维持性战略和榨取式战略，使其在一段时间内成为企业可靠的资源提供者。当然，其资源供应能力一般不如金牛业务。对这部分的管理重点是缩小业务范围，强调高质量和低价格，进行成本控制或削减广告开支等。第二类狗类业务所处的竞争地位很弱，易受到对手的直接打击，而且没有机会开发其他细分市场。在对企业其他业务的正常运行不产生威胁的情况下，企业对这类业务应同时采取榨取性战略和撤退性战略，尽快地从业务中抽回资源，以满足其他业务对资源的需要。

4. 高增长率—低占有率区域

处于该区域的业务称为问号业务（图 2-4 左上角区域）。问号业务面临的市场发展率较高，所以有可能为企业做出贡献。但是问号业务目前的市场占有率较低，因此获利能力不明确，先进创造力较低。然而，市场发展率高的业务获得市场份额的可能性比市场发展率低的业务一般要高些。扩大问号业务的市场占有率，需要进一步投入资金。从整个企业看，找出通过追加资源的支持便能提高市场占有率，从而发展成明星业务的问号业务（处于该区域右上方的区域）具有重要意义。如果经过分析发现问号业务不可能进一步发展成明星业务（处于该区域左下方的业务），企业就有必要采取撤退性战略，退出这些产业，重新分配资源，以形成更有效的业务组合。需要注意的是，企业对需要现金支持的问号业务量应有所控制，因为问号业务转变为明星业务不仅需要有现金的支持，还需要业务具有一定的竞争力，拥有能满足市场要求的产品、足够的合格职工等。

六、价值链分析

价值链分析原理是由美国哈佛商学院著名战略管理专家波特提出的。他认为企业每项生产经营活动都是其创造价值的经济活动，企业所有的互不相同但互相联系的生产经营活动便构成了创造价值的一个动态过程，即价值链。

价值链反映出企业生产经营活动的历史、重点、战略以及实施战略的发展，还有生产经营活动本身所体现的经济学观念。具体地说，如果企业所创造的价值超过其成本，企业便有盈利；如果盈利超过竞争对手，企业便有更多的价值优势。

企业的生产经营活动可以分成主体活动和支持活动两大类。主体活动是指生产经营的实质性活动，一般分为原料供应、生产加工、成品储运、市场营销和销售服务五种活动，这些活动与商品实体的加工流转直接相关，是企业的基本增值活动；支持活动是用以支持主体活动而且内部之间又相互支持的活动，包括企业投入的采购管理、技术开发、人力资源管理和企业基础结构。

采购管理、技术开发、人力资源管理是三种支持活动，既支持整个价值链的活动，又分别与每项具体的主体活动有着紧密的联系。企业的基本职能活动支持整个价值链的运行，而不与每项主体直接发生联系。企业要分析自己的内部条件，判断由此产生的竞争优势，首先要确定自己的价值活动，然后识别价值活动的类型，最后构成具有自身特色的价值链。

“一带一路”倡议

“一带一路”（The Belt and Road，B&R）是“丝绸之路经济带”和“21世纪海上丝绸之路”的简称，2013年9月和10月由国家主席习近平分别提出建设“丝绸之路经济带”和“21世纪海上丝绸之路”的合作倡议。依靠中国与有关国家既有的双多边机制，借助既有的、行之有效的区域合作平台，“一带一路”倡议旨在借用古代丝绸之路的历史符号，高举和平发展的旗帜，积极发展与“一带一路”国家的经济合作伙伴关系，共同打造政治互信、经济融合、文化包容的利益共同体、命运共同体和责任共同体。

“一带一路”建设秉承共商、共享、共建原则。共建“一带一路”顺应世界多极化、经济全球化、文化多样化、社会信息化的潮流，秉持开放的区域合作精神，致力于维护全球自由贸易体系和开放型世界经济。共建“一带一路”旨在促进经济要素有序自由流动、资源高效配置和市场深度融合，推动沿线各国实现经济政策协调，开展更大范围、更高水平、更深层次的区域合作，共同打造开放、包容、均衡、普惠的区域经济合作架构。共建“一带一路”符合国际社会的根本利益，彰显人类社会共同理想和美好追求，是国际合作以及全球治理新模式的积极探索，将为世界和平发展增添新的正能量。

第三节 企业总体战略

一、企业增长型战略

企业增长型战略是指企业扩大原有主要经营领域的规模，或向新的经营领域开拓的战略。其核心是通过企业竞争优势谋求企业的发展和壮大。增长型战略是一种使企业在现有的战略基础水平上向更高一级的目标发展的战略。它是以发展作为战略的核心内容，引导企业不断地开发新产品、开拓新市场、采用新的生产方式和管理方式，以便扩大企业的生产规模，提高其竞争地位。

（一）密集型增长战略

密集型增长是指企业在现有业务领域充分利用在产品和市场方面的潜力来求得成长发展，制定发展战略，首先应审视现有产品和市场是否还有可开发的机会。主要有以下三种形式。

1. 市场渗透

市场渗透是指企业在现有的市场上扩大现有产品的销路，促进企业的发展。主要有三个办法：一是千方百计使现有顾客增加购买数量，如增设销售网点、拓宽销售渠道等；二是夺走竞争对手的顾客，这就要求自己的产品质量好，价格便宜，服务周到，以及广告做得好等；三是努力发掘潜在的顾客，如采取各种促销活动，激发他们购买产品的兴趣。

这需要企业在现有产品的质量、价格、包装、服务、品牌、商标等方面下功夫，提高企业信誉，并有效地运用各种促销手段，刺激需求，从而求得发展。虽然市场渗透可能给企业带来增加市场份额的机会，但能否采取这一战略不仅取决于企业的相对竞争地位，也取决于市场的特性。

2. 市场开发

市场开发是指用现有产品去开发新市场，从而增加销售额。市场开发包括进入新的细分市场，为产品开发新的用途，或者将产品推广到新的地理区域等。

能否采取市场开发战略来获得增长，不仅与所涉及的市场特征有关，而且与产品的技术特性有关。在资本密集型行业，企业往往有专业化程度很高的固定资产和有关的服务技术，但这些资产和技术很难用来转产其他产品，在这种情况下企业有特色的核心能力主要来源于产品而不是市场。因而，不断地通过市场开发来挖掘产品的潜力就是企业首选的方案。一些拥有技术诀窍和特殊生产配方的企业也比较适合采用市场开发战略，如“可口可乐”“百事可乐”“肯德基”等。

3. 产品开发

产品开发是指企业向现有市场提供新产品，满足现有顾客的潜在需求，增加销售额。这就要求增加产品的规格、式样，使产品具有新的功能和用途等，以满足目标顾客不断变化的要求。

一般来说，技术和生产导向型的企业更乐于通过产品开发来寻求增长，这些企业或者具有较强的研究和开发能力，或者其市场开拓能力较弱，但无论出于何种原因，一旦产品开发获得成功，往往可以给企业带来较丰厚的利润。

然而，成功地进行产品开发并非易事，它往往伴有很高的投资风险。有研究表明，新产品开发的失败率：消费品为40%，工业品为20%，服务为18%。新产品开发失败的原因固然很多，如市场环境的急剧变化，新技术的出现，以及国际上发生重大政治事件等，但企业在整个开发过程中没有坚持正确的路线和原则也是非常重要的原因。

（二）一体化增长战略

一体化增长战略是指企业充分利用自己在产品、技术、市场上的优势，根据物资流动的方向，使企业不断地向深度和广度发展的一种战略。企业根据这种战略把自己的经营活动伸展到供、产、销不同环节，而使自身得到发展，从而拓展业务，扩大规模。一体化增长战略主要有以下三种形式。

1. 后向一体化战略

后向一体化战略是一种按销、产、供为顺序实现一体化经营而获得增长的策略。它是指企业产品在市场上拥有明显的优势，可以继续扩大生产，打开销路，但是由于协作供应企业的材料、外购供应跟不上或成本过高，影响企业的进一步发展。在这种情况下，企业可以依靠自己的力量，扩大经营规模，由自己来生产材料或配套零部件，也可以向后兼并供应商或与供应商合资兴办企业，组成联合体，统一规划和发展。例如，一家服装店过去一直从服装厂进货，现在决定兼并一个服装加工厂，一家钢铁企业过去一直购买铁矿石，现在决定自购矿山、自行开采等，这些都是实行后向一体化策略。

2. 前向一体化战略

前向一体化战略，从物资的移动角度看，就是朝与后向一体化相反的方向发展，即按供、产、销的顺序实现一体化经营，使企业得到发展。一般是指生产原材料或半成品的企业，根据市场需要和生产技术可能的条件，充分利用自己在原材料、半成品上的优势和潜力，决定由企业自己制造成品或与成品企业合并，组建经济联合体，以促进企业的不断成长和发展。例如，一个企业过去只生产原油而现在决定开办炼油厂，一家大型养鸡场决定自办鸡肉销售店等，这些都是实行前向一体化策略。

3. 水平一体化战略

水平一体化战略是指企业以兼并处于同一生产经营阶段的企业或与同类企业进行合资经营，以促进企业实现更高程度的规模经济和迅速发展的一种战略。例如，日本某化妆品品牌与北京日用化学四厂合资生产化妆品就属于这种形式。

（三）多样化增长战略

多样化经营又叫多元化经营或多角化经营，是指企业通过增加产品种类，跨行业生产经营多种产品和业务，扩大企业的生产范围和市场范围，以实现企业业务的增长。多样化增长战略主要有以下三种形式。

1. 同心多样化增长战略

同心多样化增长战略是指以企业现有的设备和技术能力为基础，开发新产品，增加产品的门类和品种，犹如从同一圆心向外扩大业务范围，以寻求新的增长。例如，一家生产收音机的无线电厂，决定利用现有的设备和技术增加收录音机、电视机的生产。美国先锋电子企业采用这种战略，生产出家庭音响设备、激光唱片、激光音响、电话录音和自动回答机、收录机、双向有线电视机等家庭电子产品。随后，日本的索尼企业、夏普企业、松下电器企业等也都采取了这种战略。

这种多样化经营有利于企业充分利用生产技术、原材料、生产设备的类似性，获得生产技术上的协同效果，风险比较小，易于取得成功。这种战略的缺点：由于新产品在销售渠道、促销等方面与原产品有所不同，在营销竞争中有时会处于不利地位。

2. 水平多样化增长战略

水平多样化增长战略即企业针对现有市场（顾客）的其他需要，增添新的物质技术力量开发新产品，以扩大业务经营范围，寻求新的增长。这就意味着，企业向现有产品的顾客提供他们所需要的其他产品。例如：一家农机制造企业是为农民的农业生产服务的，现在决定增设一个化肥厂，实行跨行业经营，但仍然是为农民的农业生产服务；以生产运动饮料知名的健力宝集团利用其在体育界和爱好运动的消费者中的影响，邀请退役的“体操王子”李宁加盟，建立了李宁体育用品企业，生产和销售包括运动服等在内的一系列体育用品，开辟了全新的领域。

实行这种多样化经营，可以利用原来的分销渠道、促销方法、企业形象及知名度等方面的优势在市场营销方面获得协同作战的效果。但使用这种战略的企业应具有相当的实力，因为在不同产品之间存在研究开发、原材料、生产技术、生产设备等方面的差异，不易适应环境的变化，有一定风险。

3. 集团式多样化增长战略

集团式多样化增长战略是指企业通过投资或兼并等形式，把经营范围扩展到多个新兴部门或其他部门，组成混合型企业集团，开展与现有技术、现有产品、现有市场无联系的多样化经营活动，以寻求新的增长机会。例如：美国通用汽车企业除主要从事汽车产品生产外，还生产电冰箱、洗衣机、飞机发动机、潜水艇、洲际导弹等；柯达照相器材企业除生产照相器材外，还兼营医疗设备、录像器材、动物饲料、抗衰老产品等；美国国际电话电报企业主营业务原是电话电报，它却收购了一家庞大的旅馆集团。这种战略通常适合于规模庞大、资金雄厚、市场开拓能力强的大型企业。发达国家的许多大企业，如美国的通用汽车公司、通用电气公司、杜邦公司、AT&T 公司和柯达公司，日本的三菱商社、三井物产、伊藤忠商社和住友商社等，早就开始实行多样化经营。

集团式多样化增长战略的优点是：通过向不同的行业渗透和向不同的市场提供服务，可以分散企业经营的风险，增加利润，使企业更加稳定地发展；有利于企业迅速地利用各种市场机会，逐步向具有更大市场潜力的行业转移，从而提高企业的应变能力；有利于发挥企业的优势，综合利用各种资源。

二、企业稳定型战略

（一）稳定型战略的概念

稳定型战略是在企业的内外部环境约束下，企业准备在战略规划期使企业的资源分配和经营状况基本保持在目前状态和水平上的战略。即企业通过投入少量或中等程度的资源，维持现有生产规模，维持现有的销售额和市场占有率，保持现有的竞争地位。其特点是：巩固成果，维持现状；经营安全，不冒太大的风险；企业采用各种措施来防御竞争对手，但不主动出击。

稳定型战略的优点：采用稳定型战略时，企业的经营风险相对较小；由于经营主要与过去大致相同，能避免改变战略而改变资源分配的困难；同时也能给企业一个较好的修正期，使企业集聚更多的能量，避免发展过快而导致的弊端。但实施稳定型战略是以企业的内外部环境相对稳定为前提的，一旦环境发生变化，而企业没有准确预测，会承担很大风险；另外，该战略的实施也容易使企业的风险意识减弱，甚至惧怕和回避风险，这也同样会影响企业的经营活动。

采取稳定型战略的企业一般处在市场需求及行业结构稳定或者较小动荡的外部环境中，因而企业所面临的竞争挑战和发展机会都相对较少。但在市场需求以较大幅度增长或外部环境提供了较多发展机遇的情况下，有些企业也会采取稳定型战略。这些企业一般来说是由于资源状况不足以使其抓住新的发展机会，而不得不采用相对保守的稳定战略。

（二）稳定型战略的类型

1. 无变化战略

实行这种战略的企业不进行重大的战略调整，保持原有的战略不变，可能基于两个原因：一是企业过去的经营相当成功，并且企业内外环境没有发生重大的变化；二是企业并不存在重大的经营问题或隐患，因而企业战略管理者没有必要进行战略调整，或者避免战略调整给企业带来利益分配和资源分配的困难。采用这种战略的企业除了每年按通货膨胀率调整其目标以外，其他都暂时保持不变。

2. 维持利润战略

维持利润战略是指维持过去的经营状况和效益，实现稳定发展。这是一种以牺牲企业未来发展维持目前利润的战略。维持利润战略注重短期效果而忽略长期利益，其根本意图是渡过暂时性的难关，因而往往在经济形势不太景气时被采用。但如果用得不当，维持利润战略可能会使企业的元气受到伤害，影响长期发展。

3. 暂停战略

暂停战略是指在一段时期内降低企业的目标和发展速度。例如，在采用并购发展的企业中，往往会在新收购的企业尚未与原来的企业很好地融合在一起时，先采用一段时间的暂停战略，以便有充分的时间重新实现资源的优化配置。在一段较长时间的快速发展后，企业有可能会遇到一些问题使得效率下降，这时就可采用暂停战略。从这一点来说，暂停战略具有让企业积累能量，为今后的发展作准备的功能。

4. 谨慎实施战略

谨慎实施战略是指企业对某一战略决策有意识地降低实施进度，步步为营，保持经营的稳定性。如果企业外部环境中的某一重要因素难以预测或变化趋势不明显，如某些受国家政策影响比较严重的行业中的企业，在面临国家的一项可能的法规公布之前，就很有必要采用谨慎实施战略，一步步稳固地向前发展，而不是不问青红皂白地大干快上，置未来政策于不顾。实施这种战略可以降低经营风险，使企业持续、稳定地向前发展。

三、企业紧缩型战略

（一）紧缩型战略的概念

随着企业经营环境的不断变化，原本有利的环境在经过一段时间后会变得不那么有吸引力，原来能容纳许多企业发展的产业会因进入衰退阶段而无法为所有企业提供最低的经营报酬，或是企业为了进入某个新业务领域需要大量的投资和资源的转移，以及当企业处在一种十分险恶的经营环境之中，或者决策失误等造成经营状况不佳时，企业不得不面对现实，减少经营领域，缩小经营范围，关闭亏损的工厂，紧缩财务开支。这时就需要采用紧缩型战略来维持企业的生产经营活动。

紧缩型战略是指企业从目前的战略经营领域和基础水平撤退和收缩，且偏离战略起点较大的一种经营战略。紧缩型战略能帮助企业在外部环境恶劣的情况下节约开支和费用，能在企业经营不善的情况下最大限度地降低损失，能帮助企业更好地实行资产的最优组合。但紧缩型战略也有可能为企业带来一些不利之处，如实行紧缩战略的尺度较难把握，若操作有误可能会扼杀具有发展前途的业务和市场，使企业总体利益受到伤害；此外，紧缩战略常常引起不同程度的裁员和减薪，因此，实施紧缩战略会引起企业内部人员的不满，员工情绪低落。这些紧缩战略潜在的弊端往往较难避免，在实施过程中应加以考虑。

（二）紧缩型战略的类别

根据紧缩的方式和程度不同，紧缩型战略又可以分为抽资转向战略、放弃战略、依附战略和清算战略。

1. 抽资转向战略

抽资转向战略是企业在现有的经营领域不能维持原有的产销规模和市场面，不得不采取缩小产销规模和市场占有率，或者企业在存在新的更好的发展机遇的情况下对原有的业务领域进行压缩投资、控制成本，以改善现金流为其他业务领域提供资金的战略方案。另外，在企业财务状况下降时也有必要采取抽资转向战略，这一般发生在物价上涨导致成本上升或需求降低使财务周转不灵的情况下。因此，企业通常采取调整企业产品、降低成本和投资、减少资产、加速收回企业资产等措施。

抽资转向战略会使企业经营主方向转移，有时会涉及经营的基本宗旨的变化，其成功的关键是管理者要有明晰的战略管理概念，即必须决断是对现存的企业业务给予关注还是重新确定企业的基本宗旨。

2. 放弃战略

放弃战略是指将企业的一个或几个主要部门转让、出售或者停止经营。这个部门可以是一个经营单位、一条生产线或者一个事业部。由于放弃战略的目的是要找到肯出高于企业固定资产时价的买主，所以企业管理人员应说服买主，认识到购买企业所获得的技术或资源，能使对方利润增加。

采用放弃战略是一个非常困难的决策，有许多问题需要认真思考。①技术或经济结构上的问题，即一个企业的技术特征及其固定和流动资本妨碍其退出。例如，卖掉某个下属单位，就会影响企业技术上的成套性和经济结构的合理性，对生产经营不利。②企业战略上的问题，即企业内部各单位之间的紧密联系和战略依存关系，可能不允许放弃某个经营单位。③管理上的问题。例如，企业管理人员往往会对放弃战略持反对意见，因为这对他们可能会有威胁。

为了解决好上述问题，企业负责人就要选好、选准拟放弃的单位，使对企业技术、经济、战略上的负面影响降低到最低限度；改进工资奖励制度，使之不与放弃方案相冲突；还要同放弃单位的购买者充分协商，妥善安排该单位员工及管理者，使他们能各得其所。

3. 依附战略

当企业处于困境又想维持自身的生存时，有一种办法就是去寻找一个较大的用户，成为用户的依附者，用以维持企业的生存，这就是依附战略。在 20 世纪八九十年代，美国的汽车零部件和电子元器件的生产厂商（一般都是小型企业）经受不住经济衰退的冲击就纷纷采取此战略，投靠到大的汽车企业和电子装置企业的门下。这些依附者本身还是独立存在的，但已同其依附的用户签约，规定将其产品的绝大部分供应给它们，在生产技术上也接受它们的指导和监督。

我国鼓励优势企业兼并劣势企业。有些劣势企业被兼并后仍然继续存在，只不过成为优势企业的下属战略经营单位或该集团的一个成员。对这些被兼并而又继续存在的企业来说，也可视为在执行依附战略。

4. 清算战略

清算战略是指卖掉其资产或停止整个企业的运行而终止一个企业的存在。该战略就是企业按照《破产法》的规定，通过拍卖资产、停止全部经营业务来结束自己的生命。显然这是一个对任何企业都无吸引力的战略，通常只有在其他战略全部失灵时才被迫采用。然而，如企业已符合破产条件，则应及时进行破产清算，相比顽固地坚持无法挽回的事业来讲这是较适当的战略。如果不宣布破产，时间越久可清算的资产将越少，员工的损失将越大。

第四节　企业经营战略

一、企业成本领先战略

企业成本领先战略又称为低成本战略，是指企业的全部成本水平低于竞争对手。成本领先要求全力以赴降低成本，抓好成本与管理费用的控制，以及最大限度地减少研究开发、服务、推销、广告等方面的成本费用。为了达到这些目标，有必要在管理方面对成本控制给予高度重视。尽管质量、服务以及其他方面也不容忽视，但贯穿于整个战略中的主题是使成本低于竞争对手。

采用成本领先战略的企业，首先，可以抵挡住行业内现有竞争对手的对抗，通过压低价格来阻止竞争对手的进入，保持较高的市场占有率，即通过规模经济或成本优势建立起进入壁垒，使潜在进入者望而却步；其次，当面对强有力的购买商要求降低产品价格的压力时，处于低成本地位的企业在进行交易时握有更大的主动权；最后，当强有力的供应商抬高企业所需资源的价格时，采用低成本战略的企业可以有更多的灵活性来摆脱困境。

赢得总成本最低的地位，通常要求企业具备较高的相对市场份额或其他优势，诸如良好的原材料供应等。也可能要求产品的设计要便于制造生产，保持一个较宽的相关产品系列以分散成本，以及为达到批量规模化生产而对所有主要客户群服务。由此，实行低成本战略就有可能有大量的购买先进设备的前期投资，激进的定价和承受初始亏损，以获取市场份额。高市场份额又进而引起采购经济性，而使成本进一步降低。一旦赢得了成本领先地位，所获得的较高利润又可对新设备、现代化设施进行再投资，以维护成本上的领先地位。这种再投资往往是保持低成本地位的先决条件。

成本降低主要有两条渠道：一是对已有的成本支出进行控制，控制成本的重点应放在总成本中所占份额较大的成本项目上，或与标准成本偏差较大的成本项目上；二是采用先进的专用设备，提高劳动生产率，实行大批量规模化生产，降低产品平均成本。这不仅需要具有领先于竞争对手的先进专用设备，而且需要具备足够资金的支持和足够的市场需求支持。

应该注意的是，在追求总成本最低时一定要用系统的思维全盘考虑整个经营过程。有些企业为了赢得总成本最低，往往要求每个部门、每个环节都以同样比例降低成本。事实上，有的部门或环节增加投入反而会引起总成本下降，而有些部门或环节减少投入反而会造成总成本上升。

二、企业差异化战略

企业差异化战略是指在一定的行业范围内，企业向顾客提供的产品或服务与其他竞争者相比独具特色、别具一格，使企业建立起独特的竞争优势。企业实现差异化战略可以有很多方式，如产品设计或品牌形象的差异化、产品技术的差异化、顾客服务上的差异化和销售分配渠道上的差异化等，理想的情况是企业使自己在几个方面都标新立异，树立自己的特色。

这种特色使得消费者对该企业的产品情有独钟，由此对产品价格的敏感程度下降，愿意为其支付较高的价格。这样，企业可以抵御现有竞争者的攻击，消费者不因竞争者的较低价格而去选购它们的产品。由于产品的独一无二使其难以被替代，也使新进入者很难对其构成威胁。另外，在与经销商和供应商的讨价还价中，由于它的某种特色能帮助其从消费者那里获得较高的利润，企业也处于比较有利的地位，并具有较大的回旋余地。当然，差异化战略并不意味着企业可以忽略成本，但此时低成本不是企业的首要战略目标。

为保证差异化战略的有效性，企业必须注意：第一，充分了解自己拥有的资源和能力，能否创造出独特的产品或服务；第二，必须深入、细致地了解顾客的需求和偏好，及时满足他们。特别应该注意的是，产品或服务差异化是暂时的，某种产品在一个时期内是差异化产品，经过一段时间就会逐渐变为标准产品，企业需要不断地开发新的差异化产品，靠不断挖掘新的差异化优势来占领市场。

但是，实现产品差异化有时会与争取占领更大的市场份额相矛盾。它往往要求企业对于这一战略的排他性有思想准备，即这一战略与提高市场份额不可兼得。较为普遍的情况是：如果建立差异化的活动，如广泛的研究、产品设计、高质量的材料或周密的顾客服务等总是成本高，那么实现产品差异化将意味着以成本地位为代价。然而，即便全产业范围内的顾客都了解企业的独特优点，也并不是所有顾客都愿意或有能力支付企业所要求的较高价格。

三、企业集中战略

企业集中战略也称为企业重点战略，是通过满足特定消费者群体的特殊需要，或者服务于某一有限的区域市场，来建立企业的竞争优势及其市场地位的策略。这种战略最突出的特征是企业专门服务于总体市场的一部分，即对某一类型的顾客或某一地区性市场做密集型的经营。

集中战略的核心是细分市场，即该企业所确定的目标市场与行业中其他细分市场之间具有明显的差异性。

集中战略是主攻某个特定的顾客群、某产品系列的一个细分区段或某一个地区市场。正如差异化战略一样，集中战略可以具有许多形式。低成本与产品差异化战略都是要在全产业范围内实现其目标，集中战略的整体却是围绕着很好地为某一特定目标服务这一中心建立的，它所制定的每一项方针都要考虑这一目标。这一战略的前提是企业能够以更高的效率、更好的效果为某一狭窄的战略对象服务，从而超过竞争对手。

企业实行集中战略的优点是：由于经营目标和范围集中，管理简单、方便，可以集中使用企业的各项资源；能够深入研究与本企业产品有关的各项技术，深入了解市场用户的具体需要；可以在一定程度上提高企业的实力，从而提高企业的经济效益。此外，实行集中战略，企业还可以通过目标市场的选择，寻找现有竞争者的最薄弱环节切入，避免与实力强大的竞争者正面冲突，因此，这种战略特别适合实力相对较弱的中小企业。

课后阅读

企业的基本竞争战略

20 世纪 80 年代初，波特教授提出了竞争战略理论，认为企业要通过产业结构的分析来选择有吸引力的产业，然后通过寻找价值链上的有利环节，利用成本领先或性能差异来取得竞争优势。在这种指导思想下，波特提出了赢得竞争优势的三种最一般的基本竞争战略，即成本领先战略、差异化战略和目标集聚战略。

一、成本领先战略

成本领先战略是指企业通过在内部加强成本控制，在研究开发、生产、销售、服务和广告等各个环节把成本降低到比所有竞争对手更低的水平，成为行业中的成本领先者。

成本领先战略是企业构建竞争优势的基础，主要倡导的是企业应关注自身在经营过程当中所涉及的所有成本，努力通过企业的各种措施来降低这些成本，使得企业以比较低的价格来销售产品，并使顾客认同企业的这种价格策略，从而使企业在满足顾客需求的前提下实现自身的利润回报。

成本领先的原因是多方面的，即使是相互竞争的公司，生产类似的产品，也可能各自的成本优势有所不同。成本优势的重要来源主要是规模经济和学习效用。通常认为，在较高的产出水平下，企业能够使用更专业化的机器设备，能够建立规模更大的工厂，能够实现员工的专业化分工，能够在更多产品中分摊管理费用，这就是规模经济。当然，也存在规模不经济的现象。换言之，规模经济存在临界点。

二、差异化战略

差异化战略是提供与众不同的产品和服务，满足顾客独特的需求，形成竞争优势的战略。企业形成这种战略主要是依靠产品和服务的特色，而不是产品和服务的成本。应该注意的是，差异化战略并不是说企业可以不重视或忽略成本，只是强调这时的战略目标不是成本问题，或者说成本是次要问题。

差异化战略的核心是取得某种对顾客有价值的独特性。企业要突出自己产品与竞争对手之间的差异性，主要有产品、服务、人员与形象四种基本途径。

三、目标集聚战略

目标集聚战略是指把经营战略的重点放在一个特定的目标市场上，为特定的地区或特定的购买者集团提供特殊的产品或服务。

目标集聚战略与成本领先战略、差异化战略面向全行业有所不同，其只是锁定某个细分市场，要求能够比竞争对手提供更为有效的服务。企业一旦选择了目标市场，便可以通过产品差别化或成本领先的方法，形成目标集聚战略。这就是说，采用目标集聚战略基本上就是特殊的差别化或特殊的成本领先企业，即低成本集中化，或差异化集中化。

目标集聚战略在获得市场份额方面有某些局限性。选择目标集聚战略，尽管能在其目标市场上保持一定的竞争优势，获得较高的市场份额，但由于目标市场相对于整体市场是狭小的，选择目标集聚战略的企业在整体市场上的市场份额还是较低的。因此，企业选择目标集聚战略时，需要在产品获利能力与销售量之间进行权衡和取舍，有时还需要在产品差别化和成本状况中进行权衡。

具体来说，目标集聚战略可以分为产品线目标集聚战略、顾客目标集聚战略、地区目标集聚战略。

思考与练习

1. 什么是企业战略？企业战略的特点是什么？
2. 简述企业战略管理的过程和战略层次的划分。
3. 试述企业战略环境分析的主要内容和方法。
4. 试述企业总体战略的类型和主要内容。
5. 什么是企业差异化战略？如何实施差异化战略？

案例分析

山居小栈的经营策略

山居小栈位于一个著名的风景区边，旁边是国道，每年都有大批旅游者通过这条公路来到这个风景名胜区游览。

罗生两年前买下山居小栈时是充满信心的，作为一个经验丰富的旅游者，他认为游客真正需要的是朴实而方便的房间——舒适的床、标准的盥洗设备以及免费的有线电视，像公共游泳池等没有收益的花哨设施是不必要的。而且他认为重要的不是提供的服务，而是管理。但是，他在不断接到顾客抱怨后，还是增设了简单的免费早餐。

然而经营情况比他预料的要糟，两年来的入住率都维持在55%左右，而当地的旅游局统计数字表明这一带旅店的平均入住率是68%。毋庸置疑，竞争很激烈，除了许多高档的饭店、宾馆外，还有很多家居式的小旅社参与竞争。

其实，罗生对这些情况并非一无所知，但是，他觉得高档宾馆价格高，而家庭式旅社则很不正规，像山居小栈这样既具有规范化服务特点又价格低廉的旅店应该很有市场。但是，他现在感觉到事情并不是他想的这么简单。最近又传来旅游局决定在本地兴建更多大型宾馆的风声，罗生越来越发觉处境不利，甚至决定退出市场。

这时他得到一大笔亲属赠与的遗产，这笔资金使得他犹豫起来。也许这是个让山居小栈起死回生的机会呢？他开始认真研究所处的市场环境。

从一开始罗生就避免与提供全套服务的度假酒店直接竞争，他采取的方式就是削减“不必要的服务项目”，这使得山居小栈的房价比它们要低40%，住过的客人都觉得物有所值，但是很多游客还是转转然后去别家投宿了。

罗生对近期旅游局发布对当地游客的调查结果很感兴趣：

（1）68%的游客是不带孩子的年轻或年老夫妇；

（2）40%的游客两个月前就预订好了房间和旅行计划；

（3）66%的游客在当地停留超过三天，并且住同一旅店；

（4）78%的游客认为旅馆的休闲娱乐设施对他们的选择很重要；

（5）38%的游客是第一次来此地游览。

得到上述资料后，罗生反复思量，到底要不要退出市场？拿这笔钱来养老，还是继续经营？如果继续经营，是一如既往，还是改变山居小栈的经营策略？

问题：

1. 导致山居小栈经营不理想的主要原因是什么？

2. 你认为山居小栈的发展前景如何？

3. 如何改变山居小栈现在的不利局面？结合习近平总书记提出的“绿水青山就是金山银山”，从绿色环保的视角思考。

第三章 生产管理

本章导读

生产管理有广义与狭义之分。广义的生产管理是指针对企业生产活动的全过程进行综合性、系统性的管理，它涉及人、财、物、时间、信息等全部的生产要素。狭义的生产管理是指以产品的生产过程为对象的管理。本章所研究的是狭义的生产管理，主要内容包括生产过程的组织、生产计划工作、生产作业计划与控制等。

引入案例

饮水机的故事

一个车间是长方形的，饮水机放在南北两侧。对于靠近饮水机的员工来说，当他们需要添水时，确实是挺方便的。但是，对于处在中间三分之一区域的员工来说，往南或往北，距离都是一样的。员工有一个很好的习惯，就是除非饮水机上的绿灯亮了（表示水已经煮开），他们才会去添水，否则就会等待，直到红灯熄灭。对于南北两处的人员，当他们走到饮水机前，发现红灯还亮着的时候，往往就是再走回头路。但是，对中间区域的员工来说，再走回头路，实在是一段遥远的路程。

有一天，负责中间区域生产线的组长跑来跟生产经理说："我的组员只要一离开岗位去倒水，没有10分钟是回不来的！""为什么？"生产经理问。"因为他们要么在那里等绿灯亮，要么就趁机上洗手间，反正水要开没那么快！"组长说。

这位组长有几天被这种糟糕的生产效率逼急了，就找生产经理。于是生产经理找来大家讨论这个问题。

"没有办法！"电工先这样说，"一定要走到饮水机前才能知道水到底开了没有。"

"那就在车间中央再装一台饮水机。"那位组长这样提议。

"不行！"负责安全生产的人首先反对，"那是违反安全规定的。"

"水开没开怎么确认？"生产经理问。

他们瞪大眼睛看着生产经理，好像对于生产经理这样"幼稚"的话感到丧气。"看饮水机上的指示灯是亮红灯还是亮绿灯啊……"电工这样说。

"什么时候看呢？"生产经理又问。

"走近饮水机的时候啊！"电工一脸无语的表情。

"一定要走近饮水机才看得到吗？"生产经理又问。

"啊……"他们张大嘴巴，表情很难形容，好像是被生产经理搞得快发神经，又好像是有所顿悟的样子。

后来，他们把饮水机那个显示红绿灯的线路延长出来，装上一个大红灯泡，挂在饮水机的上头。从此，从很远的地方就可以看到那个红灯泡，只要它还亮着，那就表示水还没开。因此，就有很多人连头也不抬地问他们组长："水开了没？"然后继续工作。

这是一个很小很简单的改造，但就是企业生产管理的现场管理的体现。在实际工作中，我们常常片面地理解了管理。就拿这个小故事来说，员工常常因为水没烧开，而跑来跑去影响正常生产，小组长对此也是一筹莫展。在会议之初，大家也是没有头绪，但在生产经理启迪之下，大家终于抓住了问题关键点：将水烧开的信号更方便地传递给需要喝水的员工。于是立刻就有了解决的办法。

企业的生产管理是一切组织正常发挥作用的前提，任何一个有组织的企业活动，不论其性质如何，都只有在管理者对它加以管理的条件下，才能按照所要求的方向进行。

第一节　生产过程的组织

生产过程的组织是指从空间和时间两方面对产品生产过程的各个环节做出合理安排。任何一种工业产品的生产，都要经历一定的生产过程。所以合理组织生产过程，使企业生产活动能够协调地、高效率地进行，是企业取得良好经济效益的前提条件，是企业生产管理的首要内容。

一、生产过程组织概述

（一）生产过程及其构成

1. 产品生产过程的含义

产品的生产过程是指从产品生产准备开始，经过投料加工制造，直到把产品生产出来为止的全过程。工业产品的生产过程是社会物质财富生产过程的组成部分，也是工业企业最基本的活动过程，即劳动者利用劳动手段作用于劳动对象，使其按预定的目的变成工业产品的过程。在实践中，工业产品的生产过程实际上是劳动过程与自然过程的结合，劳动过程占主导地位，自然过程是在劳动者控制管理下进行的。

产品生产过程有广义和狭义之分。广义的生产过程是指从准备生产该产品开始，直到把产品生产出来为止的全部过程。狭义的生产过程是指从原材料投入生产开始，直到把产品生产出来为止的全部过程。就其狭义的概念而言，这一过程通常由工艺过程、质量控制与检验过程、运输过程、自然过程和等待间歇过程五个部分组成。

2. 企业生产过程的构成

一般来说，工业企业生产过程可划分为生产技术准备过程、基本生产过程、辅助生产过程和生产服务过程四个部分。由于专业化协作水平、技术条件以及企业生产的性质和特点的不同，生产过程的这些组成部分有很大差别，并且随着生产的发展也会发生变化。

生产技术准备过程是指产品投入生产以前所进行的各种生产技术准备工作，如产品设计、工艺设计、工装设计和制造、标准化和定额工作以及产品试制与鉴定等。

基本生产过程是指直接使劳动对象变为企业基本产品所进行的生产活动，即产品加工过程，如纺织企业的纺纱、织布，机械制造企业的铸造、加工、装配，钢铁企业的炼钢、轧钢等。基本生产过程是企业的主要活动，它代表企业的基本特征和专业化水平。

辅助生产过程是指为保证基本生产过程的正常进行所必需的各种辅助性生产活动，如机械制造企业的动力生产、工具制造和设备维修等。

生产服务过程是指为基本生产和辅助生产服务的各种生产性服务活动，如原材料、半成品、工具和各种辅助材料的供应、运输和仓库保管等。

工业企业生产过程的各个组成部分之间既相互区别又紧密联系。其中，基本生产过程是最主要的组成部分，其他各部分都要围绕基本生产过程进行，为基本生产过程提供条件。

基本生产过程按工艺加工的性质可以分为若干相互联系的工艺阶段，如机械制造企业的毛坯准备、机械加工和装配三个工艺阶段，每个工艺阶段又可按劳动分工和使用的设备、工具不同划分为不同的工序。

工序是指一个或一组工人在一个工作地上对同一个（或几个）劳动对象连续进行加工的生产活动。工作地是工人使用劳动工具对劳动对象进行生产活动的地点，它是由一定的场地面积、机电设备和辅助工具组成的。在工艺阶段中，一件或一批相同的劳动对象顺序地经过许多工作地，在每个工作地内连续进行的生产活动就是一道工序。如果劳动对象不移动，固定在工作地上，由不同的工人顺序地对它进行加工，这时每一个或一组工人在这个工作地上连续进行的生产活动也是一道工序。

工序是组成生产过程的基本单位。工序按作用不同通常分为工艺工序、检验工序、运输工序等。工艺工序是指使劳动对象发生物理或化学变化的工序，是基本生产过程的主要组成部分。检验工序是指对原材料、半成品或成品的质量进行检验的工序。运输工序是指在各工艺工序之间，工艺工序和检验工序之间运送劳动对象的工序。

（二）合理组织生产过程的目的与要求

组织生产过程就是要对生产的各个阶段和各个工序进行合理安排，使它们之间能协调配合，形成一个有机的生产系统。合理组织生产过程的基本目的是使产品在生产过程中行程最短、时间最省、占用和耗费最少，并能按社会需要生产适销对路的产品。为此，生产过程组织必须符合以下基本要求。

1. 生产过程的连续性

生产过程的连续性是指产品在生产过程各个阶段、各道工序之间的流转处于不停的运动之中，且流程尽可能短。它包括空间上的连续性和时间上的连续性。空间上的连续性要求生产过程各个环节在空间布置上合理、紧凑，使物料的流程尽可能短，没有迂回往返现象。时间上的连续性是指物料在生产过程的各个环节的运动，自始至终处于连续状态，没有或很少有不必要的停顿与等待现象。提高生产过程的连续性，可以缩短产品生命周期，降低在制品库存量，加快流动资金的周转，提高资金利用率，也有利于提高产品质量。为了保证生产过程的连续性，首先要合理布置企业的各个生产单位，使物料流程合理；其次要组织好生产的各个环节，包括投料、运输、检验、工具准备和设备维修等，使物料运动不发生停歇。

2. 生产过程的比例性

生产过程的比例性是指生产过程各环节的生产能力要保持适合产品制造数量和质量的比例关系。比例性是生产过程顺利进行的重要条件。如果破坏了比例性，生产过程必将出现“瓶颈”。“瓶颈”制约了整个生产系统的产出，不仅造成非瓶颈资源的能力浪费和物料阻塞，也破坏了生产过程的连续性。保持生产过程的比例性，首先取决于正确的工厂设计；其次要加强日常生产的作业计划管理，搞好生产能力的综合平衡，采取有效措施，消除瓶颈环节，保持各生产环节应有的比例关系。

3. 生产过程的均衡性

生产过程的均衡性是指企业及其各个生产环节都能够按计划均衡地进行，在相等的时间间隔内生产相等或递增数量的产品或者完成大体相等的工作量。各个工作地的工作负荷相对稳定，不出现前松后紧、时松时紧的现象，使设备和工时得到充分利用，有利于提高产品质量，保证安全生产，降低生产成本。保持生产过程的均衡性，主要依靠加强计划管理，保持生产过程的比例性，做好生产调度、在制品管理和生产技术准备工作，并切实组织好辅助生产和生产维修工作。

4. 生产过程的准时性

生产过程的准时性是指生产过程的各阶段、各工序都要按后续阶段工序的需要生产。即在需要的时候，按需要的数量生产所需要的零部件。准时性将企业与用户紧密地联系起来。企业所做的一切都是为了让用户满意，用户需要什么产品，企业就生产什么，用户需要多少就生产多少，何时需要就何时提供。要做到让用户满意，企业生产过程必须做到准时，只有各道工序都准时生产，才能准时地向用户提供所需数量的产品。准时性是市场经济对生产过程提出的要求。

从市场角度看，连续性、比例性和均衡性都有一定的局限性。现代企业不与市场需求挂钩，追求连续性、均衡性是毫无意义的。在市场环境多变的情况下，比例性只是一种永远达不到的理想状态，“瓶颈”出现永远是正常现象。

（三）生产类型的划分及其对生产管理的影响

生产类型是影响生产过程组织的主要因素。由于各个企业在生产结构、生产条件、生产规模和生产专业化协作程度等方面具有各自的特点，为了研究它们之间的共同特点，寻求生产组织的规律性，可将企业按一定标志划分成不同的生产类型。同一生产类型之间具有基本相同的特点和生产规律，可选择适应其特点的生产组织形式和管理方法，以便从现代企业实际出发，合理组织生产，提高现代企业的管理水平。

根据产品生产的重复程度和工作地专业化程度，可将工业企业生产划分为三种基本类型，即大量生产类型、成批生产类型和单件生产类型。

1. 大量生产类型

大量生产的特点是：产品品种少，产品数量大，生产条件稳定。由于生产的产品长期重复，大多数工作地只固定完成一两道工序，专业化程度高。大量生产的稳定性和重复性，可给生产管理带来一些有利的影响。由于分工精细，工作地专业化程度高，企业可购置高效率的专用设备和工装，采用流水线、自动化生产线等高效的生产组织形式，还可使工人操作简化，有利于推行标准化操作方法，提高工效；由于产品品种及数量稳定，原材料、毛坯变化小，易与供应厂家和外协厂家建立长期、稳定的协作关系，供货质量、数量和交货期容易得到保证，有利于提高和稳定产品质量；计划、调度工作简单。

大量生产的产品一般属于社会需求量大、用途广和通用性强的产品，如汽车、农机等。如美国福特汽车公司曾长达19年始终坚持生产“T”型车一种产品，是大量生产的典型例子。

2. 成批生产类型

成批生产的特点是：生产的产品产量比大量生产少，产品品种较多，各种产品在计划期内成批轮番地生产，生产具有一定的稳定性和重复性。大多数工作地要承担较多的工序，其专业化程度比大量生产要低。成批生产按其批量大小和工作地承担的工序数目多少又可分为大批生产、中批生产和小批生产。

成批生产与大量生产相比，其产品产量较低，品种较多，不可能采用较多的自动化、半自动化的设备和各种专用设备，因此机械化、自动化程度不如大量生产高，而且对工人的技术要求较高，以适应多品种和周期性生产变动的需要。由于成批生产具有一定的稳定性和重复性，因此有条件编制较为详细的工艺规程，制定各种生产指示图表作为编制生产作业计划的依据，组织不同专业化程度的专业化车间和工段。属于成批生产的产品一般有机床、中小型电机、柴油机等。

3. 单件生产类型

单件生产的特点是：产品品种繁多，产量极少，通常只生产一件或少数几件；多属一次性生产的产品，不再重复，即使重复也无固定的重复期；生产的稳定性差，大多数工作要负担很多道工序，工作的专业化程度较低。

由于产量小，品种多变，单件生产一般不具备采用专用设备和专用工装的条件，多采用应变能力强的适用于多品种生产的通用设备。只有在极特殊的情况下，才采用少量专用设备和专用工装。因此，单件生产的机械化、自动化水平低下，手工操作的比重大，单位产品的劳动消耗增加，产品生产周期较长。而且，要求工人具有较高的技术水平，掌握范围较广的操作技能，以适应单件生产产品多变的特点。

相关链接

制造强国 步履铿锵

我国工业和信息化2012年到2021年发展数据显示，制造业增加值从16.98万亿元增加到31.4万亿元，占全球比例从20%左右提高到近30%；500种主要工业产品中，我国有四成以上产量位居世界第一；建成全球规模最大、技术领先的网络基础设施……一个个亮眼的数据，一项项提气的成就，勾勒出十年间大国制造的非凡足迹，标志着我国迎来从“制造大国”“网络大国”向“制造强国”“网络强国”的历史性跨越。

制造业决定了一个国家的综合实力和国际竞争力，是我国经济命脉所系，是立国之本、强国之基。制造业价值链长、关联性强、带动力大，为农业、服务业提供原料、设备、动力和技术保障，在很大程度上决定着现代农业、现代服务业的发展水平。可以说，现代化经济体系的建设离不开制造业的引领和支撑。不仅如此，制造业的发展也显著增强了人民群众的获得感，从智能家电全面普及，到汽车进入千家万户；从宽带网络村村通，到5G手机加速推广应用……制造业实力的显著增强，有效提升了供给体系质量，提高了整个国民经济的发展效益。

当前，新一轮科技革命和产业变革深入发展，全球产业链供应链面临重构，国际竞争更趋激烈。全新的考卷已然铺展，更难的考题等待解答。站在新的历史起点上，把制造业高质量发展放到更加突出的位置，坚定不移地建设制造强国，就一定能抢占新一轮科技革命和产业变革的先机，构筑未来发展战略优势。

二、生产过程的空间组织

工业企业的生产过程是在一定的空间通过许多相互联系的生产单位实现的。必须根据企业生产的需要进行总体规划和工厂设计，开辟一定的场所，建立相应的生产单位（车间、工段、小组）和其他设施，并在各生产单位配备相应工种的工人和机器设备，采取一定的生产专业化形式，以便完成所担负的生产任务。生产过程的空间组织就是根据生产需要和经济合理的原则研究生产单位的设置以及各生产单位及其设施在空间上的布局，使整个企业的生产过程在空间上形成一个既相互分工又协调一致的有机整体。

（一）生产单位专业化的原则和形式

生产单位专业化的原则和形式决定着企业内部的生产分工和协作，决定着工艺过程的流向及原材料、在制品在厂内的运输线路和运量，它是生产过程空间组织的一个重要问题。生产单位专业化的原则主要有工艺专业化原则和对象专业化原则，相应地存在着以下两种专业化形式。

1. 工艺专业化形式

工艺专业化形式又称为工艺原则，它是以生产工艺性质设置生产单位。在工艺专业化的生产单位集中着相同类型的工艺设备和同一工种的工人，对企业生产的各种产品进行相同工艺方法的加工。每一生产单位只完成企业产品生产过程的部分工艺阶段或部分工艺工序。例如，机械制造企业中的机械加工车间把所有机床集中起来组成车工工段或小组，担负各种产品的车削加工任务。

工艺专业化形式的优点是：对品种的变换具有较好的适应性；有利于充分利用生产设备和工人的工作时间；便于进行工艺管理，有利于同类技术的交流和协作，有利于提高工人的技术水平。其缺点是：由于产品要经过许多生产单位的加工才能完成，所以产品的交叉运输和往返运输多，运输路线长，在制品等待停放时间长、生存周期延长，流动资金占用量大，而且生产单位之间生产联系频繁，管理复杂。

2. 对象专业化形式

对象专业化形式又称为对象原则，它是以产品（零件、部件）为对象设置生产单位。在对象专业化的生产单位集中着为制造某种产品所需要的各种设备和不同工种的工人，对同种产品进行不同工艺方法的加工。每一个生产单位基本上能独立地完成该种产品的全部或大部分工序，所以这类生产单位又称为封闭式的生产单位，如汽车制造厂的发动机分厂、变速箱分厂等。

对象专业化形式的优点是：产品在生产过程中的停放、等待时间短，运输线路短，可缩短生产周期，减少在制品和流动资金的占用量；便于采用先进的生产组织形式，加强生产管理。其缺点：工人和设备的利用效率低；生产单位内部工艺技术复杂，不便于进行工艺技术指导和管理；适应产品品种变化的能力差。

上述两种组织生产单位的基本形式各有其优缺点，各适用于不同的条件。企业在组织和调整生产单位时要认真分析企业的实际情况，根据客观条件选择和应用。

（二）工厂总平面布置的原则和方法

1. 工厂总平面布置的基本原则

工厂总平面布置是生产过程空间组织的主要内容，其目的是保证企业获得较高的生产率和最好的经济效益，保证职工的安全、健康和良好的工作环境，实现文明生产。为此工厂总平面布置应遵循以下基本原则。

（1）工厂的生产厂房、设施和其他建筑物的布置应满足生产过程的要求，使物料运输路线尽可能短，减少交叉和往返运输，以缩短生产周期，节约运输费用。

（2）生产上联系密切的车间应靠近布置，相互衔接。如辅助生产车间、生产服务部门应布置在其主要服务车间附近，以保证最短的运输距离和联系工作的方便。

（3）注意安全防护和“三废”处理，贯彻《中华人民共和国环境保护法》和《中华人民共和国消防法》，符合安全技术规定。

(4) 节约用地，并考虑生产发展的需要。要充分利用场地，布置应紧凑，提高建筑系数，节约投资和生产费用。同时，要考虑企业生产长远发展的需要，即考虑企业扩散、改建对厂区面积需要的可能性。

(5) 厂区平面布置应当和周围环境相协调，考虑企业环境的美化和绿化，使工厂布置得整齐、美观，为职工创造一个良好的工作环境。

2. 工厂总平面布置的主要方法

根据以上要求，工厂总平面布置可采用以下三种基本方法。

(1) 物料流向图法。物料流向图法是按照原材料、在制品以及其他物资在生产过程中的总流动方向来布置工厂的各个车间、仓库和其他设施，并且绘制物料流向图，加以调整和改进的方法。

(2) 物料运量图法。物料运量图法是根据各车间（仓库、站场）的物料运量大小来进行工厂总平面布置的方法。相互间运量大的车间应靠近布置；反之，则可布置得远些。为了清楚地表明各车间之间的运量，可以填制物料运量表，如表 3-1 所示。

表 3-1　物料运量表

单位：吨

到一车间 / 从一车间	01	02	03	04	05	06	总计
01		6		2	2	4	14
02			6	4	3		13
03		6		6	4	4	20
04			6		2	4	12
05				1			1
06		3	4				7
总计	0	15	16	13	11	12	

(3) 作业相关图法。作业相关图法是通过图解判明工厂各组成部分之间的关系，然后根据各部门之间关系的密切程度逐个地布置每一个部门，再通过几个方案的比较得出最佳布置方案。

（三）车间设备布置的原则和方法

车间设备布置主要是指车间中基本工段的设备平面布置。

1. 车间设备布置的原则

(1) 尽量按工艺顺序布置设备，使生产对象在加工过程中运输线路最短，尽量减少交叉和往返运输。

(2) 注意运输方便，充分发挥运输工具的作用。

(3) 合理布置工作地，保证生产安全，尽可能为工人创造良好的工作环境。

(4) 尽量为工人实行多设备看管创造条件。

(5) 合理地利用生产面积。

(6) 注意维护设备精度，照顾设备工作条件，如精度要求较高的设备应布置在光线充足和受振动影响最小的地方。

2. 车间设备布置的方法

（1）样板或模型布置法。这种布置方法就是把某车间的各组成部分或所布置的设备、通道等，按照它们必须占用的面积，依照平面图形与车间平面的同一比例（如 1∶100、1∶200 等）在车间平面图上进行布置，直到安全、满意为止。这种样板或模型可以灵活移动，便于对多个布置方案进行比较。其缺点是不能反映各设备之间复杂的数量关系。

（2）物料运量比较法。这种方法又称为从至表法，是对各机器设备间物料运输路线和运输量进行比较来合理布置设备的一种方法。

三、生产过程的时间组织

合理组织生产过程不仅要求企业各生产单位在空间上合理配置、密切配合，而且要求劳动对象在各生产单位之间、各工作地之间的运动在时间上也相互配合和衔接，最大限度地提高生产过程的连续性和均衡性，以提高劳动生产率和设备利用率，缩短产品生产周期，加速资金周转，降低产品成本。工业产品生产过程的时间组织包括的内容很多，涉及范围广，它与生产计划的安排、日常生产调度工作等有密切关系。在此主要研究劳动对象在各工序间的移动方式，即在制品从一个工作地到另一个工作地的运送方式。

在制品在工序间的移动方式与加工的在制品数量有关。如果加工的在制品是一件，就只能在上一道工序完成后，再送到下一个工作地进行下一道工序的加工。如果同时制造的不是一件而是一批在制品，在制品在工序间的移动方式就有以下三种。

（一）顺序移动方式

一批在制品在上道工序全部加工完毕后才整批地转移到下道工序继续加工，这就是顺序移动方式。采用顺序移动方式，一批在制品的加工周期 T_s 为

$$T_s = n\sum_{i=1}^{m} t_i$$

式中：n——在制品加工批量；

t_i——第 i 道工序的单件工序时间；

m——在制品加工的工序数。

【例 3-1】 某制品加工批量为 4 件，四道工序，各道工序单件时间分别为 10 分钟、5 分钟、20 分钟、15 分钟。则该批制品的加工周期为

$$T_s = n\sum_{i=1}^{m} t_i = 4\times(10+5+20+15) = 200(\text{分钟})$$

（二）平行移动方式

每件制品在上道工序加工完毕后，立即转移到下道工序去继续加工，形成前后工序交叉作业，这就是平行移动方式。采用平行移动方式，一批制品的加工周期为

$$T_p = \sum_{i=1}^{m} t_i + (n-1)t_l$$

式中：t_l——最长的单件工序时间；其余符号意义同前。

将例 3-1 单件工序时间代入，可求得 T_p 为

$$T_p=（10+5+20+15）+3\times 20=110（分钟）$$

（三）平行顺序移动方式

顺序移动方式制品运输次数少，设备利用充分，管理简单，但加工周期长；平行移动方式加工周期短，但运输频繁，设备空闲时间多而零碎、不便利用。为了综合两者的优点，可采用平行顺序移动方式。平行顺序移动方式要求每道工序连续进行加工，但又要求各道工序尽可能平行地加工。具体做法如下：

（1）当 $t_i > t_{i+1}$ 时，零件按平行移动方式转移；

（2）当 $t_i \geqslant t_{i+1}$ 时，以 i 道工序最后一个制品的完工时间为基准，往前推移 $(n-1)\times t_{i+1}$，t_{i+1} 为零件在 $i+1$ 道工序的开始加工时间。采用平行顺序移动方式，一批制品的加工周期为

$$T_{ps}=n\sum_{i=1}^{m}t_i-(n-1)\sum_{i=1}^{m-1}\min(t_i,\ t_{i+1})$$

将例 3-1 数值代入，得

$$T_{ps}=4\times（10+5+20+15）-3\times（5+5+15）=125（分钟）$$

三种移动方式示意图分别如图 3-1、图 3-2 和图 3-3 所示。

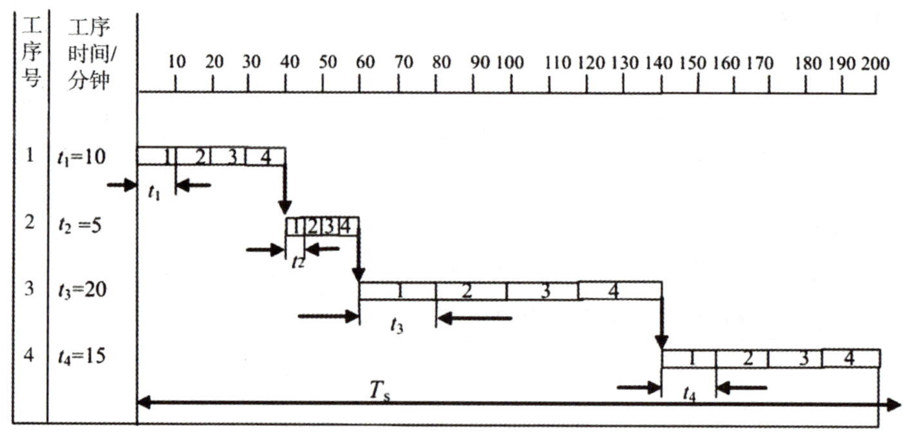

图 3-1　顺序移动方式示意图

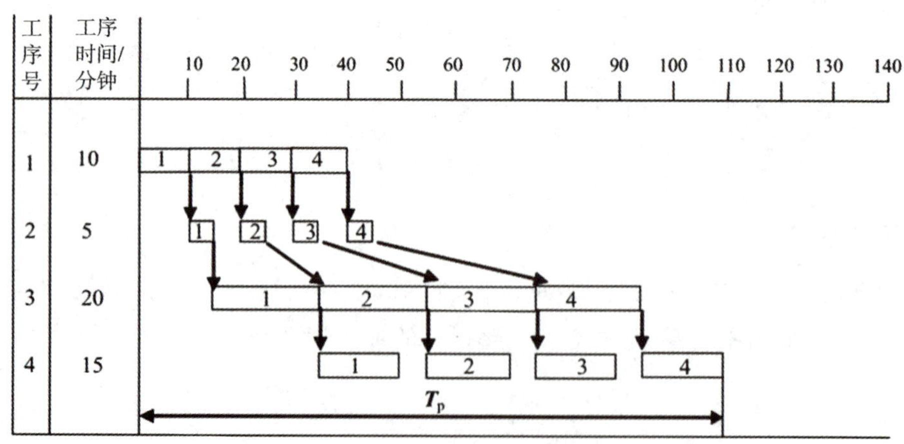

图 3-2　平行移动方式示意图

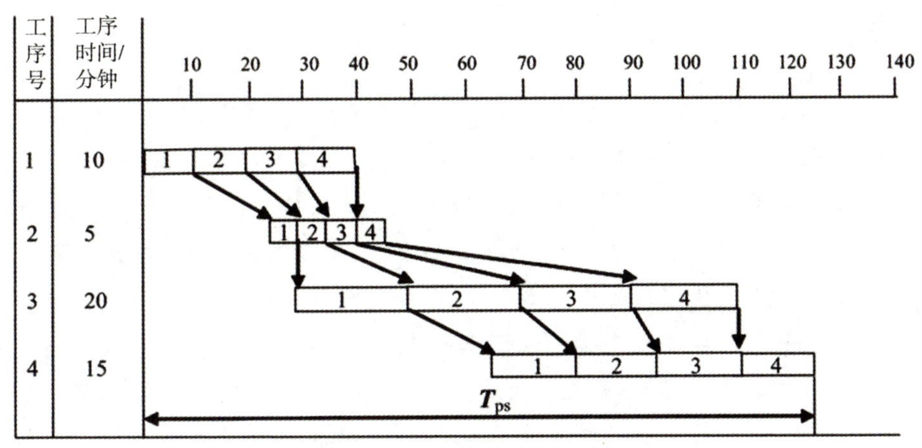

图 3-3　平行顺序移动方式示意图

在实际生产中，选择制品的移动方式需要考虑制品的尺寸大小、制品加工时间长短、批量大小以及生产单位专业化的形式。三种移动方式各有优缺点，采用哪种移动方式应权衡利弊，结合具体条件来考虑。它们之间的比较如表 3-2 所示。

表 3-2　制品三种移动方式的比较

比较项目	平行移动	平行顺序移动	顺序移动
生产周期	短	中	长
运输次数	多	中	少
设备利用	差	好	好
组织管理	中	复杂	简单

一般而言，批量小宜采用顺序移动方式，批量大宜采用平行移动方式或平行顺序移动方式；制品尺寸大宜采用平行移动，制品尺寸小宜采用顺序移动或平行顺序移动；加工时间短宜采用顺序移动方式，加工时间长宜采用平行移动方式和平行顺序移动方式；工艺专业化宜采用顺序移动方式；对象专业化宜采用平行移动方式或平行顺序移动方式，如表 3-3 所示。

表 3-3　选择制品移动方式需考虑的因素

移动方式	制品尺寸	加工时间	批量	专业化形式
平行移动	大	长	大	对象专业化
顺序移动	小	短	小	工艺专业化
平行顺序移动	小	长	大	对象专业化

任何企业的生产都是在一定的空间范围内以一定的组织方式进行的，因此，生产系统的设计和组织是企业生产管理的重要内容。生产系统的设计和组织，应用科学的方法和手段对企业的各组成部分、各种生产要素进行合理的配置和布置，使之形成有机系统，以最经济的方式和较高的效率为企业的生产经营管理服务。

相关链接

定制需求推动上游生产数控化、柔性化发展

当“定制”成为家装主流后，定制家具在近两年更是全体向“整装”“整家定制”进发。这一需求传导至上游制造环节后，板式家具生产过程中对智能化、柔性化的需求日益凸显，而这也在倒逼着国产家具装备厂商进行自我提升。近年来，国产家具装备厂商抓住国内庞大的定制需求机会，通过技术、零部件提升，数控软件升级等，开发出较国外品牌在性能、指标方面持平，而价格更具优势的家具装备产品，在中高端市场打破了国外品牌长期垄断的局面，国产化趋势正在形成。

广东佛山伦教是国内家具装备主要生产基地之一，有“中国木工机械重镇”之称。当地的木工机械商会会长刘乐球介绍，过去，大量的家具装备厂采用的是委外加工方式，“委外加工厂大部分是个体户，生产水平、生产设备、管理比较低级，从专业角度讲，委外加工的零部件满足不了精密的要求”。

佛山豪德数控机械有限公司总经理刘敬盛有着20多年的家具装备行业经验，同时也是广东顺德伦教木工机械商会副会长，他称：“过去，大型家具企业基本不会选择国产设备，大厂清一色的都是外国设备。”

不过近年来，在下游市场中定制成为潮流，同时规模企业市场占有率提升，这些变化传导至上游家具制造商对生产装备智能化、数控化、柔性化要求越来越高，部分家具装备企业也因此选择自我提升的出路。

在需求倒逼、数控软件助推等多因素作用下，高端国产家具装备有了一定突破，产品性能接近甚至超越国际品牌，同时价格更具优势，家具装备国产化成为趋势。

第二节 生产计划工作

一、生产能力

（一）生产能力的概念及其主要影响因素

工业企业的生产能力是指企业直接参与生产的固定资产，在一定时期内，在先进、合理的生产技术组织条件下，经过综合平衡后所能生产的一定种类和一定质量的产品的最大数量。对于流程式生产，生产能力是一个准确而清晰的概念，如水泥厂年产水泥100万吨。对于加工装配式生产，生产能力则是一个模糊的概念，不同的生产类型和产品组合表现出的生产能力是不同的。大量生产，品种单一，可用具体产品数表示生产能力；对于大批生产，品种数少，可用代表产品表示生产能力；对于多品种、中小批量生产，则只能以假定产品的产量表示生产能力。

1. 生产能力的种类

企业的生产能力在一定时期内是相对稳定的，但不是固定不变的。随着生产的发展和技术组织条件的变化，生产能力也会相应变化。根据核算生产能力时所依据的条件不同，企业的生产能力可分为以下三种。

（1）设计能力：企业的设计文件中规定的生产能力，它是企业新建、扩建或改建后应该达到的最大年产量。企业建成投产后，一般要经过一段掌握生产技术的过程，才能达到设计能力水平。

（2）查定能力：在企业没有设计能力，或虽有设计能力但由于企业的产品方案、协作关系和技术组织条件发生了很大变化，原有设计能力不能反映实际情况，由企业重新调查核定的生产能力。它是以企业现有固定资产等条件为依据，并考虑采取各种技术组织措施或技术改造后能取得的效果来确定的。

（3）计划能力：也称为现实能力，是指企业在计划期内实际可能达到的生产能力，是根据企业现有的生产条件和计划期内能够实现的各种技术组织措施效果而计算的。

上述三种能力反映不同时期、不同生产技术组织条件下企业生产能力的不同水平。设计能力或查定能力是确定企业规模、编制企业长远规划、安排基本建设和设计改造计划等的依据，计划能力则是企业编制年度生产计划、确定生产计划、确定生产计划指标和安排生产进度等工作的依据。

2. 影响生产能力的主要因素

影响企业生产能力的因素有很多，可以归纳为以下三个主要因素。

（1）生产中的固定资产的数量：指企业拥有的全部能够用于生产的机器设备、厂房和其他生产性建筑物的面积。机器设备包括正在运转、正在修理、正在安装调试或者等待修理的机器设备，以及生产任务不足或其他不正常原因而暂停使用的机器设备。已经决定报废的设备，以及企业规定备用的、封存待调的机器设备，不应计算在内。

（2）固定资产的工作时间：指机器设备的全部有效工作时间和生产面积的全部利用时间。设备的有效工作时间一般用日历时间扣除节假日时间和设备的停工修理时间，并考虑设备的工作班次及轮班工作时间来确定。生产面积的利用时间除不扣除停工修理时间外，其他与设备有效工作时间相同。

（3）固定资产的生产效率：指单位机器设备的产量定额或单位产品的台时定额、单位时间单位面积的产量定额或单位产品生产的面积占有额。固定资产的生产效率与前两项因素相比是最难确定的因素，也是决定生产能力的最重要的因素。计算生产能力所采用的生产效率定额应当是平均先进的计划定额，以使生产能力保持在先进、合理的水平。

（二）生产能力的核定

核定生产能力是企业管理的一项基础性工作，这一工作必须与确立企业生产方向和专业化方向结合起来进行。核定生产能力前要做好各项准备工作，包括组织核定小组，收集有关统计、定额和技术经济资料。核定的程序是由下而上逐级核定，先计算设备组的生产能力，再确定小组、工段的生产能力，最后确定车间及整个企业的综合生产能力。

在各生产环节处于大量生产条件时，小组中同类设备组的生产能力可用下列公式计算：

设备生产能力＝设备数量×单位设备有效工作时间×单位设备产量定额

或

设备生产能力＝设备数量×单位设备有效工作时间×单位设备台时定额

式中：

单位设备有效时间＝全年制度工作日数×每日工作小时数×（1－设备停工修理率）

当生产能力主要取决于生产面积时，生产能力的计算公式如下：

生产面积生产能力＝全年生产面积数量×生产面积利用时间÷（单位产品占用生产面积×占用时间）

在多品种生产条件下，由于同一设备或生产面积不只生产一种产品，因而其生产能力的计算通常采用代表产品法或假定产品法。代表产品是结构和工艺有代表性，且产量与劳动量乘积最大的产品。在多品种生产企业，当产品的结构、工艺、劳动量差别很大时，难以确定代表产品，这时可采用假定产品。假定产品是按各种具体产品工作量比例构成的一种实际上不存在的产品。

在核定小组生产能力时，如果该产品是由一种设备加工制成的，小组的生产能力就等于该设备组的生产能力；如果产品在该小组需要通过不同设备依次加工才能制成，小组生产能力就是各种生产能力综合平衡后的结果。

计算出小组生产能力后，可在对各小组生产能力综合平衡的基础上核定车间生产能力。在对各车间及生产环节生产能力综合平衡后，可核定企业的综合生产能力。综合平衡主要包括两方面内容：一是各基本生产环节能力的平衡；二是基本生产环节能力与辅助生产环节能力之间的平衡。如果出现能力不平衡的，那么必须制定消除薄弱环节的措施，使企业生产能力落实到一个合适的高水平。

（三）生产能力的利用评价

合理利用和提高生产能力，意味着企业在不增加固定资产的前提下，可以增加产量，提高劳动生产率，降低成本，增加盈利，提高企业经济效益，为社会提供更多的适销对路的产品。反映企业生产能力利用情况的指标一般有以下三种。

（1）固定资产运用系数：表明企业现有固定资产的运用情况，其计算公式为

固定资产运用系数＝运用的固定资产（设备和生产面积）数÷现有固定资产（设备和生产面积）数

（2）固定资产负荷系数（计划或实际）：表明企业固定资产工作时间的利用情况，其计算公式为

固定资产负荷系数（计划或实际）＝计划（或实际）的负荷量÷全部设备或生产面积的有效工作时间

（3）生产能力综合利用系数（计划或实际）：这是一个综合性指标，它不仅反映出固定资产的运用情况和工作时间利用情况，同时也反映了固定资产的生产效率，其计算公式为

生产能力综合利用系数（计划或实际）＝计划（或实际）年产量÷生产能力

通过对上述指标的分析，可以明确企业生产能力利用方面的潜力，制定改进措施，以提高生产能力的利用水平。

二、生产计划的编制

生产计划是对企业在计划年度（季度）内的生产任务做出统筹安排，规定企业在计划年度（季度）内生产的产品品种、产量、质量和进度等指标。它是企业生产经营计划体系中的主体组成计划之一。生产计划是根据企业营销计划编制的，而它又是企业编制设备、人员、材料和外协件等计划的依据，也是编制财务、成本等计划的根据。

（一）生产计划的主要指标

1. 产品品种指标

产品品种指标是指企业在计划期内计划生产的产品名称和品种数，包括应当试制完成的新产品。产品品种按具体产品的用途、型号和规格来划分。品种指标反映了企业在产品品种方面满足社会需要的程度以及企业的生产技术水平和管理水平。

2. 产品质量指标

产品质量指标是指企业在计划期内各种产品应达到的质量指标。常用的综合性质量指标有产品品级指标，它以企业在计划期内出产的各种质量等级产品数量在全部产品数量中应达到的百分比表示，如合格品率、优质品率等。此外，还有反映生产过程工作质量的指标，如废品率、返修率、成品交验一次合格率等。产品质量指标反映了企业生产的产品能够满足用户使用要求的程度以及企业的生产技术水平和组织管理水平。

3. 产品产量指标

产品产量指标是指企业在计划期内生产的符合质量标准的工业产品数量。产品产量指标一般以实物单位计量，如汽车用“辆”，水泥用“吨”，等等。产品产量包括成品和准备外销的半成品数量。产品产量指标反映了企业向社会提供的使用价值的数量以及企业的生产发展水平，同时也是企业进行产、供、销平衡，计算劳动生产率、产值、原材料及能源消耗、成本和利润等指标的基础，是企业组织日常生产活动的依据。

4. 产值指标

产值指标是以货币表示的产量指标，它是以货币形式反映企业在计划期内生产成果的价值指标。根据其具体内容和作用不同，产值指标又分为以下三种。

（1）商品产值：企业在计划期内出产的可供销售的产品价值。其包括本企业自备原材料生产的可供销售的成品、半成品价值，外单位来料加工的产品加工价值，承做的工业性作业价值（包括为本企业非工业生产部门完成的工业性作业价值），计算商品产值时只计算加工价值，不包括作业对象本身的价值。商品产值一般按现行价格计算。

（2）工业总产值：以货币表现的企业在计划期内完成的工业生产活动的总成果数量。其反映企业在一定时期内的生产规模和水平，是计算企业生产发展速度和劳动生产率等指标的依据。

工业总产值除包括商品产值外，还包括在制品、半成品、自制工具模型等的期末与期初结存量差额的价值，以及订货者来料加工产品的材料价值。工业总产值一般按不变价格计算。

（3）工业增加值：以货币表现的工业企业在计划期内工业生产活动的最终成果数量。工业增加值用现行价格计算，其计算方法一般有生产法和分配法两种。

按生产法计算工业增加值的公式如下：

工业增加值＝工业总产值－工业中间投入价值

这里的工业总产值和工业中间投入价值应按现行价格计算。工业中间投入价值是指工业企业在工业生产活动中消耗的外购品对外支付的服务费用。

按分配法计算工业增加值的公式如下：

工业增加值＝固定资产折旧＋劳动者报酬＋生产税净额＋营业盈余

以上各种指标之间关系密切。品种、质量和产量指标是计算各项产值指标的基础，而各项产值指标又是企业生产成果的综合反映。企业在编制生产计划时，首先应安排落实品种、质量和产量指标，然后据以计算各产值指标。

（二）生产计划的编制程序

企业生产计划工作必须在以销定产的原则指导下按一定步骤进行。一般来说，企业生产计划的编制可按以下步骤进行。

1. 调查研究，掌握编制生产计划的依据

编制企业生产计划的主要依据有：企业长远发展规划和长期经济协议，市场预测资料，产品销售计划和订货合同，上期合同执行情况及成品库存量，上期计划完成情况，技术组织措施执行情况，计划期生产能力，以及产品试剂、物资供应、设备维修、劳动定额等方面资料。

2. 统筹安排，初步拟订生产计划指标方案

企业在经过调查研究，掌握了制订生产计划必要的资料后，可初步拟订生产计划指标方案，利用现代化的管理方法和计算手段，对各指标进行优化。其内容包括：产量指标的优选和确定，产品出产进度安排，产品品种的合理搭配，企业生产指标的分解和落实工作等。这些工作相互联系，实际上是结合进行的。

3. 综合平衡，确定生产计划指标

企业生产计划指标的确定是一个统筹安排、综合平衡的过程，既要服从市场的需要，又要充分考虑企业目标利润的实现和生产能力以及各种资源的充分利用。生产计划指标的综合平衡通常运用定量分析方法，如盈亏平衡分析法、线性规划法等方法，以优化生产指标。

为了使需要和可能结合起来，就要将初步拟订的生产计划指标同各方面条件进行平衡，其目的是使生产任务得到落实。综合平衡的主要内容包括：生产任务与生产能力之间的平衡，主要是测算企业设备生产能力对生产任务的保证程度；生产任务与劳动者之间的平衡，主要是测算企业劳动者的工种、数量，检查劳动生产率水平与生产任务是否适应；生产任务与物资供应之间的平衡，测算主要原材料、动力、工具和外协件对生产任务的保证程度以及生产任务与材料消耗水平的适应程度；生产任务与技术准备工作的平衡，测算产品试制、工艺准备、设备维修和技术措施等条件与生产任务的适应与衔接程度；生产指标与其他经济指标之间的平衡，其中心是生产指标与销售指标及利润指标之间的平衡，目的是使企业的生产满足社会的需要，并使企业获得更多的利润。

（三）产品生产进度的安排

产品生产进度的安排是将企业全年的生产任务按品种、规格和数量，具体地按季、按月进行合理安排，以便周密、细致地组织各项生产活动。这是生产计划工作的一项重要内容。

1. 产品生产进度的安排要求

产品生产进度的安排要求如下。

（1）各种产品的生产日期和数量必须满足订货合同的规定，以保证按品种、按质、按量、按期交货。在安排产品顺序上应是先重点，后一般。

（2）多品种生产的企业要注意各种品种的合理搭配，尽量减少各季、各月生产的品种数；同时要求企业各车间在全年各季、各月的设备负荷比较均衡，劳动力能充分利用。

（3）使原材料、外购件和外协件的供应时间和数量同产品出产进度协调一致，避免供应与生产脱节，影响产品出产进度。

（4）新产品应分摊到各季、各月出产，以避免生产技术准备工作忙闲不均；同时生产进度应与生产技术准备工作相互衔接和协调。

（5）要瞻前顾后，注意跨年度计划之间的衔接，如第四季度的生产安排应留有一定的余地，要为下年度产品出产做好准备。

2. 产品出产进度的安排方法

产品出产进度的安排方法与企业的生产类型及产品特点、产量大小等有关，下面分别按不同生产类型来阐述。

（1）大量大批生产的企业。这类企业的特点是产品品种少，每种产品的产量大。因此，安排产品的出产进度的主要内容是决定各种产品的产量在各季、各月的分配问题。如果产品的市场需求状况比较稳定，在确定各季、各月生产任务安排时，主要是要正确确定各季、各月的平均日产量。确定平均日产量的方法有平均分配方法、分期递增方式、小幅度连续递增方式和抛物线递增方式四种。

如果产品的市场需求呈季节性，如某些农业机械、农药等，其生产进度安排主要有均衡安排和变动安排。均衡安排是指使各月产量相当，但由于市场需求带有季节性，当有的月份大于需求时，便产生库存；当需大于产时，则可利用库存供应市场。变动安排是指使各月产量的安排随销售量的变动而变动。究竟选择哪种方式，应当进行费用支出上的比较，主要是比较生产调整费用和库存保管费用的大小。多数情况下采用两种方法的结合，即折中方式，使其总费用最低。

（2）多品种成批生产的企业。这类企业的特点是产品品种较多，各种产品成批轮番地生产，其产量、批量和期限不相同。因此，在安排产品出产进度时，不仅按期合理分配产品产量，而且合理地组织不同时期各种产品的搭配生产，即合理地进行品种搭配。品种搭配是成批生产企业在安排产品出产进度时的一个关键问题。

（3）单件小批生产的企业。这类企业的特点是品种繁多，每种产品产量极少，主要是根据用户的需要，按订货合同组织生产。在编制年度计划时往往只能落实部分订货任务，因此，在分季、分月安排生产任务时只能采取“近细远粗”的原则，把较近时期已经明确了的生产任务先具体安排，而对于较远时期的尚未明确的生产任务，采用概略的计算单位，如以台、吨、件和产值等笼统地表示，待接到订货任务后，再对进度计划进行调整和具体化。

第三节 生产作业计划与控制

生产作业计划是生产计划的具体执行计划。它是把企业的全年生产任务具体地分配到各车间、工段、班组以至每个工作地和个人，规定每月、每旬、每周、每日以至每个轮班和小时内的具体生产任务，合理地组织和有效地指导企业日常的生产活动。编好生产作业计划，对于协调企业各个部门、各个生产环节的活动，均衡地完成生产计划指标和订货合同，以及提高生产的经济效益和企业管理工作的水平，都具有重要作用。

一、期量标准

编制生产作业计划是以一定的期量标准为依据的。因此，制定科学、合理的期量标准是生产作业计划的一个重要组成内容。

期量标准又称为作业计划标准，是指对加工对象在生产过程中的移动所规定的时间和数量标准。期是指期限，即时间上的规定，如一种产品什么时候投入，制造周期是多长时间。量是指数量，如一种产品投入多少，出产多少。

期量标准按每种产品分别制定，不同生产类型条件下生产的产品，期量标准所包含的具体内容是不同的。

（一）大量大批生产类型企业的期量标准

大量大批生产类型企业的期量标准主要有节拍、流水线标准指示工作图表和在制品定额。这里仅介绍在制品定额的内容。

在制品定额是指在一定的生产技术组织条件下，生产过程各个环节为了组织均衡生产所必需的、最低限度的在制品数量。

在制品、半成品是企业生产过程连续进行的结果，也是生产过程得以正常地、不断地进行的必要条件。在制品、半成品过少，可能造成前后生产环节脱节、生产不能继续进行；在制品、半成品过多，又会造成积压，占用过多的资金和面积，而且会掩盖生产上的矛盾，不利于改进管理工作。为此，必须制定一个合理的在制品、半成品标准数据，即在制品定额。

大量大批生产的在制品按其存放的地点和加工状况可分为车间在制品和库存半成品。车间在制品是指车间尚未完工的在制品，包括工艺在制品、运输在制品、工序间流动在制品和保险在制品。库存半成品是指已结束了某一（几）个车间的生产过程，但尚需在本企业进一步加工制作的产品，包括流动半成品和保险半成品两种。

在制品、半成品定额可按下列公式计算：

$$车间在制品定额=每日平均出产量\times车间的生产周期$$

$$库存半成品定额=每日平均需要量\times库存定额日数$$

式中：每日平均出产量可根据产品（或零件）的月产量和月工作日数来确定；每日平均需要量可按后车间的投入批量和投入间隔期确定；库存定额日数可根据经验统计资料分析确定。

按以上公式计算出来的在制品、半成品定额数量，还要考虑一定的保险储备量，以便在前工序或前车间不能按期出产时，用以保证后工序或后车间正常生产的需要。保险储备量一般根据经验和统计资料分析确定。

（二）成批生产类型企业的期量标准

成批生产类型的期量标准主要有批量、生产间隔期、生产提前期和生产周期。

1. 批量和生产间隔期

批量是指同时投入生产并消耗一次准备结束时间所制造的某种制品的数量。生产间隔期是指相邻两批相同产品、零件投入或出产的时间间隔。生产间隔期是批量的时间表现，按生产间隔期或批量生产也就是成批生产的节奏性。批量和生产间隔期的关系可用下式表示：

批量＝生产间隔期×平均每日产量

批量和生产间隔期是组织成批生产的重要期量标准，其数量大小对劳动生产率、设备利用、产品质量及资金周转、生产成本等有重要影响。确定批量和生产间隔期一般有以下三种方法。

（1）最小批量法。这是从设备利用和劳动生产率这两个因素的最佳选择出发考虑的。也就是说，要使批量能保证设备调整时间损失对加工时间之比不超过给定的允许数值，即

设备调整时间损失系数≥设备调整时间÷（最小批量×单件工序时间）

于是，有

最小批量≥设备调整时间÷（设备调整时间损失系数×单件工序时间）

设备调整时间损失系数为0.01～0.15，具体可根据经验统计资料分析确定。一般而言，大批生产的系数小一些，小批生产的系数大一些，产品价值和劳动量大的，系数应大一些，反之则应小一些。

上式中的设备调整时间和单件工序时间，一般指主要工序的设备调整时间和单件工序时间。主要工序是指设备调整时间与单件工序时间之比值最大的工序。

（2）经济批量法。这是综合考虑设备的调整费用和在制品资金占用费用，从总费用最低的角度来确定合理的批量，其计算公式为

$$Q=\sqrt{\frac{2AN}{C \cdot I}}$$

式中：Q——经济批量；

A——每次的设备调整费用；

N——年计划产量；

C——单位制品的直接制造费用；

I——年存库保管费率（%）。

【例3-2】 甲零件年计划出产量3600件，每次设备调整费用800元，每个零件的直接制造费用100元，年存库保管费率4%，则经济批量为

$$Q=\sqrt{\frac{2\times 3600\times 800}{100\times 4\%}}=1200\text{（件）}$$

用上述两种方法计算出的批量应进行适当的修正。批量确定后，可根据计划平均日产量，利用批量与生产间隔期的关系式计算和确定生产间隔期。

（3）以期定量法。这是一种先确定制品的生产间隔期，再据以确定批量的方法。采用这种方法确定的生产间隔期一般有日、旬、半月、一月和一季等。与此相适应，批量也有日批、旬批、半月

批、月批和季批等。日批是装配车间平均一日的产量，旬批是装配车间平均一旬的产量，其余类同。生产间隔期和批类的数值及其与批量的关系如表 3-4 所示。

表 3-4　生产间隔期和批类

生产间隔期	批类	批量	投入批次
1 天	日批	装配日产量	每日 1 次
10 天	旬批	装配旬产量	每旬 1 次
15 天	半月批	装配半月产量	每月 2 次
1 月	月批	装配月产量	每月 1 次
1 季	季批	装配季产量	每季 1 次
半年	半年批	装配半年产量	每年 2 次
1 年	年批	装配年产量	每年 1 次

2. 生产提前期

生产提前期是指产品（毛坯、零件）在各生产环节的出产或投入的日期比成品出产的日期应提前的时间。生产提前期分为以下两种。

（1）投入提前期。它是指各车间投入的日期比成品出产日期应提前的时间。对成品装配车间而言，装配投入提前期等于装配生产周期。因此，投入提前期的一般计算公式为

某车间投入提前期＝该车间出产提前期＋该车间生产周期

（2）出产提前期。它是是指毛坯、零件或部件在各个工艺阶段出产的日期比产品出产的日期应提前的时间。某车间的出产日期，除要考虑后车间的投入提前期外，还应加上必要的保险期。保险期是指为防止可能发生的出产误期以及为办理交库、领用、运输而预留的时间，它是根据经验统计数据而确定的。出产提前期的一般计算公式为

某车间出产提前期＝后车间投入提前期＋保险期

提前期的计算按工艺过程反顺序连锁进行。图 3-4 为机械制造企业的提前期、生产周期、保险期之间的关系。

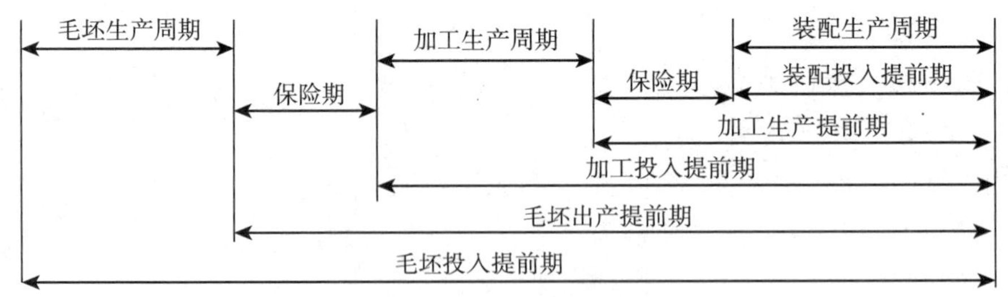

图 3-4　提前期、生产周期、保险期之间的关系

前后车间的批量不相等，往往是前车间的生产间隔期大于后车间的生产间隔期，这时车间出产提前期的计算公式应修正如下：

车间出产提前期＝后车间投入提前期＋保险期＋（前车间生产间隔期－后车间生产间隔期）

提前期是用日历时间来表示一批制品的投入和出产的时间关系。有了提前期，就可以确定一批制品投入和出产的标准日期。

3. 生产周期

生产周期是指一种产品从投入原材料开始，直至产成品出产为止的整个生产过程的全部日历时间。在加工装配式生产的企业里，生产周期通常包括毛坯的准备周期、零件的加工周期、部件及成品的装配周期以及制品在各生产阶段之间的保险期和存放时间。各生产阶段的生产周期通常采用统计资料和现场调查所制定的典型生产周期标准确定。在将各生产阶段的生产周期汇总确定产品生产周期时，由于各零部件的装配程序比较复杂，一般采用生产周期图表法。

产品生产周期的长短首先取决于企业的物质技术条件。但是，在一定的物质技术条件下，通过合理地调整生产组织，提高计划工作水平，也可有效地缩短生产周期。缩短生产周期，对于提供劳动生产率、加速流动资金周转、降低成本、缩短交货期等都非常重要。

（三）单件小批生产类型企业的期量标准

单件小批生产的特点是产品品种多，每种产品的生产数量很少，一般是根据用户要求按订货组织生产的。因此，单件小批生产作业计划应控制好产品的生产流程，按订货要求的交货期交货。

产品生产周期图表示单件小批生产最基本的期量标准，它规定各个生产阶段的生产周期及其相互衔接关系、提前期类别等内容。

二、车间之间作业计划的编制

车间作业计划是企业根据年度或季度生产计划任务，具体地规定各个生产车间的生产任务（一般为月度），包括产品的品种、数量（投入量和出产量）、日期（投入期和出产期）和进度（投入和出产进度）。

不同专业化形式的车间，计划编制方法是不同的。如果是对象专业化车间，那么每个车间分别独立地完成一定产品的全部（或接近全部）生产过程。在这种情况下，编制车间作业计划的方法比较简单，基本上按照各个车间既定的专业来分配生产任务。如果是工艺专业化的车间，那么各个车间是依次加工半成品的关系。在这种情况下，车间作业计划的编制方法比较复杂。分配各车间的生产任务，既要保证企业的生产任务按期、按量地完成，又要确保各个车间之间在生产的期限和数量上的衔接和协调，这就需要运用科学的作业计划编制方法来保证上述要求的实现。在工艺专业化条件下，车间作业计划的编制根据不同生产类型的特点有以下四种方法。

（一）在制品定额法

在制品定额法是一种利用预先制定的在制品定额，协调和规定车间投入量和出产量任务的方法。这种方法适用于大量大批生产企业。

在大量大批生产条件下，车间分工相互联系比较稳定，这种稳定集中表现在各个生产环节所占用的在制品品种和数量的基本稳定，把这个稳定的在制品数量制定成为标准就是在制品定额。利用在制品定额与实际在制品结存量进行比较就可以发现，各生产环节之间有无可能发生脱节或过多地占用在制品的情况。在规定各车间月度任务时，只要把在制品保持在定额水平上并考虑车间的出产量和投入量，就可保证生产过程协调地进行。

运用在制品定额法是按照产品工艺过程反顺序，从成品出产的最后一个车间开始连锁地向前推算。其计算公式如下：

某车间的出产量＝后车间的投入量＋本车间半成品计划外销量＋（库存半成品定额－库存半成品期初预计结存量）

某车间投入量＝本车间的出产量＋本车间计划废品量＋（本车间在制品定额－本车间在制品期初预计结存量）

（二）累计编号法

累计编号法又称为提前期法，是利用生产产品的提前期和累计数来协调和规定车间作业计划任务的一种方法。这种方法适用于成批生产类型的企业。

在成批生产条件下，各种产品轮番上场，各生产环节不可能有稳定的在制品数量，无法规定在制品定额，因而不能采用在制品等额法来安排车间生产任务。但是，由于成批生产，主要产品的生产间隔期、批量、生产周期和提前期等比较固定，这样可依据各车间的提前期，采用“累计编号法”来安排各车间的生产任务。

累计编号法是将预先制定的提前期转化为提前量来确定各车间在计划期应达到的投入和出产累计数，然后减去各车间在上期已投入或出产的累计数，得出本车间在计划期内应该完成的投入量和出产量任务。

采用累计编号法编制车间作业计划的过程主要包括以下步骤。

（1）给计划生产的产品编号，即从年初或从开始生产该种产品起依成品出产的先后顺序连续编制的累计号数。每个产品只有一个编号，知道了投入（或出产）产品的号数，也就知道了产品投入（或出产）的累计数。

（2）计算各车间的投入（或出产）提前期。提前期的计算方法前面已经介绍，此处不再重复。

（3）计算成品车间在计划期期末应达到的出产累计号数。这是计算各车间投入（或出产）累计数的基础，其计算公式如下：

成品车间计划期末应达到的出产累计号数＝成品车间计划期期初已达到的出产累计号数＋成品车间计划期计划出产量

式中：成品车间计划期期初已达到的出产累计号数是上期期末已实际出产的产品累计数；成品车间计划期计划产量可根据企业生产大纲规定的出产量求得。

（4）计算各车间在计划期期末应达到的投入（或出产）累计号数。其计算公式如下：

某车间出产累计号数＝成品车间出产累计号数＋本车间出产提前期×成品车间平均日产量

某车间投入累计号数＝成品车间出产累计号数＋本车间投入提前期×成品车间平均日产量

（5）计算各车间计划期内的投入量（或出产量）任务。其计算公式如下：

某车间计划期内投入（或出产）任务＝该车间计划期期末应达到的投入（或出产）累计数－该车间计划期期初已达到的投入（或出产）累计数

式中：各车间计划期内已达到的投入（或出产）累计数是到上期期末为止各车间实际完成的投入（或出产）的任务数。

（6）批量修正。按上式计算出车间投入（或出产）量后，还要按批量进行修正，使其等于批量或批量的整数倍。

【例 3-3】 设某企业 10 月份月生产大纲规定某产品计划任务 60 台。截至 9 月底，该产品在装配车间已累计出产到 56 号，投入到 70 号；加工车间已累计出产到 70 号，投入到 80 号；装配车间平均日产为 2 台，投入提前期为 5 天；加工车间的出产提前期为 7 天，投入提前期为 12 天。现根据以上资料计算 10 月份各车间的投入量和出产量。

装配车间：计划出产量＝60（台）

出产累计数＝56＋60＝116

投入累计数＝116＋2×5＝126

投入量＝126－70＝56（台）

加工车间：出产累计数＝116＋7×2＝130

投入累计数＝116＋12×2＝140

出产量＝130－70＝60（台）

投入量＝140－80＝60（台）

出产量和投入量计算后，再按批量修正。

（三）生产周期法

生产周期法是以生产周期为依据，规定车间生产任务的一种方法。它适用于单件小批生产企业。在单件小批生产条件下，生产计划是根据用户订货来组织生产的。由于每次订货批量一般不大，因此无须制定批量和在制品定额，唯一的标准只有交货日期和生产周期。在这种情况下，编制车间作业计划的主要问题是使这一件（或一批）产品在各车间出产和投入的时间能够互相衔接，并保证成交的交货期限，这样可以用生产周期法来解决。运用生产周期法编制车间作业计划的具体步骤如下。

（1）根据已编好的各项订货的生产周期汇总为各项订货的生产周期进度综合表。综合表是把生产技术准备到产品完工的整个过程分科室、车间按每项订货编制的。

（2）分科室、车间进行能力平衡。

（3）根据任务与能力平衡采取措施落实，按各项订货先后顺序和工种、设备编制各科室和车间的月份日历进度表。

（四）物资需求计划法

1. 物资需求计划法概述

物资需求计划（MRP）法是指用电子计算机编制生产作业计划的一种方法。它主要适用于成批生产的加工装配式企业，特别适用于根据订货进行生产或不稳定的成批生产。

物资需求计划法是按照工艺过程的反顺序，从最终产品的数量和期限的计划出发，按产品结构展开，再根据存储量、提前期等，推算出各种零部件的投入、出产的数量和期限。它的特点是作业计划速度快，情况变化能及时调整。

物资需求计划法起源于美国，其产生的背景是在 20 世纪 40—60 年代，当时美国的生产管理经历了一场变革。即改变过去以产品为中心的生产方式为以零部件为中心的生产方式，根据市场需求和预测，事先将零部件生产出来存在库中，一旦接到订货，立即将零部件组装起来完成订货。这种生产方式灵活，适应性强；但也出现了一些问题，一方面有些零部件库存过多，占用流动资金过多，另一方面有些零部件缺货严重影响交货，给企业的盈利带来影响。当时对零件的需求量主要是靠手工计算，由于产品结构复杂，很难准确反映，如果情况变化大，就更难控制。20 世纪 60 年代初，电子计算机进入实用阶段，美国企业的生产管理方式又进行了变革，变催办和善后处理型为计划主导型的生产管理系统。计划主导型的生产管理系统需要强大的数据处理技术支持，物资需求计划法随即应运而生。MRP 的发展经历了以下三个阶段。

（1）初期 MRP。这是建立库存管理系统的阶段，即根据生产进度计划确定最终物品需要量，按照产品结构、物料清单、存储记录等对最终物品进行 MRP 计算，确定生产哪些零部件，数量多少，何时下达零部件的生产任务，何时交货，直到发出加工和采购订单，进行库存控制。其处理过程如图 3-5 所示。

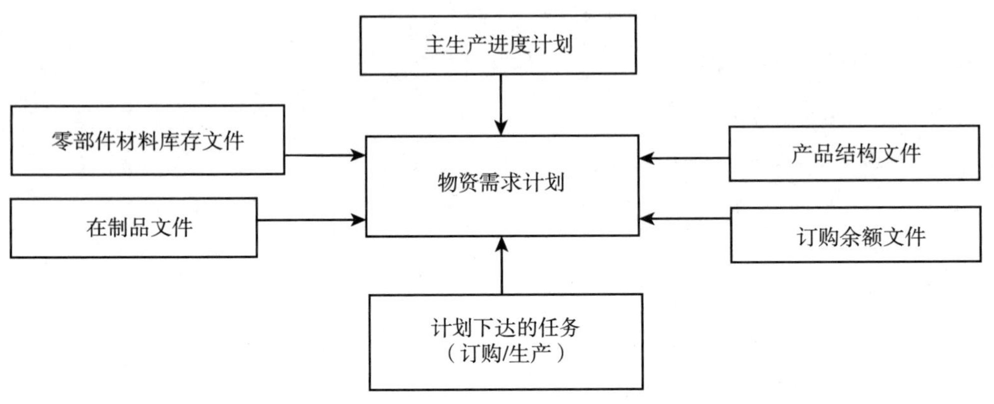

图 3-5　初期 MRP

（2）闭环 MRP。这是在初期 MRP 的基础上，引入资源计划的安排生产，执行监控与反馈等功能，形成生产与库存管理系统。其处理过程如图 3-6 所示。

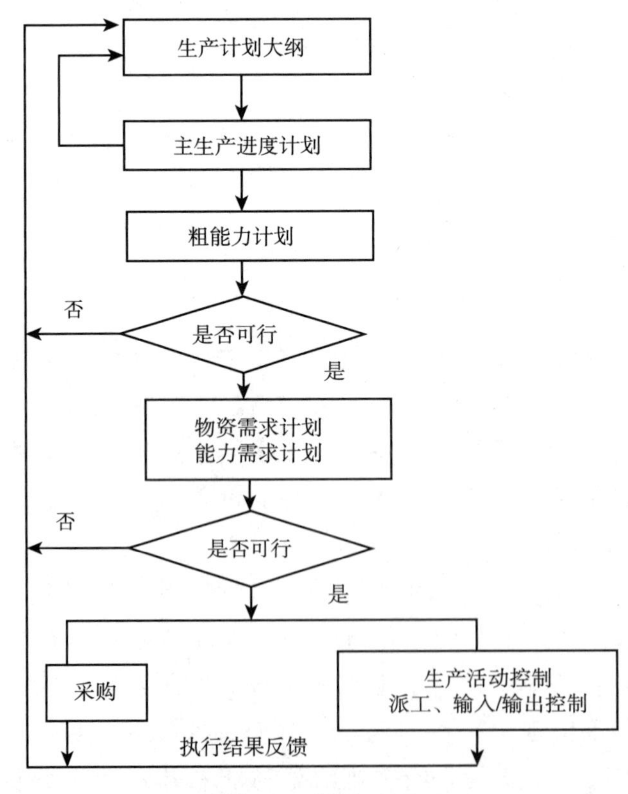

图 3-6　闭环 MRP

（3）闭环 MRPⅡ。这是在闭环 MRP 完成对生产的计划与控制基础上进一步扩展，将经营、财务和生产管理子系统结合形成的制造资源计划系统。其处理过程如图 3-7 所示。

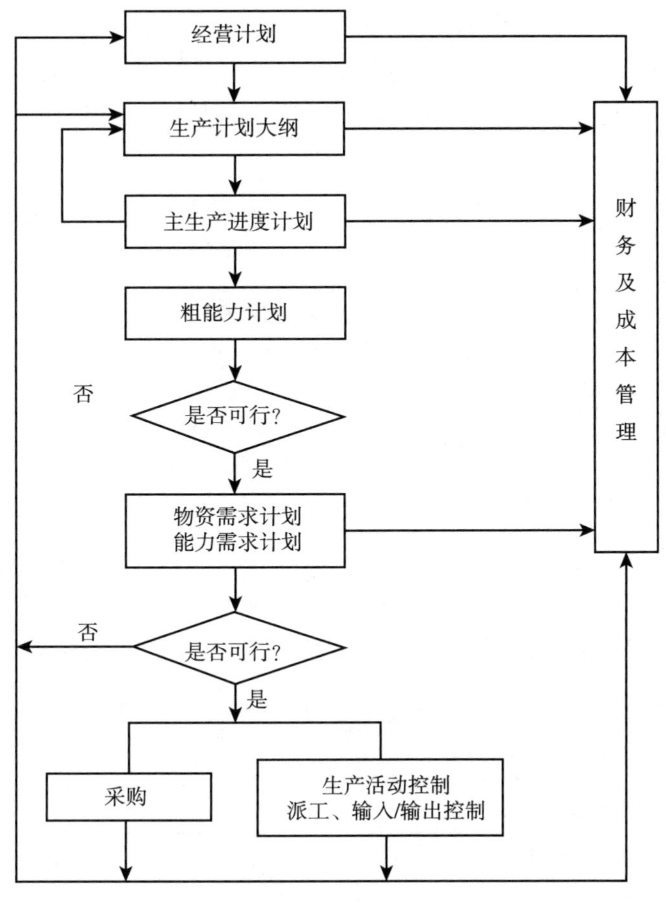

图 3-7　闭环 MRPII

2. MRP 系统组成

（1）主生产进度计划：表明最终物品在具体时间段内的需求量。产品需求量是根据市场预测和用户订货并经过生产能力平衡后编制的生产计划而确定的。

（2）物料清单：实际上是一种用树形图表示的产品结构，表示一个产品是如何组装制造的，包括对零件的说明和每一个零部件的需求。物料清单是针对具有从属性需求的物品而言的。从属性需求是指某物品的需求与其他物件的需求有直接或派生的关系。

（3）存储记录：包括全部存储物品的状况，主要内容有预计存储量、预计收到量、提前期订货批量、保险库存量、废品允许量等。

（4）MRP 输出：包括计划将要发出的采购订单和加工订单，重新安排进度计划的变动报告，存储状态数据、执行情况的控制报告以及例外情况报告等。

（5）能力的计划与控制：闭环 MRP 系统的一个重要组成部分。能力计划确定某一生产任务所需人力和设备、物资资源等，它决定、计量和调整产出水平。能力计划与控制目标，是使生产水平符合需要水平，减少生产过程波动。

总之，依据输入信息进行 MRP 运算，然后按此运算结果并在考虑能力的情况下做出生产报告，即发出采购订单和加工订单，最后进行计划及实施控制。

3. MRP 的基本运算

MRP 运算是 MRP 系统的一个重要功能，它主要有三个环节：一是在需求层次上按产品结构关系分解；二是在需求时间上按订货周期从最终产品的交货起一步一步地向前倒推；三是在求出各物品总需求的基础上，根据库存状况算出净需求，决定订货日期及数量。

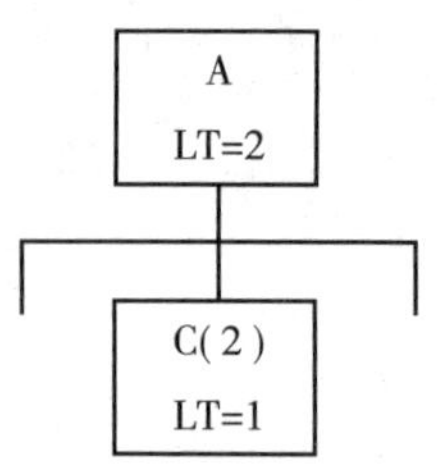

图 3-8　产品结构

【例 3-4】　假设产品 A 的产品结构如图 3-8 所示，主生产进度计划如表 3-5 所示。

表 3-5　产品 A 的主生产进度

时间段/周	1	2	3	4	5	6	7
总需求量	25	15	120	—	60	—	15

已知产品 A 的预计存储量 $H_A=50$，C 的预计存储量 $H_C=225$，第一周的预计收到量 $S_C=30$。根据以上数据，计算结果如表 3-6 所示。

表 3-6　MRP 的基本运算表

产品项目	提前期/天	时间段/周 项目	周次							
			H_A	1	2	3	4	5	6	7
A产品	2	总需求量		25	15	120		60		15
		预计收到量								
		预计存储量	50	25	10					
		净需求量				110		60		15
		计划发出订货量		110		60		15		
C零件	1	总需求量		220		120		30		
		预计收到量		30						
		预计存储量	225	35	35					
		净需求量				85		30		
		计划发出订货量			85		30			

表 3-6 中，净需求量等于总需求量减去预计收到量和预计存储量的差值，即为了满足每项物品或主生产进度计划的需求必须供应物品的净需求量。计划发出订货量是按照净需求量和提前期发出的订单，保证供应每项物品在时间和数量上的需要。

三、生产作业控制

生产作业控制是生产管理的重要职能，是实现生产计划和生产作业计划的重要手段。虽然生产计划和生产作业计划对日常生活活动已做了比较周密而具体的安排，但随着时间的推移，市场需求往往会发生变化。此外，各种生产准备工作不周全或生产现场偶然因素的影响，也会使计划与实际之间产生差距。因此，必须及时监督和检查，发现偏差，进行调节和校正工作。这就是生产作业控制工作。

生产作业控制包括生产作业准备控制、生产进度控制、在制品控制和生产调度。

生产作业控制的工作程序大致可以分为三步：①确定生产作业控制标准，即确定生产计划，生产作业计划及其依据的各种期量标准；②检测执行结果并与标准进行比较；③采取纠正偏差的措施。

1. 生产作业准备控制

生产作业准备控制即根据生产计划和生产作业计划的要求编制出生产准备计划，并按照计划安排的时间把各种信息、设备、工具、材料、人员等生产要素准备好，使之按标准状态进入生产流程，以保证生产计划的实现。生产作业准备主要包括技术文件、设备和工装、劳动力、物资及运输以及工作地服务条件等方面的准备。

2. 生产进度控制

生产进度控制一般包括投入进度控制、工序进度控制和出产进度控制。

投入进度控制是指控制产品（或零部件）开始投入的日期、品种和数量，严格按照计划要求进行，也包括原材料、毛坯和零部件投入提前期和设备、人力、技术措施项目等投入使用日期的控制。

工序进度控制是指对产品（或零部件）在生产过程中经过的每道加工工序的进度所进行的控制。

出产进度控制的目的在于准时出产，即在需要的时间，按需要的品种生产需要的数量，各种零部件既不延期出产（以免影响产品的总装工作），也不提前出产（以免造成在制品过多积压，引起生产费用上升）。

3. 在制品控制

在制品控制是对生产过程中各个环节的在制品占用量进行控制。在制品控制可以分为车间内部各工序之间在制品占用量控制、跨车间协作工序的在制品占用量控制等。

有效地控制在制品占用量，不仅对实现生产作业计划有重要作用，而且对减少在制品积压、节约流动资金也有重要意义。

4. 生产调度

生产调度是生产作业控制的中心。在生产控制系统中，生产调度起控制器的作用。它通过对信息的测量、比较，使目标差减少，从而逐步逼近目标。每个企业都应在生产副厂长的领导下，建立健全一个从上到下、全场统一的生产调度指挥系统。

企业的生产调度组织机构应与作业管理体制相一致，一般采取厂部、车间和工段三级管理。为了使生产调度更好地执行生产控制的中心职能，调度部门与一般职能部门应有所不同，它不仅是参谋机构，而且是在行政领导授权下有权发布生产命令的指挥机构。它可以代表一级行政领导向下级下达命令，下级必须服从上级调度。同时，生产调度工作必须严格遵循统一命令的原则，一切调度命令都应由调度机构统一下达，不能令出多门，也不能越级下达命令。做好生产调度工作，除了贯彻统一性原则外，还要遵循计划性、预见性、及时性和灵活性等要求。

思政园地

工业和信息化部发布的《工业互联网创新发展行动计划（2021—2023年）》提出："鼓励消费品、汽车、钢铁等行业企业基于用户数据分析挖掘个性需求，打造模块化组合、大规模混线生产等柔性生产体系，促进消费互联网与工业互联网打通，推广需求驱动、柔性制造、供应链协同的新模式。"一些业内人士表示，作为智能制造的重要内容，随着工业互联网应用的深入，柔性制造将成为制造业未来发展的驱动力。

课后阅读

日本丰田公司的生产管理模式

日本丰田公司创立于1937年，汽车是其主要产品。经过多年的发展，目前丰田公司年产汽车400万辆左右，销往世界上150多个国家和地区。除了在国内拥有10家工厂外，丰田公司还在美国、澳大利亚、巴西等十几个国家设有装配厂。

自20世纪70年代起，汽车企业的市场环境发生了很大的变化。首先是原料价格不断上涨，爆发石油危机以后，与汽车产品相关的原材料价格大幅度变化。但是，由于汽油涨价，汽车市场的厂家规模收缩，汽车的售价不能因原料的价格上扬而调高，企业的盈利水平降低了。其次，市场向产品种类多、小批量的需求模式转变，更多的消费者愿意追求个人偏好的满足，大批量单品种的汽车生产开始向多品种化发展，为消费者提供更多的选择。同时销售商为了减少存货，订货批量变小。小批量短期交货订单对汽车企业的生产现场管理提出了更高的要求。最后，随着时代的进步，消费者对于产品质量的要求日益提高，安全性、社会性、产品责任等与质量相关的要求，使生产中返修工作量增加。石油危机引起的一系列变化冲击着丰田公司的大批量生产体制。有的订货合同取消了，不能取消的合同就尽量延后。在这种情况下，丰田公司积极调整生产，推行合理化生产方式，形成了独树一帜的生产管理模式。

一、严格生产过程控制

降低成本以前，丰田公司为实现批量的经济性，超过订单规模，确定生产批量。结果经常有一些产品储存于仓库。分析了大批量成本节约额与仓储费增加额后，丰田公司得出结论：大库存储费用是所有不合理开支中最大的一项。在合理化生产中，丰田公司实行"适时适量地生产急需的产品"。这种生产方式最大的特点在于，按销量定产量，向前确定各部件的生产批量。例如，当日销售2万辆汽车时，以生产20天计，每天的生产规模为1000辆，后道工序向前道工序下订单，轮胎的日订货量应为4000条。联结上下生产工序的纽带是生产量卡片。"卡片制度"规定：① 次品不能交给下道工序。② 由下道工序去上道工序领部件。③上道工序只生产下道工序所领的部件数量。④"卡片制度"的第三条规定：A. 禁止不凭卡片领取部件；B. 禁止领取超过卡片规定的部件数量；C. 部件上必须附有卡片。尽管"卡片制度"规定得十分具体，可是，由于各工序之间没有库存，难免会出现问题。一旦出现问题，整个生产线就会停车。每次因出现问题停下生产线时，主管生产的总经理总是要求大家分析原因，并对相关工序加以改进，使整个生产线在更完善的状态下工作。经过一段时间的运行，适时适量生产方式在整个丰田公司普及开来，并且推广到下属的承包生产企业。

二、变单品种大批量生产为多品种大批量生产

以前，丰田公司的工厂内实行专用生产线制度，即“皇冠”有“皇冠”的生产线，“花冠”有“花冠”的生产线，有多少品种就有多少生产线。市场向多品种需求转化后，汽车的品种增加了，各品种的生产批量大小不同，为了既满足品种需求又满足经济批量的要求，丰田公司实行“生产线多用化”，各品种汽车生产线更换使用或者串联起来，使各生产线的品种和数量平均化。例如，A、B、C、D、E五种型号的汽车的月销售量如果为4800辆、2400辆、1200辆、600辆和600辆，每个月的生产日为20天，每天生产时间为480分钟，则其生产量分别为240辆、120辆、60辆、30辆、30辆。这五种车型如果分别在生产专用生产线上装配，单辆的生产周期为2～16分钟，而在调整后的一条平均化综合生产线上，单辆汽车的生产周期仅为1分钟。通过各种类型汽车数量的平均化，多品种小批量的需求得以在多品种大批量方式下进行生产。

三、消除任何形式的浪费

采用全自动生产线以后，生产线上许多员工的工作任务只是监视设备是否正常运转，工人的劳动强度和劳动内容都有了变化。丰田公司为自动化生产线投入了大量资金，如果设备和技术费用增加不能同时带来人工费用减少，新技术设备的效率就很难体现。而实际上，生产线上存在着“等待浪费”，即员工有相当多的时间是等待全自动设备的非正常现象出现。为了减少“等待浪费”，丰田公司调整了员工与配置的比例，增加每个员工负责的设备台数，减少生产线上的员工。20世纪80年代初，按丰田公司的附加值计算，其员工数量应为7万～8万人，但是，丰田公司实际上只有4.5万人，是应有数量的60%左右。每人每月的平均附加价值为150万～170万日元。劳动分配率，即人工费用在附加价值中所占的百分率，为17%。日本企业劳动分配率一般在50%左右。与平均水平相比，丰田公司的人工效率是相当高的。丰田公司达到的人工效率不是依靠低工资实现的（丰田公司的工资水平比其他日本公司高20%左右），而是依靠提高劳动装备率，每人每年的劳动装备为同行的2～3倍。丰田公司投入技术设备是为了让最少的人从事生产，是丰田公司在高工资水平环境下进行生产调整的目标之一。

四、消除运输浪费

消除“运输浪费”是指尽量减少零部件在各生产环节间的搬动。丰田公司认为，零部件的每一次搬运只能减少而不是增加产品的附加价值。为了减少“运输浪费”，丰田公司合理选择工厂布点和工厂的生产线布置。丰田公司总部设在受知县西郊的丰田市，下属工厂也集中在丰田市，属于丰田汽车集团的各公司——丰田自动纺织机械制造厂、日本电气仪表公司、爱新精密机械公司、丰田车体公司等也把总部和所属工厂设在丰田市或受知县内。丰田公司集中布局不仅便于管理，而且缩短了各厂产品间的运输距离，这对需要多个零部件的汽车生产来说是一项显著的节约。在各工厂内，丰田公司按减少“运输浪费”的原则调整各层面生产线的布置，避免零部件的长距离移动。丰田公司认为，通过改善搬运方式或改善运输工具来提高效率等于直接减少搬运。在推行合理的生产方式过程中，所有的生产调整都以降低成本为标准，高效率低成本生产加上严格质量控制，为丰田产品提高国际竞争力奠定了基础。

思考与练习

1. 什么是生产能力？影响生产能力的主要因素是什么？
2. 如何根据不同的生产特点来安排产品出产进度？
3. 何谓期量标准？企业中有哪些期量标准？
4. 生产能力包括哪些指标？各种指标的含义分别是什么？
5. 如何编制企业的生产计划？如何核算企业的生产能力？
6. 企业生产过程中有哪些基本要求？什么是工艺专业化原则？
7. 假如你是一位制造企业的经理，将会如何构建企业的生产系统？

案例分析

超级食品有限公司的问题

超级食品有限公司是一家新加坡独资企业，由新加坡超级咖啡股份有限公司于1993年在常州投资成立。该公司在建立初期，以麦片饮料类的生产为主，随着麦片市场的竞争日益加剧，逐步引入了咖啡类和固体饮料类的产品，完善了自身的产品结构。在超级食品有限公司进入中国以前，中国市场上尚无麦片类的饮料产品。可以这样讲，正是超级食品公司将麦片饮料引入了中国市场，为中国的消费者介绍了这样一种富含营养的早餐或休闲食品，也为消费者介绍了一种生活方式。与此同时，也为超级食品公司及其投资者带来了丰厚的利润。在20世纪90年代的前、中期，超级食品公司的产品从来不用为销路发愁，生产管理也相对简单，开足马力生产即可。采购更是单纯，物料数量有限，订购批量尽量大，根本不可能有冗余的库存出现；供应商也是趋之若鹜，谈不上管理，更没有战略；也用不着物流配送，基本都是上门送货、提货。但是，由于商家的趋利性，一时间全国各地出现了形形色色的麦片生产厂家，麦片饮料市场的竞争突然变得异常严峻、残酷。超级食品公司的年销售额也由数亿元人民币逐步下降到不足1亿元人民币，而在此期间，为了缓解市场竞争的压力，公司管理层决定增加产品类别，并且在原有的基础上，针对不同的消费群体，将公司的主打产品——麦片类饮料增加品种，以增强抵御市场竞争大潮的冲击的能力。

公司管理层决定开发的产品主要有咖啡类和固体饮料类。考虑到咖啡类产品为新加坡母公司的拳头产品，具有相当的技术开发实力和一定的市场知名度，因而决定开发该大类产品，并逐步在市场上推出了超级三合一咖啡、超级意大利泡沫咖啡、超级爱尔兰咖啡、超级二合一咖啡及超级瓶装咖啡礼盒等产品。由于中国气候具有四季分明的特点，并且在下半年集中了中国人最重要的节日中秋节、国庆节、元旦及春节，故此麦片类的产品消费具有比较明显的季节性，即从8月底到来年的2月初为销售旺季，其余的时间则为销售淡季。而咖啡类产品与其具有相似性，因此公司亟须开发出与上述两类产品在销售季节上具有互补性的产品，以此来平衡生产能力，缓解淡季的销售压力。

基于以上的考虑，公司管理层决定开发固体饮料类产品，其中包括超级蜂蜜菊花晶袋装及经济装、超级鲜橙粉袋装及经济装、超级柠檬茶袋装及经济装共六种产品。随着公司产品组合的宽度、长度及深度的不断扩大，以前公司在生产与运作管理上“轻易解决”的问题，如今真正地成为难题了。

一是生产安排上出现了问题，有时成品来不及做，而仓库催促要发货；有时仓库拒绝接收入库成品，原因是仓库里该类货品太多，没有多余库位。二是采购管理上，经常有紧急订单催供应商交货，而有的物料却又是几个月甚至数年不动。三是在物流上，压力同样不小。经常收到销售部门的投诉称，由于运力不足，或是运输的网络覆盖不到，而使得好不容易到手的生意无法做成，如此等等，不一而足。以上的这些问题一而再，再而三地出现，终于引起了公司管理层的高度重视，从2001年下半年开始，将生产与运作管理工作作为重点解决的问题列入工作议程。

2002年6月，某个星期二上午，超级食品公司的所有中层以上的管理人员集中在会议室中参加每周一次的例会。随着会议的议程进入本周各部门的情况通报，主持会议的总经理请销售总监首先发言。销售总监一脸激动地开始了他对生产运作上的不满的发泄：“我们的客户——几家大的连锁超市反馈回来的信息表明，我们的夏季主打产品——超级鲜橙粉袋装和经济装全面断货，客户对此非常不满意。甚至问我们的销售人员，我们公司是否想撤出这两种产品，如果是，那么赶快腾出地方给其他公司的产品。有的客户还以嘲弄的口吻说，你们超级食品公司蛮奇怪，冬季咖啡卖得好的时候，你们的超级咖啡礼盒断货；夏季饮料卖得好的时候，现在鲜橙粉系列产品又断货了。我也从物流、仓库、生产部等几个部门做了一点初步的调查，据说是有一种原料缺货。我想再一次地呼吁各部门大力协助销售部的工作，否则今年的销售指标很难完成！”总经理看了一眼上任半年有余的营运总监，说：“这件事确实相当严重，我们这半年多来一直在解决生产运作方面的问题。商务部、技术部、销售部、生产部都在通力合作，建立了销售预测、库存数据的在线即时反应、物料清单、需求计划等，虽然我们做了这些工作，但问题仍在不断地重复出现！我们现在要全力解决这方面的问题，决不能再让这些问题困扰我们的经营了。”

真是一石激起千层浪，彻底地暴露了超级食品有限公司在生产与运作管理上存在的问题：第一，库存控制上不平衡。既有断货、零库存现象的经常发生，同时仓库也有许多的积压库存，有些产品由于生产日期超过6个月而无法发货，有些物料已有6个月以上，甚至数年没有发生领用。在库存管理上，这种缺货与冗余同时并存的现象，已成为超级食品有限公司生产与运作系统管理不善的最直接表现。如何控制库存已成为公司管理层急需解决的首要问题。第二，订单管理的无序。在订单管理上，首先表现为紧急订单多，由此必然引起小批量订单多，并且整个订单数量大。这样也就间接增加了与供应商/生产部关系的管理难度。第三，供应链管理的低效。内部供应链管理的低效率体现在对物料管理不分主次，没有重点，既影响了物料的库存控制，也影响了供应商关系的管理。外部供应链管理的低效率，既有采购策略的不明确，也有客户服务的缺乏针对性。当然，除了以上这些问题之外，在超级食品有限公司的生产与运作管理上也还存在一些问题，但归根结底，以上的三个问题是主要的，解决了它们，其他问题也就迎刃而解了。

问题：

1. 结合案例分析超级食品有限公司的生产与运作管理系统存在的问题。
2. 结合案例探讨解决这一问题的思路。

第四章
营销管理

本章导读

本章概述市场营销的基本含义和市场营销观念的转变过程，介绍市场细分理论和目标市场选择的条件；重点研究市场营销组合的基本原理，阐述产品策略、定价策略、分销策略和促销策略。

引入案例

梳子卖给和尚

有一个营销经理想考考他的手下，就给他们出了一道题：把梳子卖给和尚。

第一个人来到了寺庙，找到了和尚，对和尚说："我想卖给你一把梳子。"和尚说："我不需要。"那人就说："如果卖不出去，我就会失业，你要发发慈悲啊！"和尚就买了1把。

第二个人也来到寺庙卖梳子，和尚说："我真的不需要的。"那人在庙里转了转，对和尚说："拜佛是不是要心诚？"和尚说："是的。""心诚是不是需要心存敬意？"和尚说："要敬。"那人说："你看，很多香客从很远的地方来到这里，他们十分虔诚，却风尘仆仆，蓬头垢面，如何对佛敬？如果在庙里买些梳子，让这些香客把头发梳整齐了，把脸洗干净了，是不是对佛的尊敬？"和尚听话说得有理，就买了10把。

第三个人也来到寺庙卖梳子，和尚说："我真的不需要的。"那人对和尚说："如果庙里备些梳子作为礼物送给香客，既实惠，又有意义，香火会更旺的。"和尚想了想，有道理，就买了100把。

第四个人也来到寺庙卖梳子，和尚说："我真的不需要的。"那人对和尚说："你是得道高僧，书法甚是有造诣，如果把您的字刻在梳子上，刻些'平安梳''积善梳'给香客，是不是既弘扬了佛法，又弘扬了书法？"老和尚微微一笑："无量佛！"就买了1000把梳子。

市场营销是企业最基本的职能，在企业全部生产经营活动中占据极其重要的地位。美国著名管理学家彼得·德鲁克认为，"市场营销是如此基本，以至于不能视之为一个独立的分开的职能，从顾客的角度来看，市场营销是企业全部的活动……加强企业的营销管理，有利于形成企业的核心竞争力，有利于提高企业员工的凝聚力，同时，对企业的业务流程和组织结构也将产生重大的影响"。

第一节 市场营销理念

一、市场营销及营销观念的转变

（一）市场营销的概念

市场营销是指企业旨在满足市场需求，实现自身目标所进行的商务活动过程。它包括市场调查与预测、营销环境分析、选择目标市场、消费者研究、新产品开发、价格制定、分销渠道抉择、产品储存与运输、产品促销和产品销售提供服务等一系列与市场有关的企业经营活动。

（二）市场营销观念的转变

市场营销观念是企业从事营销活动的指导思想和行为准则，它概括了一个企业的经营态度和思维方式。一般来说，市场营销观念，经历了六个不断演进的过程。

1. 生产观念

生产观念是在市场上商品供不应求的形势下产生的，是一种最古老的经营观念。其基本指导思想是企业以增加生产数量为中心，着力于组织所有资源，集中一切力量提高生产和推销效率，增加产量，降低成本，很少考虑顾客的具体需求，其一切经济活动以生产为中心，生产什么就卖什么，这时还谈不上真正的市场营销。

2. 产品观念

产品观念也是一种古老的经营思想。其基本指导思想是消费者或用户总是欢迎那些质量高、性能好、有特色、价格合理的产品，企业应致力于提高产品质量，只要做到物美价廉，顾客就会找上门，无须大力推销。

产品观念与生产观念从本质上来看还是生产什么就销售什么，但二者又有所不同。产品观念是在产品供给不太紧张的情况下产生的，它强调“以货取胜”“以廉取胜”。

3. 推销观念

推销观念认为，广大消费者一般不愿意购买非必要的商品，但如果企业采取适当的措施，重视和加强推销工作，激发消费者对企业产品的兴趣，就有可能扩大产品的销售。

推销观念是在从“卖方市场”向“买方市场”转变的过程中产生的。当社会产品日益丰富，市场上某些产品出现供过于求的情况时，许多企业认识到不能只抓生产，还应重视推销工作。推销观念是在生产观念的基础上发展起来的，其本质仍然是生产什么销售什么，即以生产为起点，先生产后推销，以产定销，仍然是轻视市场的行为。

4. 市场营销观念

市场营销观念以企业的目标顾客为中心，集中企业一切资源和力量，选择恰当的市场营销手段，以满足目标顾客的需要，扩大销售，获得利润，实现企业目标。

市场营销观念与推销观念不同。推销观念强调企业生产什么就推销什么，很少考虑消费者的需要；而市场营销观念正好把问题的逻辑颠倒过来，企业从目标顾客的需要出发，消费者需要什么产品，企业就生产、销售什么产品，实现了企业经营观念的革命性演变。

市场营销观念是在第二次世界大战后，特别是20世纪50年代以后逐渐形成和发展起来的。这一时期，一方面由于西方发达资本主义国家的市场，特别是消费品市场供过于求，买方市场出现，市场竞争更加激烈。另一方面战后主要资本主义国家由于科学技术的发展，产品极大丰富，人民收入水平和文化生活水平提高，人们的消费需求也出现了多样性的变化。此外，一些发达资本主义国家对管理科学研究的深入，市场营销经验的积累，使得企业在经营管理方面迈出了重大的一步。

5. 社会市场营销观念

社会市场营销观念的基本指导思想是企业提供产品，不仅要满足消费者的需求与欲望，而且要符合消费者和社会的长远利益，企业要关心与增进社会福利。企业在做市场营销决策时，必须全面兼顾企业利润、消费需要和社会利益三方面的统一。

社会市场营销观念产生于20世纪70年代，由于许多工商企业为牟取暴利，以虚假广告和伪劣产品损害消费者利益，回避了消费者欲望满足、消费者利益和长远的社会福利之间的潜在矛盾。企业奉行“市场营销观念”往往会导致物质浪费、环境污染等弊病。正是在这种背景下，人们对“市场营销观念”进行了修正，提出了社会市场营销观念。

相关链接

250 定律

美国著名推销员乔·吉拉德在商战中总结出了“250 定律”。他认为每一位顾客身后大体有 250 名亲朋好友。如果你赢得了 1 位顾客的好感，就意味着赢得了 250 个人的好感；反之，如果你得罪了 1 位顾客，也就意味着得罪了 250 位顾客。这一定律有力地论证了“顾客就是上帝”的真谛。由此，可以得到如下启示：必须认真对待身边的每个人，因为每个人的身后都有一个相对稳定的、数量不小的群体。善待一个人，就像点亮一盏灯，照亮一大片。

6. 大市场营销观念

大市场营销观念是指为成功进入和占领某特定市场而综合协调运用经济、心理、政治、公共关系等各方面的手段开展的市场营销活动。特定市场是指壁垒很高的、封闭或保守型市场。

进入 20 世纪八九十代，国际市场中贸易保护主义抬头，政府干预加强，从而使市场通道受阻。企业仅运用原有市场营销组合手段难以奏效，必须运用大市场营销组合手段，即在产品、价格、渠道和促销四要素之后，再加上政治力量和公共关系两个要素。

以上六种市场营销观念中的前三种观念可称为传统营销观念，其出发点是产品，是以卖方的要求为中心的，其目的是将产品销售出去，以获取利润，可以认为这是一种“以生产者为导向”的经营观念；后三种观念的出发点是消费需求是以买方的要求为中心的，其目的是从顾客的满足之中获取利润，这是一种以“消费者为导向”的经营销售观念，可认为这是一种新型营销观念。各种市场营销观念比较如表 4-1 所示。

表 4-1　市场营销观念比较

市场观念	出发点	方法	目标
生产观念	增加产量	降低成本，提高生产效率	在销量增长中获利
产品观念	产量质量	生产更加优质的产品	用高质量的产品推动销售增长
推销观念	产品销售	加强推销和宣传活动	在扩大市场销售中获利
市场营销观念	顾客需求	运用整体营销策略	在满足顾客需求中获利
社会市场营销观念	社会利益	运用整体营销策略	维护社会长远利益，满足消费者需求
大市场营销观念	市场环境	运用“4P＋2P”的整体营销策略	进入特定市场，满足消费者需求

二、市场细分与目标市场选择

在市场营销管理观念的指导下开展市场营销活动，首要步骤是制定切合实际的市场营销组合策略。市场营销组合策略是企业经营战略的延伸和细化，由企业目标市场战略、市场营销组合策略和市场营销资源配置优化策略构成。

（一）市场细分

1. 市场细分的概念

市场细分是指营销者根据总体市场中不同消费者对产品的需求欲望、购买行为与购买习惯的差异，把整个市场划分为不同类型的消费者群体，从而确定企业目标市场的过程。每一个分市场或子市场就是一个细分市场，每个细分市场由具有相似需求的消费者构成。因此，属于不同细分市场的消费者对同一产品和需求存在着明显的区别，而属于同一个细分市场的消费者对同一产品的需求存在着相似性，对相同的营销组合具有相似的反应。

2. 市场细分的原则

一般而言，成功、有效的市场细分应遵循以下基本原则。

（1）可衡量性。可衡量性包括细分市场的标准是可以具体衡量推算的，企业能够取得体现购买者特点的确切资料，细分后的消费者市场的人数、购买量、潜在购买力和企业的盈利等应该可以衡量。

（2）可接受性。细分化的目标是占领市场，而占领市场需要企业的人、财、物和销售能力等多种因素的支持和配合。如果没有企业自身实力做基础和保障，即使选择了目标市场也无力占领。

（3）赢利性。选择的细分市场要具有足够的需求量，使企业获得较高的经济效益。为此，企业既要掌握产品市场寿命周期，也要掌握投入市场的时机。

（4）稳定性。细分市场在一定时期内较为稳定，才有利于企业制定较长时期的市场营销策略，使企业避免市场需求变化而导致风险，保证获得稳定的经济效益。

（5）动态性。在市场营销过程中，消费者的特征不是一成不变的。如消费者的城乡结构、年龄、教育程度、职业等会随时间变化而变化，他们的消费偏好和消费行为也会随之发生变化。因此，企业必须树立起细分的动态观念，注意对目标市场进行适时调整。

3. 市场细分的方法

影响市场细分的因素有很多，并且各种因素相互影响、共同起作用。采用什么方法进行市场细分，将从根本上决定市场细分的有效性。选择市场细分的方法涉及两个方面：一个是采取哪些细分因素，另一个是采用几个细分因素。

市场细分常用的方法有以下三种。

（1）单一因素细分法，即根据影响消费者需求的某一个重要因素进行市场细分。如奶粉企业，按年龄细分市场，可分为婴儿、儿童和中老年等奶粉。

（2）多个变量因素组合法，即根据影响消费者需求的两种或两种以上的因素进行市场细分。如服装企业，按性别、年龄和收入三个变量细分市场。

（3）系列变量因素细分法，即根据两种或两种以上的因素，且按照一定的顺序，由粗到细依次地对市场进行细分，下一阶段的细分是在上一阶段选定的子市场中进行的。这种方法可使目标市场更加明确、具体，有利于企业更好地制定相应的市场营销策略。

（二）目标市场策略

对市场进行细分后，企业要选择最为有利的目标市场，制定符合自身状况和发展需要的目标市场策略。

1. 目标市场的概念

目标市场是指通过市场细分，被企业所选定的，准备以相应的产品和服务去满足其现实或潜在需求的一个或几个细分市场。目标市场是一切营销活动的中心点，是企业制定营销策略的基本出发点，选择目标市场必须以市场细分为基础。

2. 可供企业选择的目标市场策略

（1）无差异性市场策略。它是指企业将整个市场作为企业的目标市场，推出一种产品，实施一种营销组合策略，以满足整个市场尽可能多的消费者的某种共同需求。采用该战略的企业，主要是着眼于顾客需求的共性或同质性，忽略顾客需求的差异性。即对市场不进行细分，只求满足大多数顾客的共性需求。

无差异性目标市场营销策略的最大优点在于成本低、经济性好。缺点也是很明显的：一是忽视了市场要求的差异性，难以满足顾客的个性化需求；二是容易导致竞争激烈和市场饱和，企业难以保持持久的规模经济效益。

（2）差异性市场策略。它是企业在市场细分的基础上，选择多个细分市场作为企业的目标市场，并针对各个细分市场的不同特点，分别设计不同的产品，运用不同的营销组合策略，以满足多个细分市场消费者的不同需求。其优点：一是可以更好地满足消费者的多样化需求，提高整体销量；二是由于企业在多个细分市场上开展营销，所以在一定程度上可以降低投资风险和经营风险。缺点：一是企业生产多种产品，采用多种营销组合，增加了生产成本和营销成本；二是企业的资源分散在多个领域，导致企业不能集中使用资源，甚至企业内部出现彼此争夺资源的现象，容易失去竞争优势。

（3）密集性市场策略。它是选择一个或少数几个细分市场或一个细分市场的一部分作为目标市场，集中企业全部资源为其服务，实行专门化生产和营销。优点：一是营销目标集中，便于企业深入了解市场需求变化，能充分发挥企业优势；二是营销组合策略的针对性强，可以节约生产成本和营销费用；三是生产的专业化程度高；四是能满足个别细分市场的特殊需求，有利于企业产品在该细分市场取得优势地位，提高企业的市场占有率和知名度。缺点：一是目标市场过于狭小，市场发展潜力不大，企业的长远发展可能会受到限制；二是企业目标市场过于集中，产品过于专业化，一旦市场发生变化（如强大的竞争对手介入、购买力下降或兴趣转移、替代品出现等），将会给企业带来极大的威胁。

相关链接

宝洁公司全面、精准的市场细分

宝洁公司的市场分析（以洗发水为例），不是根据消费者人口统计变量特征（如年龄、性别）等，而是依据消费者头发的特性来细分市场。海飞丝是针对需要去屑的头发，潘婷是针对需要营养的头发，飘柔是针对想要柔顺的头发，沙宣是针对想要烫染修护的头发。每一个品牌的产品都有其特定的市场，并且每个品牌下的产品又有更具体的细分。例如，潘婷针对缺少营养的头发，又细分为乳液修复系列、丝质润滑系列、强韧防掉发系列、染烫损伤系列等。可见，宝洁公司产品市场细分是全面和精准的，几乎覆盖了所有的市场，最大限度地扩大了市场占有率。

3. 企业进行市场策略选择时要考虑的因素

（1）企业实力。它是指企业拥有的人、财、物、科技和信息等资源的数量和质量及其所反映的企业生产销售的综合能力。若企业在生产、销售、科研和管理等方面的实力较强，则可以选择无差异性市场策略或差异性市场策略；若企业实力不足，则应选择密集性市场策略。

（2）产品特点。对于自身差异小，或者在事实上存在着品质差别，但多数消费者不加区分的产品，如粮、棉、钢铁和汽油等，应采用无差异性市场策略；对于特性变化比较大的产品，如时装、汽车、家电和食品等，可以采用差异性或密集性市场策略。

（3）市场特征。若消费者的需求比较接近，即市场是同质的或类似的，则应采用无差异性市场策略；若市场差异程度很大，则应选择差异性或密集性市场策略。

（4）产品的生命周期。它包括引入期、成长期、成熟期和衰退期四个阶段。一般而言，社会经济越发达，产品的生命周期就越短。企业选择目标市场策略，必须结合产品的生命周期进行。

若产品处于引入期，则应采用无差异性市场策略，以探测市场需求和潜在消费者；若产品处于成长期，则应采用差异性或密集性市场策略；若产品进入成熟期，则采用差异性市场策略，以开拓新的市场；若产品进入衰退期，则应采用密集性市场策略，集中力量于最有利的细分市场，延长产品的生命周期。

（5）竞争者的市场策略。当竞争对手是一个强有力的企业，并采用无差异性市场策略时，企业就应考虑到自身的弱点，采取其他市场策略，以获得一定优势。当然，若企业实力较强，在竞争中优于竞争对手，也可以针锋相对，则采取与之相同的市场策略。总之，企业在进行市场策略的选择时，不但考虑自己与竞争对手的实力对比，还要注意双方条件的变化，采用适当的、灵活的市场策略。

（6）竞争者数量。当竞争对手众多时，消费者对产品和品牌的印象很重要。为了使不同的消费者都能对自己的产品品牌留下深刻的印象，增强该产品的竞争力，应当采用差异性市场策略或密集性市场策略；当市场上竞争对手较少时，消费者的需求从本企业产品中就能得到满足，则不需要采用成本高的差异性市场策略，可采用无差异性市场策略。但在消费者对产品单一、服务简单提出不满时，企业则应当适应消费者多样化的需求，可考虑改用差异性市场策略。

第二节　市场调研与预测

一、市场调研理论

（一）市场调研的概念

市场调研是指企业为了特定的市场营销目标，运用科学的方法，有目的地系统收集市场信息，记录、整理和分析市场情况，了解市场现状及其发展规律，为市场预测和经营决策提供客观、准确的资料。其目的在于取得过去和现在的市场信息，为市场预测和经营决策提供正确、可靠的信息依据。

（二）市场调研的方法

市场调研应根据不同的调研类型，采用不同的方法，主要有以下三种方法。

1. 观察法

观察法就是通过观察相关的人、行为和环境搜集原始数据。例如，某保健品制造商这样测试其广告效果：在人们观看过程中测量其眼部运动、脉搏及其身体反应；而一家银行可以通过调查交通状况、周围环境和竞争性分行的位置来评价可能的分行新址。

观察性调研可用于获取人们不愿或不能提供的信息。在有些情况下，观察可能是获得所需信息的唯一途径。不过，有些内容是观察不到的，例如感情、态度、动机和私人行为，长期的或不经常性的行为也很难去观察。由于存在这些局限，调研人员在使用观察法的同时，还要使用其他的数据搜集方法。

观察法主要有以下三种。

(1) 直接观察法：调查人员直接到调查现场，进行观察记录，搜集信息。例如，某个商场准备采购一批自行车销售，就可派出调查人员到各个自行车停放处观察行人停放的自行车的品牌、样式、色彩、新旧程度等，再根据观察的统计结果决定采购的自行车品牌、款式。

(2) 痕迹观察法：通过观察记录、收集被调查者在周围环境中所留下的各种实际“痕迹”而获取信息。例如，某个企业准备选择一家报刊长期做广告，就可先在各种可供选择的报刊上同时刊登广告，广告中附有回条，凭回条到企业购买商品享受九折优惠。企业根据回条回收情况，就可知道哪种报刊广告效果最好。

(3) 行为记录法：由调查者观察和记录外界对有关被调查者的反应、评价等而获取信息。例如，某企业准备在一家电视台做广告，为了弄清哪家电视台节目收视率最高，就寻找一些家庭作为调查样本，结合日记调查的方式，让这些家庭提供各自的收看情况，然后通过对这些家庭的收视情况进行统计分析，就可清楚各家电视台的收视率。

2. 询问法

询问法是搜集描述性信息的最佳方式。如果企业想了解人们的知识、态度、偏好或购买行为，往往可以通过直接询问个人来获得答案。

询问式调研是搜集原始数据时使用最广泛的一种方式，而且常常是一项调查研究的唯一方式。询问式调研的主要好处是灵活性强，它可以用来搜集许多不同场合下的不同信息。如果设计得好，它可以比观察法和实验法调查更快、更便宜地提供信息。

询问法主要有面谈调查法、电话调查法、邮件调查法和日记调查法四种。

(1) 面谈调查法：调查者书面向被调查者提出问题，以获得所需资料。面谈调查既可采用个人面谈，也可采用集体面谈。采用面谈调查法能够当面听取消费者的意见，获取第一手比较直观、可靠的资料。同时在面谈过程中，调查人员可根据实际情况，对调查事项进行修改补充，具有较大的灵活性，但采用这种方法的费用较高。

(2) 电话调查法：调查者通过电话向被调查者提出问题，以获得所需资料。这种调查方法的优点是能迅速获得所需资料，成本较低；缺点是不能询问较复杂的问题，不能进行分析讨论，也无法借助于样品、图片和广告说明等。

(3) 邮件调查法：调查者将设计好的调查表邮寄给被调查者，由被调查者按调查表的要求填写后寄回的方式获取所需资料。这种调查方法的优点是成本低，调查范围广，同时被调查者有充裕的时间回答问题；缺点是调查表的回收率很低，一般仅能回收1%～5%。

（4）日记调查法：调查者通过邮寄方法，采用支付一定报酬的形式，同被调查者保持联系，由被调查者持续提供企业所需资料。这种调查方法费用很高，但效果良好，调查表的回收率和可靠性高。

3. 实验法

实验法最适于搜集因果关系信息。实验涉及挑选适合的目标群体，将他们区别对待，控制无关因素，并检查不同群体的反应。通过这些方式，力图解释因果之间的关系。实验法中一个关键的问题是设定试验群体，控制试验过程。在复杂的市场环境中做到这一点存在着相当的难度。尽管如此，这种方法仍然被大多数企业使用。

实验法主要有以下两种。

（1）实验室实验调查法：由调查者设置一定的实验条件，直接或间接对调查事项进行观察记录而获取信息。例如，某商场准备大批量采购一批液晶电视机出售，在确定采购电视机的品牌、样式前，可在商场会议室布置、陈列许多品牌和样型的电视机，邀请部分顾客参观评议，从而确定准备采购的彩电的厂家、样型。

（2）实地试验调查法：由调查者选择一定的现实环境条件，进行试验获取信息。例如，某企业为了了解新产品的市场前景，就可选择有一定代表性的商场或城市开展展销与试销活动，以了解消费者的反应和销售情况。

（三）市场调查问卷及抽样调查技术

问卷是根据调查目的而设计的有关问题的表格，也称为调查表。问卷是进行市场调查取得第一手资料的技术手段，也是进行资料统计、整理、分析的基础。

1. 问卷结构

问卷包括以下六个部分。

（1）前言，也称说明词，它是对调查的目的、意义及有关事项的说明，其主要作用是引起被调查者的重视和兴趣，争取被调查者的积极支持和合作。前言包括：调查人自我介绍，本次调查的目的，意义，酬谢方式（如有赠品，应说明馈赠的礼品是什么）。书面的前言部分，文字应简洁、准确，语气要谦虚诚恳、平易近人，要有吸引力及可读性。

（2）调查内容。这是问卷的主要部分，问卷设计得优良与否，直接关系到调查的成败。调查内容包括：根据调查目的而提出的各种问句，各种问句的回答方式，对回答方式的指导和说明。

（3）结束语。在调查内容完成后，应简短地向被调查者表示感谢。有条件的也可以征询被调查者对问卷的看法和感受。

（4）样本特征资料。这是问卷所要收集的基本资料，记录样本的各种特征，如个人、家庭、商店、企业，消费者的性别、年龄、婚姻、文化程度、职业、收入等，企业的资本额、营业面积、员工收入等。样本特征的收集应根据调查目的和分析样本资料的需要而定。

（5）电脑编号。为了对调查结果进行电脑统计处理和分析，需要对问卷有关项目预先做好电脑编码。

（6）作业证明记载。用来证明访问作业的执行、完成、访问人的责任等情况，以利于检查、整理、复查和修正。作业证明记载主要应用于访问问卷，主要内容包括：受访者姓名（名称）、电话，访问的地点，访问者的姓名，访问的时间。

2. 问卷设计

在问卷调查表设计中，必须对问题的类型和提问的方式进行精心的设计。具体包括以下方面。

（1）开放性问题，是指允许被调查人用自己的话自由回答的问题。

（2）封闭性问题，是指事先给定备选答案，被调查者只能从中进行选择。

（3）事实性问题，即要求被调查者回答一些有关事实的问题。

（4）行为性问题，即了解被调查者行为特征。

（5）动机性调查，即了解被调查者行为的原因。

（6）态度性问题，即了解被调查者对有关事务的态度、评价或意见。

3. 抽样调查技术

抽样调查技术是营销调研人员从总消费群体中抽取一小部分样本进行研究，然后得出关于总体的结论。样本是指从总体中挑选的能代表总体的一部分。在理论上，样本应具有代表性，以便调查者能准确地估量总体的思想与行为。

设计样本需要回答以下三个问题。

（1）调查对象是谁（抽样单位是什么）。该问题的答案并不一定总是很明确的。例如，为研究家庭购买汽车的决策过程，调查者的询问对象应该是丈夫、妻子、其他家庭成员和经销商的销售人员，是不是所有这些人都应询问。调查者必须决策需要什么信息，以及从谁那里能得到这一信息。

（2）应调查多少人（样本的规模是多少）。大样本要比小样本可靠，但没有必要为得到可靠答案而去调查整个目标市场或其中的一大部分。只要选择得当，占总体不到1%的样本就可以提供可靠的答案。

（3）如何选取样本（抽样程序是什么）。使用概率样本，总体中的每个人都有被抽取的机会，而且调查者可以计算可信度，以计算取样误差。如果概率抽样成本太高或费时太长，营销人员会使用非概率样本，就无法计算出取样误差。不同的取样方法有不同的成本和时间限制，其准确度和统计属性也不相同。最佳方式的选择取决于调查项目的需要。

二、市场预测理论

（一）市场预测的概念

市场预测是在市场调查的基础上，运用科学的方法和手段，对市场商品的供求发展趋势以及与之相联系的各种因素变化进行调查、分析、预见和估计、判断等。

市场预测按市场预测的时间可以分为长期预测、中期预测和短期预测，按经营预测的方法可以分为定性预测和定量预测，按照预测对象参照系可分为时间序列预测和相关因素预测。

（二）市场预测的步骤

市场预测过程包括以下六个步骤。

（1）确定预测目标。根据社会需求、计划和决策需要，提出预测项目，确定预测要解决的具体问题、预测的内容、预测期限，提出基本假设，拟订预测提纲。

（2）调查、收集、整理资料。有些资料是现成的二手资料，但更多资料则需要通过实地调查获得。

（3）选择预测方法。

（4）进行预测。

（5）分析、评价预测结果。

（6）提交预测报告。

（三）市场预测的方法

目前，国内外所使用的市场预测方法有很多种，常用的方法有以下三种。

（1）经验判断法，包括个人判断法、集合意见法等。个人判断法是指凭借个人的知识经验和分析综合能力对预测目标作出未来发展趋向的推断。推断的成功和准确与否取决于个人所掌握的资料，以及分析、综合和逻辑推理能力。

集合意见法是指预测者根据预测对象的预测目标，召集企业中的有关人员进行座谈和讨论，对预测对象未来发展趋势，充分发表自己的看法和意见，然后由预测者根据大家的意见，进行分析、研究，从中找出预测结果的一种方法。

（2）调查预测法，包括典型调查、抽样调查、全面调查、销售调查和定期交换情报预测法等。调查预测法是指根据市场调查进行预测的方法，它是根据预测对象的预测目标，通过召开产品展销会、订货会及发放用户调查表等方式，征询市场和用户的意见和建议，了解购买倾向和需求量等有关预测的内容，然后进行预测。

（3）数学预测法，包括算术平均法、移动平均法、最小二乘法、指数平滑法和马尔可夫预测法。

第三节 市场营销组合策略

一、市场营销组合的概念

市场营销组合是企业进行市场竞争的主要手段，是实现企业经营目标的重要基础。

（一）市场营销组合的含义

市场营销组合就是企业为了满足目标市场的需要而采用的可控制的基本因素的组合。麦卡锡把这些因素概括为四个变量，即产品（Product）、价格（Price）、销售渠道（Place）和促销（Promotion），简称4P。这样，4P内容就构成了市场营销组合的四大基本策略。

（二）市场营销组合的特点

市场营销具有以下特点。

（1）可控性。市场营销组合的诸多因素对企业来说是可控的，也就是说，企业可以根据目标市场的需要来确定这些营销手段的运用和搭配。当然，考虑到这些因素也是可变的，在确定市场营销组合策略时，既要把握可控因素，又要适应宏观环境不可控因素的变化。

（2）动态性。市场营销因素组合是一个多变的动态复合结构，其组合的整体效果是一个函数，这个函数的变量就是4P中的每一个项目。企业在制定市场营销组合时，只要改变其中一个因素，就会出现一个新的整体组合效果。进一步说，在选择市场营销组合时，不一定综合调配四个因素，也可以根据产品和市场的特点，有重点地选用几个基本因素的组合。

（3）整体性。市场营销组合的作用，不是每个因素所产生的效果的简单相加，而是为了实现市场营销的目标将各种因素组合起来协同配合，追求市场营销整体效果的优化。

（4）层次性。市场营销的4P组合并非只有四个因素，而是每一个因素又包括许多二级因素。如产品是市场营销组合的一个因素，但它又包括产品品种、规格、性能、质量、外观造型等；销售渠道也是市场营销组合的一个因素，但它又包括分配渠道、市场区划、销售渠道的宽广度、企业销售组织、商品储运等多个二级因素。二级因素也可以再往下进行细分。如促销中的二级因素包括广告，广告本身也是一个组合因素，可以再细分为电视广告、广播广告、户外广告、报刊广告等各种形式的广告。

二、现代企业的产品策略

企业制定营销策略，首先要解决的第一个问题是现代企业提供什么样的产品或服务去满足消费者的需求，即首先制定企业的产品策略。

（一）产品整体概念

市场营销管理中所称的产品是指一切能够满足消费者需求与欲望的物质的或非物质因素，它包括三个方面：一是核心产品，是指产品能为消费者提供某种效用和利益，是购买者需求的中心内容；二是形式产品，是指产品所具有的质量、式样、特征、品牌、包装等，是消费者在购买时首先关注的因素，反映出消费者的实际要求；三是附加产品，是指为消费者提供的附加服务利益，如送货上门、帮助安装、维修、提供售后服务等。产品整体概念如图4-1所示。

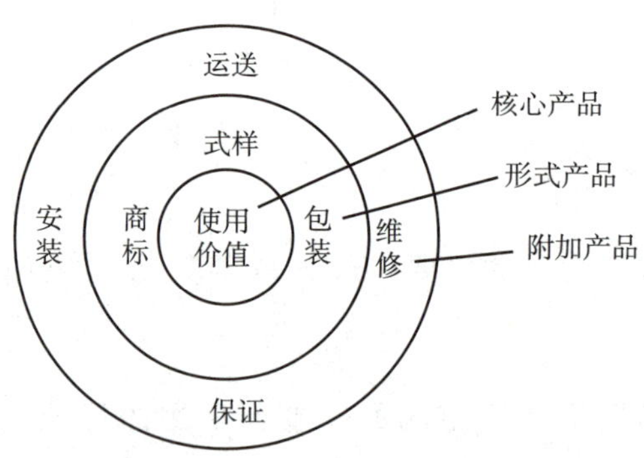

图4-1 产品整体概念示意图

（二）产品生命周期

1. 产品生命周期的概念

产品生命周期是指产品从试制成功到投入市场开始，直到最后被淘汰退出市场为止所经历的全部时间，也即产品的市场寿命，而不是产品的使用寿命，这段时间称为产品生命周期。

产品生命周期一般可分为四个阶段，即导入期（引入期）、成长期、成熟期和衰退期。为了描述一个产品在市场上从无到有，高速增长，市场饱和，直到被市场淘汰的变化过程，可用一条曲线来表示，该曲线称为产品生命周期曲线，如图 4-2 所示。

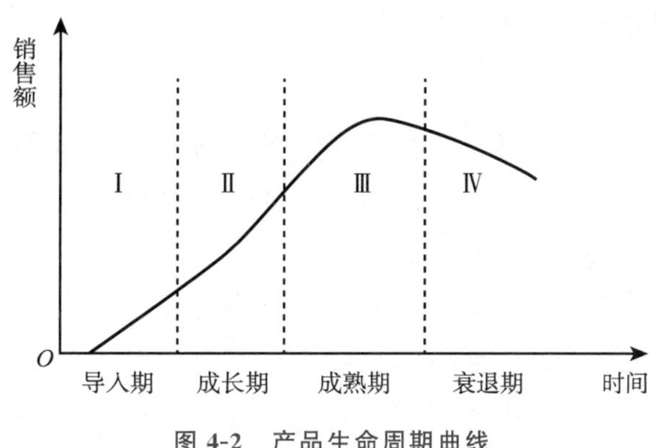

图 4-2 产品生命周期曲线

2. 基于产品生命周期特点的营销策略

产品生命周期的不同阶段，有着不同的市场机会和市场风险。只有选择与产品生命周期相一致的营销目标和营销策略，才能确保企业的生存和发展。熟悉产品销售的成长规律，把握产品生命周期的基本特征，理性地确立销售营销目标，动态地制定营销策略，这是延长产品生命周期、实现产品价值及增值的基本途径。

四个阶段营销策略具有以下特点。

（1）导入期营销策略：贴近消费者，缩短导入期。在广告宣传方面，应以产品的性能和特点介绍为主，以激发消费者的购买欲望；在产品销售方面，可选用有较高信誉的中间商代销或者采用试用、上门推销、节日推销等方式，以提高品牌知名度；在产品定价方面，可采取高价策略先声夺人，或采取低价渗透策略，以提高市场占有率；在产品生产方面，应进一步优化设计，以提高产品质量，改善产品性能和降低生产成本；在目标市场的选择上，可采取无差异性市场策略，以降低营销成本和吸引潜在消费者。

（2）成长期营销策略：延长成长期，提高占有率。在产品销售方面，应不断开辟新市场，寻找新用户，以扩大产品市场份额；在广告宣传上，应从产品知觉广告转向产品偏好广告，以树立产品的市场形象；在产品定价方面，应采取降价策略，以吸引价格敏感的购买者；在产品生产上，努力改进产品质量，增加新的款式和规格，以满足潜在消费者的不同需求；在目标市场的选择上，宜采用差异性和密集性市场策略，以满足不同细分市场的需求，巩固产品的市场地位。

（3）成熟期营销策略：改进营销组合，维护市场份额。成熟阶段包括成长中的成熟、稳定中的成熟和衰退中的成熟三个阶段。营销人员应该系统地考虑市场、产品和营销组合，以维护增长中的市场份额。第一，市场改进。通过差异性和密集性市场策略，进入新的细分市场，宣传产品新的和更广泛的用途，寻找新顾客。第二，产品改进。包括增加产品新功能（耐用性、可靠性、安全性等）、增加产品新特色（材料、尺寸、口味等）、增加产品美学诉求（颜色、结构、包装等）等，以满足消费者的不同需求。第三，营销组合改进。优化价格、分销、广告及服务组合，注重企业形象设计，增强服务项目，采用赠品等促销工具取代单纯的广告宣传，通过降低销售价格等手段拓展市场空间。

（4）衰退期营销策略：淡出市场，推陈出新。合适的衰退战略取决于行业的相对吸引力和企业在该行业中的竞争力。企业应防止两类错误：一是“仓促收兵”，出现新旧产品脱节；二是“难以割爱”，坐失良机。因此，企业经营者应该有预见地“转”，有计划地“撤”，有目的地“攻”，应有选择地降低投资水平，放弃无前景的消费群，改变投资热点，及时榨取品牌价值，从容退出产品市场。

（三）产品组合策略

产品组合是指某一企业所生产和销售的全部产品的总和，包括产品大类和产品项目。产品大类是指产品类别中具有密切关系的一组产品，又称产品线；产品项目是指某一品牌或产品大类内由规格、价格、外观及其他属性来区别的具体产品。

产品组合有一定的宽度、长度、深度和关联性。产品组合的宽度是指一个企业所拥有的产品大类的数量；产品组合的长度是指一个企业的产品组合中所包含的全部产品项目的总数；产品组合的深度是指产品大类中每种产品有多少花色、品种和规格等；产品组合的关联性是指一个企业的各个产品大类在最终用途、生产条件、分销渠道等方面的相关程度。产品组合如表 4-2 所示。在表中，产品组合的深度为 6，广度为 4。由于该产品组合中的各种产品线都属食品类，故关联度较强。

表 4-2　产品组合

产品线	产品组合深度						
饮料（A）	A_1	A_2	A_3	A_4	A_5	A_6	产品组合广度
罐头（B）	R_1	B_2	B_3	R_4	B_5	H_6	
糖果（C）	C_1	C_2	C_3	C_4	C_5	C_6	
饼干（D）	D_1	D_2	D_3	D_4	D_5	D_6	

注：A、B、C、D 代表产品线。

企业在调整和优化产品组合时，一般有扩大产品组合、缩减产品组合和产品线延伸等策略。

（四）产品品牌策略

品牌是指用来识别商品或劳务的名词、数字、符号、图案、设计、颜色及其组合，包括品牌名称和品牌标志两部分。品牌名称是指品牌中可以用语言来表述的部分，品牌标志是指品牌中可以被识别但不能用语言来表述的部分。商标是指经过登记注册获得专用权并受法律保护的一个品牌或其一部分。企业常用的品牌策略有以下三种。

（1）品牌化策略：企业决定是否给其产品规定品牌名称。企业品牌化策略的基本类型为一品一牌策略，其原意是一种产品一个品牌，包括个别品牌策略和产品线品牌策略。个别品牌策略是纯粹的一种产品一个品牌。实行这种策略是一个品牌只用于一种产品，一种产品也只能有一个品牌。产品线品牌策略是同一条产品线上的许多产品项目共同使用一个品牌。虽然同一条产品线上的不同产品项目存在着一些差异，但是与这些产品项目之间存在的极高的关联性相比，这些差异又是微不足道的。

（2）品牌使用者策略：企业决定使用制造商品牌还是中间商品牌。当企业在新的市场上推销产品而产品商标短时期内难以建立声誉时，可采用有一定影响的中间商品牌或同时使用中间商和制造商品牌，待产品有一定市场后再单独使用制造商品牌。

（3）品牌统分策略：企业决定所有产品使用一种品牌，还是不同产品使用不同品牌。统一品牌可节约费用，新产品也可借原有品牌信誉迅速打开销路，但当其中任何一种产品质量发生波动时，也会给其他产品带来不良影响。产品采用不同品牌的营销费用大，但便于发展高、中、低档各种类型的产品，可以减少市场风险。

中国品牌建设

2022年8月25日，据国家发展和改革委员会网站消息，为高质量推进品牌建设工作，全面提升我国品牌发展总体水平，近日，国家发展和改革委员会联合多部门发布《关于新时代推进品牌建设的指导意见》（以下简称《指导意见》）。《指导意见》指出，以习近平新时代中国特色社会主义思想为指导，全面贯彻党的十九大和十九届历次全会精神，深入贯彻习近平总书记关于品牌建设的重要指示精神，立足新发展阶段，完整、准确、全面贯彻新发展理念，构建新发展格局，以深化供给侧结构性改革为主线，以满足人民日益增长的美好生活需要为根本目的，坚持质量第一、创新引领，开展中国品牌创建行动。适应新时代新要求，进一步引导企业加强品牌建设，进一步拓展重点领域品牌，持续扩大品牌消费，营造品牌发展良好环境，促进质量变革和质量提升，推动中国制造向中国创造转变、中国速度向中国质量转变、中国产品向中国品牌转变，久久为功促进品牌建设高质量可持续发展。

（五）产品包装策略

包装是产品策略的重要内容，目前日益成为市场竞争的重要手段。包装的主要作用是保护商品，方便运输、携带和保存，向消费者传递信息，介绍商品，美化商品，促进销售等。包装策略主要有相似包装策略、差别包装策略、组合包装策略、复用包装策略、附赠品包装策略等。

三、现代企业的定价策略

价格是市场营销组合中一个十分敏感的重要因素，也是唯一能产生收入的因素。价格的变化直接影响着市场对产品的接受程度，影响着市场需求和企业的效益。企业的定价策略要有利于补偿成本、促进销售、获取利润，当然也要考虑顾客对价格的承受能力，这就使定价具有了买卖双方的特征。

（一）定价因素

定价因素主要有以下四个。

（1）成本。产品成本是企业定价的下限。产品价格必须能够补偿企业生产经营过程中的所有费用，以及为产品承担风险的代价。因此，成本的大小及构成均对产品定价产生重要影响。

（2）市场需求。产品的最高价格取决于产品的市场需求，而需求又受价格和收入变动的影响。企业制定的价格高低会直接影响产品的销售，因此企业定价必须掌握某产品需求的价格弹性。在市场上没有替代品或没有竞争者，购买者对较高价格不在意，或即使提价也不会很快改变消费习惯的情况下，需求往往缺乏弹性。

（3）竞争。产品最终售价还取决于市场的平均价格水平。企业必须采取适当方式了解竞争者所提供的产品质量和价格，才能准确地制定本企业产品的价格。

（4）物价政策法规及其执行机构。这些政策法规有的明确规定了产品的具体价格，有的规定了产品价格的上下限，还有的只规定了定价的原则。

（二）定价方法

定价方法主要有以下三种。

（1）成本导向定价法：以产品总成本为中心来制定价格，主要有成本加成法、目标利润法等。

（2）需求导向定价法：根据买方对产品价值的理解和需求的强度来定价，主要有认知价值定价法、“倒扒皮法”等。

（3）竞争导向定价法：以竞争者的售价为定价依据来确定自身产品在市场中的售价，主要有随行就市定价法、投标定价法和倾销定价法等。

（三）定价策略

运用各种定价方法，企业可以制定出产品的基础价格，在此基础上，根据供求和竞争的具体情况，运用各种定价技巧来确定产品的最终价格。

定价策略主要有以下三种。

（1）新产品定价策略。企业的创新产品投入市场，有撇脂定价和渗透定价。撇脂定价是指把价格定得很高，以攫取最大利润。当市场需求较大，竞争不激烈，需求缺乏弹性时，宜采用此方法。渗透定价是指把价格定得相对较低，以吸引大量顾客，提高市场占有率。这种方法适用于价格需求弹性较大的产品。

（2）折扣与折让策略。为了鼓励顾客及早付清货款及大量购买、淡季购买，还可以酌情降低其基本价格，这种价格调整叫价格折扣与折让。其主要有现金折扣、数量折扣、中间折扣、季节折扣和以旧换新折让等。

（3）心理定价策略。这是指利用顾客的心理因素来定价。对于高档商品或名牌商品，利用消费者仰慕心理定为整数或高价；对一般商品，其价格有一定尾数，使消费者觉得商品定价是经过认真核算才产生的，并对此产生信任感。

四、现代企业的分销策略

在现代市场经济条件下，生产者与消费者在时间、地点、数量、品种、信息、产品估价和所有权等多方面存在着差异和矛盾。企业产品生产出来后，必须通过适当的分销渠道在适当的时间、地点，以适当的价格供应给广大的消费者或用户。

（一）分销渠道的概念

分销渠道是指产品或服务从生产者向消费者转移的过程中所经过的由各中间环节联结而成的路径。它由直接组织商品流通（如各中间商）、辅助商品流通（如储运、银行、保险企业等）以及为商品流通服务（如广告企业、咨询企业、信息企业、技术服务企业）的组织和个人组成。生产者是销售渠道的起点，消费者是销售渠道的终点。销售渠道是否畅通关系到商品销售是否顺利，销售渠道中间环节的多少关系到商品价格的高低和流通时间的长短。由于各类产品的产销特点和产品本身特性的不同，形成了不同的销售渠道。图 4-3 为分销渠道结构。

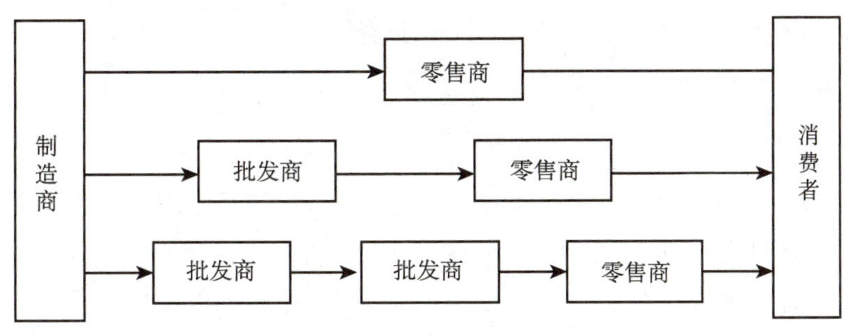

图 4-3 分销渠道结构

(二) 选择分销渠道的策略

分销渠道的策略有以下三种。

(1) 普遍分销策略。这是一种宽渠道策略，是企业选择大量的批发商、零售商经销其产品的一种策略。由于广泛分销，能方便消费者购买，及时满足消费者需求。这种策略适用于人们经常需要的日用品的销售。

(2) 专营性分销策略。这是一种窄渠道策略，是企业在特定市场中只选择有限数量的中间商经销其产品的一种策略。它的极端形式是独家经销。这种策略能使企业同经销商之间形成密切的协作关系，相互为对方承担义务，使经销商更积极地推销。一般来说，高档耐用品及使用方法复杂或需承担较多今后服务的产品宜采用此种策略。

(3) 选择性分销策略。这是企业有选择地确定一些符合本企业要求的中间商经销自己产品的一种策略。这种策略能较好地利用较多的中间商经销产品，占领较大的市场，同时又可以避免因产销之间过分依赖而使一方失利另一方也受牵连的情况。另外，还可以形成产销之间的密切配合关系，增强应变能力。这种策略适用于所有产品，尤其是对顾客在购买时需比较后才能决定购买的产品。

(三) 选择分销渠道应考虑的因素

选择分销渠道应考虑以下两个因素。

(1) 产品特点。根据产品特点选择适当的分销渠道，如笨重的物品、价值高的产品、易腐烂变质的产品、技术性强而又需要售后服务的产品，应尽量减少流转环节。

(2) 市场因素。市场范围大小、顾客的集中程度、市场供求和购买情况、市场需求的季节性以及竞争者产品的分销渠道策略等都会影响分销渠道的选择。

五、现代企业的促销策略

(一) 广告

广告是企业付出一定的费用，利用适当的媒介，向可能的购买者传递企业产品或服务信息，以增加影响、扩大销售的一种手段。

1. 广告的分类

广告可分为两大类，即公共广告与商业广告。公共广告是指以树立良好的形象，提高组织的声誉，融洽组织与社会公众之间的关系，增进公众对组织的信赖和支持为目的，从而促进组织机构实现其整体目标的一种方式。商业广告是指直接以企业的产品或服务为宣传内容的广告形式。

2. 广告媒介

现代社会中，广告媒介种类繁多，且各具特色，主要有以下三大类。

(1) 印刷媒介：包括报纸、期刊、样本、资料、包装纸、张贴传单、推销信函等。

(2) 视听媒介：包括广播、电视、电影、网络、幻灯和霓虹灯等。

(3) 实物模型媒介：包括产品陈列、橱窗宣传、时装表演等。

3. 广告设计的要求

广告是一门科学，也是一门艺术。广告的设计从内容到形式必须运用多种学科的知识。一般来说，良好的广告设计应当注意真实性、针对性、吸引性、简洁性、创造性、美感性和联想性等。

(二) 人员推销

人员推销是指企业派出销售人员与购买者面谈，做口头陈述，以推销商品，促进和扩大销售。

1. 人员推销的特点

注重人际关系，有利于与顾客建立友谊；具有较大灵活性；针对性强，销售人员带有一定的倾向性访问顾客，无效劳动较少；有利于企业了解市场，提高决策水平；成本费用较高，对销售人员素质有一定要求。

2. 人员推销决策的内容

对多数顾客来讲，销售人员是企业的象征，反过来，销售人员又从顾客那里得到有关市场的信息和资料。企业在进行人员推销决策时，必须确定销售人员的任务、规模和报酬方式等。

相关链接

推销的3H1F

推销是由三个H和一个F组成的。第一个"H"是"头"(Head)。推销员需要有学者的头脑，必须深入了解顾客的生活状态、顾客的价值观，以及购买动机等，否则不能成为推销高手。第二个"H"代表"心"(Heart)。推销员要有艺术家的心，对事物具有敏锐的洞察力，能经常地对事物感到一种惊奇和感动。第三个"H"代表"手"(Hand)。推销员要有技术员的手。推销员是业务工程师，对于自己推销产品的构造、品质、性能、制造工艺等，必须具有充分的知识。"F"代表"脚"(Foot)。推销员要有劳动者的脚。不管何时何地，只要有顾客、有购买力，推销员就要不辞劳苦，无孔不入。

因此，具有"学者的头脑""艺术家的心""技术员的手"和"劳动者的脚"是一个优秀的推销员的基本条件。

（三）营业推广

营业推广是指为了刺激消费者即时或大量购买某种产品而采取各种短期促销方式的总称。营业推广的对象及方式主要有以下四种。

（1）对消费者推广。鼓励老顾客，争取新顾客，引导顾客改变消费习惯，购买新产品等。其主要方式有赠送样品、降价出售、有奖销售、赠送优惠券、提供消费信用等。

（2）对中间商推广。由生产者向批发商、代理商和零售商推广，使之经销本企业产品，目的是鼓励他们大量进货、增加储存。其主要方式有批量折扣、现金折扣、交易会、商业信用、人员培训等。

（3）对制造商推广。制造商采购物品和劳务的最终目的是获得利润。其主要方式有服务促销、业务会议、互惠促销等。

（4）对推销人员推广。通过对推销人员进行各种物质和精神的鼓励，激发他们的推销积极性。其主要方式有奖金、提成、推销竞赛、表扬和提高工资等。

（四）公关宣传

公关宣传是指企业为实现销售目标，免费在媒体上进行的报道或展示，以刺激目标顾客需求的活动。公关宣传作为一种有力的促销工具，对企业改善形象、提高知名度起着十分重要的作用。与广告及其他促销工具相比，公关宣传具有许多优势，具体表现在以下三个方面。

（1）无须支付费用，一旦得到媒体的支持，即可获得收益。

（2）在顾客看来，新闻报道具有客观性和真实性，体现了企业外部公众的利益和看法；而广告则属于企业主观提供的信息，影响效果不同。

（3）公关宣传更容易与除消费者之外的其他公众保持良好关系，得到公众认可，促进企业发展。

课后阅读

4C营销理论与4R营销理论

4C营销理论与4R营销理论、4P理论为企业的营销活动提供了基础框架。然而，4P是站在企业的立场而不是客户立场上的，因而不能满足新的以客户为导向的市场营销理念。随着市场竞争日趋激烈，4P理论越来越受到挑战，由此又出现了4C、4R理论。

4C营销理论是由美国营销专家劳特朋（Lauterborn）教授在1990年提出的，它以消费者需求为导向，重新设定了市场营销组合的四个基本要素，即消费者（Consumer）、成本（Cost）、便利（Convenience）和沟通（Communication）。它强调企业首先应该把追求顾客满意放在第一位，其次是努力降低顾客的购买成本，然后要充分注意到顾客购买过程中的便利性，而不是从企业的角度来决定销售渠道策略，最后还应以消费者为中心实施有效的营销沟通。

4R营销理论是由美国学者唐·舒尔茨在4C营销理论的基础上提出的新营销理论。4R分别指代关联（Relevance）、反应（Reaction）、关系（Relationship）和回报（Reward）。该营销理论认为，随着市场的发展，企业需要从更高层次上以更有效的方式在企业与顾客之间建立起有别于传统的新型的主动性关系。

思考与练习

1. 什么是市场营销？市场营销观念转变分为哪几个阶段？
2. 什么是市场细分？企业如何对目标市场进行选择？
3. 试述企业市场调研与市场预测工作的过程与内容。
4. 什么是整体产品？产品策略包括哪些内容？
5. 什么是营销渠道？营销渠道有哪些基本类型？
6. 如何理解产品的整体概念？
7. 市场营销组合策略的构成内容是什么？

案例分析

碧玺宝石首饰的销售历程

位于国内某地区的一家珠宝店专门经营珠宝首饰。几个月前，珠宝店进了一批碧玺宝石首饰。该宝石饰品同商店以往销售的红、蓝宝石饰品不同，它的颜色更鲜艳，价格也更低。对消费者来说，碧玺宝石饰品是一种新产品。副经理张丽十分欣赏这些造型独特、款式新颖的珠宝，她认为这个新产品将会引发顾客的购买兴趣，形成购买热潮。为了让顾客感觉物超所值，她在考虑进货成本和平均利润的基础上，为这些商品确定了销售价格。张丽决定尝试运用她本人熟知的营销策略：一方面，她向销售人员详细介绍这批珠宝饰品的特性，并下发了书面材料，以便他们能更详尽、更准确地将信息传递给顾客；另一方面，她把这些珠宝装入透明展示箱，摆放在店铺醒目位置。一个月后，碧玺宝石饰品销售情况令人失望，由此张丽认为顾客不接受碧玺宝石。恰好当时张丽要参加一次大型订货会，出发前张丽决定减少商品库存，在向下属发出碧玺宝石首饰半价出售的指令后就匆忙起程了。然而，降价也没有奏效。两周后，张丽从外地回来，助手告诉她："经理柳伟将那批碧玺宝石饰品在原价基础上提高了一倍进行销售，结果是销售火爆。"张丽很疑惑："低价都卖不掉，怎么高价就卖出去了呢？"

问题：

1. 张丽对这批珠宝采取了哪些营销组合策略？
2. 这批珠宝低价卖不出去，为什么高价反而热销？
3. 从营销角度看，你得到了哪些启示？

第五章
物流管理

本章导读

物流的概念最早起源于20世纪初的美国，70年代末进入中国。本章主要研究物流的定义、物流的功能要素和特点，物流管理的作用和目标；分析企业物流的含义、内容和特征，企业供应物流的构成和基本业务活动，销售物流服务的要素和销售运输决策；介绍现代企业物流技术与设备。

引入案例

饺子馆里的物流管理

2016 年，乔小云在云景园开了一家饺子馆，生意还算火爆。周围小区的不少住户常来光顾，有些老顾客一次能吃半斤饺子。乔经理说："别看现在生意还不错，开业这一段时间，让我头疼的就是每天怎么进货，很多利润被物流吃掉了。"

刚开始 10 个饺子定价 5 元，直接成本为饺子馅、饺子皮、佐料和燃料，每个饺子成本大约 2 角。虽然存在价差空间，可是乔经理的小店总是赚不了多少钱，原因在于每天都有大量剩余原料，这些采购的原料不能隔天使用，算上人工、水电、房租等经营成本，每个饺子的成本都接近 4 角了。

乔经理很有感慨，如果一天卖出 1000 个饺子，同时多余 500 个饺子的原料，相当于亏损了 100 元左右，每个饺子的物流成本最高时有 1 角，加上前年年初粮食涨价，因此利润越来越少。

经分析得知，问题的关键在于控制数量，准确供货。其实做饺子的数量很难掌握。做少了吧，有的时候人家来买没有，也等不及现做，眼看着要到手的钱飞走了；做多了吧，就要剩下。

随着社会的发展，物流管理与人们的生活联系越来越紧密。任何经济组织，尤其是现代企业的经营管理，都与物流管理有着千丝万缕的联系。在现代企业经营管理过程中如何处理好采购、供应、库存、配送、供应链等问题，成为企业营利性活动的重要组成部分。下面介绍现代企业的物流管理、库存管理、供应链管理等相关内容。

第一节 物流与物流管理

"物流"被看作是"除生产、销售外获得利润的源泉"，是"降低成本的最后处女地"。因此，对物流、物流管理的研究都是企业十分重视的事情。

一、物流的定义

物流是伴随着社会分工和市场经济的发展而逐渐形成的一个概念。物流的原始含义是指物的实体运动，即物的流通，也就是为了满足人们生产和生活的需要，通过经济活动的形式，使作为劳动商品的"物"从生产地传递到消费地。由于人们对物流的认识有一个不断深化的过程，所以不同的国家、不同的学者对物流的定义也各不相同。

美国物流管理协会认为，物流是对货物、服务及相关信息从起源地到消费地的有效率、有效益的流动和储存进行计划、执行和控制，以满足顾客需求的过程。

欧洲物流协会认为，物流是在一个系统内对人员或商品的运输、存储及与此相关的支持活动的计划、执行与控制，以达到特定的目的。

根据GB/T 18354—2021《物流术语》，物流管理是指通过物流管理组织对整个物流活动进行计划、组织、协调与控制。通常，物流管理包括三个方面的内容：一是对物流活动诸要素的管理，如运输、储存、装卸、搬运、包装、流通加工、配送、信息处理等物流功能要素的管理；二是对物流系统诸要素的管理，如人、财、物、设备、方法和信息六大要素的管理；三是对物流活动中具体职能的管理，如物流计划、组织、控制、质量、技术等职能的管理等。从物流管理的发展历史来看，经历了物流功能个别管理阶段、物流功能系统化管理阶段、物流管理领域扩大阶段、企业内物流一体化管理阶段和供应链管理阶段。

二、物流的功能要素和特点

（一）物流的功能要素

物流的功能要素是指物流系统所具有的基本能力。一般认为，物流的功能要素主要包括运输、仓储保管、流通加工、配送、包装、装卸搬运和信息管理，称为物流的“七要素”。物流就是这些构成要素的集成系统。

1. 运输

运输是使物品发生场所、空间移动的物流活动。运输在物流功能要素中是最重要的构成要素。随着生产社会化、专业化程度的提高，生产与消费在同一地点的情况几乎很少，运输解决了物质资料在生产地点和需要地点之间的空间差异，创造了物品的空间效用，所以运输是社会再生产的必要条件。运输有不同的方式，不同的运输方式有不同的特点和要求，物流的效率也不一样。因此，实现运输合理化，对于实现良好的物流服务，降低物流成本具有重要意义。

2. 仓储保管

仓储保管是指对物品货物进行储存，以及对其数量、质量进行管理控制的活动，是物流的另一个极为重要的职能要素。由于生产与消费各自的规律性，两者在同一时间内完成是很不现实的，而仓储保管改变了物品货物的时间状态，从而实现了物品货物在供应链中上下环节的衔接；在生产过程中，没有一定数量的原材料、半成品的储存，生产的连续性就可能受到破坏；或者由于经济运输的需要，或者为了预防突发事件的发生等，都需要有一定数量的物质资料的储存。所以，物质资料的储存，是社会再生产过程中客观存在的现象，也是保证社会再生产连续不断运行的基本条件之一。随着现代流通手段的发展，储存已经由过去的从简单保管着眼的被动观点转变为从现代流通着眼的主动观点，即储存的场所越来越多地发挥着集货、分类、检验、理货、流通加工和配送等功能。

3. 流通加工

流通加工是在流通阶段为便于物流或消费而进行的不改变物品基本性能的加工。其具体包括切割、细分化、钻孔、弯曲和组装等轻微的生产活动，此外还包括单位化、价格贴付、备货、商品检验等为使流通顺利进行而实施的辅助作业。通过流通加工可以弥补生产加工的不足，增加商品的附加价值，提高商品的保存机能和物流服务水平。随着经济的发展，消费领域出现了多样化、差异化的趋向，流通加工是生产加工在流通领域的延伸，有助于提供差异性商品，满足消费需要。

4. 配送

配送在《物流术语》中被定义为："在经济合理区域范围内，根据用户要求，对物品进行拣选、加工、包装、分割和组配等作业，并按时送达指定地点的物流活动。"所以，配送是物流的一种特殊的、综合的活动形式，它几乎包括了物流的所有职能，是物流的一个缩影或在某一范围内物流全部活动的体现。一般来讲，配送是集包装、装卸搬运、保管和运输于一体，并通过这些活动来低成本、高效率地满足用户的需求。现代意义上的配送不同于一般性的运送或运输，它是建立在备货和配货基础上的满足客户灵活需要的送货活动，是一种以社会分工为基础的、综合性的、现代化的送货活动。

5. 包装

包装是在物流过程中为了保护商品、方便储运、促进销售，按一定技术方法采用材料或容器对物品进行包封，并加以适当的装潢和标识工作的总称。包装具有保护商品、便利储存运输的基本功能。包装存在于物流过程各环节，包括商品的出厂包装，生产过程中在制品、半成品的换装，物流过程中的包装、分装和再包装等。一般来讲，包装分为工业包装和商业包装。工业包装的作用在于便利运输和保护商品，商业包装的目的在于刺激消费者购买和便于消费者购买等。

6. 装卸搬运

装卸搬运是指在物流过程中在同一地域内以改变物品存放状态和空间位置为主要内容的有目的的活动。它是伴随输送和储存而产生的物流活动，是对运输、储存、包装、流通加工和配送等物流活动进行衔接的中间环节。物品在由生产地流转到消费地的过程中，装卸搬运作业非常频繁，不合理的装卸搬运不仅会造成财力和劳动力资源的浪费，也会造成物品损坏，加大物流成本。因此，装卸搬运的合理化具有非常重要的意义。

7. 信息管理

物流整体职能的发挥是通过物流各种职能之间的相互联系、相互依赖和相互作用来实现的。也就是说，各种职能的作用不是孤立存在的，这就需要及时的物流信息。从狭义范围来讲，物流信息是指与物流活动（如运输、储运保管、包装、装卸、流通加工等）有关的信息；从广义范围来讲，物流信息不仅指与物流活动有关的信息，而且包括与其他流通活动有关的信息，如商品交易信息和市场信息等。广义的物流信息不仅能起到连接、整合生产企业，经过批发商和零售商，最后到消费者的整个供应链的作用，而且在应用现代先进信息技术的基础上能实现整个供应链活动的效率化。具体地说，就是利用物流信息可以使供应链上各个企业都提高效率，满足它们对控制计划生产、协调客户服务进行有效管理的要求。

（二）物流的特点

1. 物流本身不创造物品的使用价值，但创造价值

虽然物流活动并不生产产品，但它同样具有生产性，都要耗用一定量的人力、物力和财力，即要支付所必需的费用。事实上，物流过程作为一种特殊生产过程，它本身并不创造物质资料的使用价值，但在流通过程中它能把生产领域中创造的使用价值转化成现实的使用价值，没有这种转化，物品的使用价值就不能最终实现。

2. 物流活动具有服务性

物流的目的是创造物流的时间效应和空间效应，这种效应的实现有赖于物流本身能否及时、准确、保质、保量、安全、可靠地满足消费者对物质资料的需要。因此，物流要服务于市场，从满足生产和消费出发，为生产建设和提高人们生活水平服务，这也是物流活动的归宿。

3. 物流与商流的区别

物流是指商品的实体运动，即在流通过程中商品使用权的转移过程，也就是商品使用价值的实现过程。商流是物品作为商品在流通过程中通过买卖活动所发生形态变化的过程，即由货币形态转化为商品形态，以及由商品形态转化为货币形态的过程。这种转化需要通过一系列活动才能实现，如订购合同的签订、采购、谈判、货币结算等，实质就是商品所有权的转移。物流与商流存在着明显的不同。

（1）活动内容不同。物流侧重于实现物品由生产地到消费地的流转，包括运输、保管、包装、搬运、流通加工以及与之相关的信息处理活动。而商流侧重于物品所有权的更迭，即实现商品所有权由生产者到消费者的转移，实质上是一种买卖活动，因此又称为贸易或交易，包括市场需求预测、计划分配与供应、货源组织、订货、采购调拨、销售等。

（2）价值创造形式不同。物流通过调节时间间隔和空间间隔来创造价值，也通过适当的包装或流通加工活动创造一定的加工附加值。而在商流活动中物品的转移是按价值规律进行的，商品的价格围绕着价值这根轴线上下波动，价值决定了商品交换的价格。商流通过交换活动使商品的价值得以实现，体现了生产者与消费者之间财富的交换关系。

（3）流通规律不同。物流体现为物的实体运动，其流通的最佳路径与商品的种类、性质、数量、交货要求、运输条件等因素有关。为了降低物流费用，提高经济效益，物流活动在选择流通路径时，遵循的基本原则是由生产地到消费地之间路径最短，强调无中断、无绕道、无等待、无回流等不合理现象，追求在适当的时间、适当的地点将适当的商品交给适当的用户。商流主要体现为资金和信息的流动。在电子商务时代，随着自动银行系统、电子资金汇兑系统等日渐发达，资金的流动日益显现出信息流动的特性。因此，与物流活动相比，商流活动可以在无形的市场中进行，商流最佳路径选择主要考虑营销业务的方便，而与商品的种类、性质、数量、交货要求、运输条件等因素并无直接关系。由此可见，在实际的商品流通中物流和商流往往遵循着不同的流通规律和流通路径。

三、物流管理的作用和目标

物流管理是指对物流构成要素的系统管理，或者说是对物流过程的管理。在 GB/T 18354—2021《物流术语》中将物流管理定义为以最低的物流成本达到用户所满意的服务水平，对物流活动进行的计划、组织、协调与控制。由此可见，物流管理是一个动态的过程，物流管理既要实现整体成本的降低，又要确保客户对物流服务质量的要求。

（一）现代物流管理的作用

企业的物流从表面上看是物品的流动，背后则是有关客户需求、服务水平和库存情况等方面信息的流动，而本质上也是企业利润的流动。它可能是企业利润的源泉，也可能是吞噬企业利润的无底黑洞。因此，加强物流管理，建立高效的物流体系，具有十分重要的作用。现代物流管理的作用主要表现在以下三个方面。

1. 现代物流管理有助于保障生产和销售活动顺利进行

物流、产品生产和销售是企业发展战略不可缺少的三个组成部分，具有密不可分的关系。而产品生产和销售活动的顺利进行又需要物流活动的支持。以制造业为例，生产活动离不开原材料和备品备件的采购，因而需要采购物流；在生产过程中，各种原材料、在制品和成品需要在生产流水线上流转，以及运送到物流中心或仓库，因而需要企业内部物流；部分余料、可回收再利用物资的回收，需要回收物流；废弃物的处理，需要废弃物物流；销售活动对物流的依赖作用更是显著，商品从物流中心或仓库运送到批发商、零售商或终端客户处，需要销售物流；退货的处理，需要退货物流。可见，物流规划是否合理，物流活动是否顺畅，对生产和销售活动至关重要。加强物流管理有助于优化库存结构，减少资金积压和对各种资源的占用，使生产和销售活动能够顺利进行。

2. 现代物流管理有助于降低物流成本

物流虽然可以为企业赢得大量直接和间接的利润，但其本身也是需要成本的，尤其是当管理不善时物流成本会急剧膨胀。例如，原材料、燃料、外购件投入生产后，在由一个生产单位流转到另一个生产单位的路途中，一般需要安排调运人员、配备运输和装卸工具、占用运输通道。此时，任何一个物流环节的不畅都会减慢物流速度，增加人员和工具的使用成本，甚至导致停工待料、运输通道拥塞的严重后果。通过合理安排物流管理活动，能够有效地降低物品在流通中的损耗，减少对物流系统各种资源的占用或磨损，加速资金周转，降低物流成本。

3. 现代物流管理有助于提高客户服务水平，提高顾客满意度

在现代物流中，顾客服务的设定优先于其他各项活动，并且为了使物流顾客服务能有效地开展，在物流体系的基本建设上，强调合理和高效，优化配置物流中心网络资源。通过提供顾客所期望的服务，在积极追求自身交易扩大的同时，实现与竞争企业顾客服务的差别化，努力提高顾客满意度，实现“一切以客户为中心”的目标。

（二）现代物流管理的目标

现代物流管理的永恒主题是成本和服务，即在努力削减物流成本的基础上，努力提升物流增值服务。因此，现代物流管理的目标主要表现在以下三个方面。

1. 现代物流管理以实现客户满意为第一目标

现代物流是在企业经营战略基础上，从顾客服务目标的设定开始，进而追求顾客服务的差别化战略。要实现顾客服务的差别化，创造满意的顾客服务，现代物流系统必须做到：第一，物流中心网络的优化，即要求工厂、仓库、商品集中配送、加工等中心的建设既要符合分散化的原则，又要符合集约化的原则，从而使物流活动能有利于顾客服务的全面展开；第二，物流主体的合理化，从生产阶段到消费阶段的物流活动主体常有单个主体和多个主体之分，物流主体的选择直接影响到物流活动的效果或实现顾客服务的程度；第三，物流信息系统的高标准化，即能及时、有效地反映物流信息和顾客对物流的期望；第四，物流作业的效率化，即在配送、装卸、加工等过程中应当运用什么方法、手段使企业能最有效地实现商品价值。

2. 现代物流管理以整体最优为目标

商品市场的不断创新带来了商品生产周期的缩短、商品流通地域的扩大等变化。在这种状况下，如果企业物流仅仅追求“部分最优”或“部门最优”，将无法在日益激烈的企业竞争中取胜。从原材料的调运计划到向最终消费者移动的各种物流活动，不仅仅是各部分和各部门的工作，而是将各部分和各部门有效地结合发挥综合效益。也就是说，现代物流所追求的费用、效益观是针对调运、生产、销售和物流等全局最优而言的。虽然在企业组织中调运理论、生产理论、物流理论和销售理论等理论之间存在着分歧和差异，但跨越这种分歧与差异，力图追求整体最优的正是现代物流理论。

3. 现代物流管理既重视效率更重视效果

在物流手段上，现代物流管理从原来重视物流的机械、工具等硬件要素转向重视信息等软件要素。在物流活动领域，现代物流管理由以前以输送、保管为主的活动转而向包含调运在内的生产、销售领域或批发、零售领域的物流活动扩展。从管理方面来看，现代物流管理从原来的作业层次转向管理层次，进而向经营层次发展。

思政园地

党的二十大报告明确提出，建设现代化产业体系。坚持把发展经济的着力点放在实体经济上，推进新型工业化，加快建设制造强国、质量强国、航天强国、交通强国、网络强国、数字中国。实施产业基础再造工程和重大技术装备攻关工程，支持“专精特新”企业发展，推动制造业高端化、智能化、绿色化发展。巩固优势产业领先地位，在关系安全发展的领域加快补齐短板，提升战略性资源供应保障能力。推动战略性新兴产业融合集群发展，构建新一代信息技术、人工智能、生物技术、新能源、新材料、高端装备、绿色环保等一批新的增长引擎。构建优质高效的服务业新体系，推动现代服务业同先进制造业、现代农业深度融合。加快发展物联网，建设高效顺畅的流通体系，降低物流成本。加快发展数字经济，促进数字经济和实体经济深度融合，打造具有国际竞争力的数字产业集群。优化基础设施布局、结构、功能和系统集成，构建现代化基础设施体系。

第二节　企业物流

一、企业物流概述

（一）企业物流的含义

在现代企业的生产经营活动中，物流活动贯穿从原材料采购开始，到零部件的加工，最后是产成品销售并送达用户的整个循环过程。生产过程实际上就是系列化的物流活动。

从系统原理来看，在市场经济环境中，企业的生产经营活动是受外界市场环境干扰作用的，具有输入、转换和输出功能，并通过市场信息反馈不断完善自身功能的自适应体系。其中，企业购进原材料和投入其他生产要素表现为系统的输入；生产过程是对生产要素的加工处理，即生产要素向新产品的转换；而产成品的销售表现为系统的输出，以满足市场的需要；同时，商品的销售情况又表现为需求信息的反馈，从而使企业在生产过程中进行自我调整，并按新的市场需求重新组织企业的生产经营活动。可以这样说，企业生产经营活动本身是物质资料实体由一种形态功能转换为另一种形态功能的运动过程。物质资料在企业生产经营过程中的这种运动过程所发生的一切物流活动构成了企业的物流。

由此可见，企业物流是指在企业生产经营过程中，物品从原材料供应，经过生产加工，到产成品和销售，以及伴随生产消费过程中所产生的废弃物的回收及再利用的完整循环活动。

（二）企业物流的内容

企业按业务性质不同可分为生产企业和流通企业。在此以生产企业为例来阐述企业物流的内容。生产企业物流是以购进生产所需的原材料、设备为始点，经过劳动加工，形成新的产品，然后供应给社会需要部门为止的全过程。要经过原材料及设备采购供应阶段、生产阶段、销售阶段，这三个阶段便产生了生产企业纵向上的物流形式，即供应物流、生产物流、销售物流、回收物流和废旧物物流。

（三）企业物流的特征

企业物流与社会物流、区域物流、国际物流有着很大的差别。由于企业物流是发生在企业内部，把这种微观物流与宏观物流进行对比，可以看出其具有以下特性。

1. 企业物流的集合性

企业物流系统按物流活动的业务性质可分为供应、生产、销售、废旧物等既有区别又密切相关的分系统，每一分系统又由若干个子系统构成。例如，原材料供应分系统包括资源的筹集子系统和实物供应子系统，每一子系统又需要考虑许多因素和变量。

2. 企业物流的相关性

企业物流系统的结构相当复杂，供、产、销和废旧物物流分系统之间存在着相互联系、相互依赖、相互制约的内在关系和外部联系。例如，供应分系统必须根据生产的需要按时、按质、按量均衡配套地输入生产要素，任何一种原材料的短缺都会引起连锁反应，造成生产过程的中断；同样，销售分系统必须及时把产成品销售出去，否则就会由于商品完不成向货币的转化，影响生产要素的购进和供应。也就是说，供应是生产的源，生产是销售的源，销售又是供应的源，任何一个分系统出现障碍都会影响企业物流的正常运行，都会影响企业生产经营活动的顺利进行。

3. 企业物流的服务性

从企业物流活动本身来看，它与企业的生产经营活动紧密相连、不可分开，它受生产约束，为企业生产经营活动服务。一般来讲，由于工业生产的特点和组织管理的需要，要求生产过程具有连续性、平行性、节奏性和比例性。生产过程的这种客观需要决定了企业物流的流动特点。例如，生产过程的连续性决定了物流的方向和流程与生产过程一致，生产过程如何进行，物流就如何流动；生产过程的平行性决定了物流网络与生产物流相一致，决定了物流的空间结构；生产过程的节奏性决定了物流在时间上的规律性，即物流在时间上要与生产过程同步；生产过程的比例性决定了物流量的大小；等等。所有这些都说明了物流必须服从于生产经营的需要，为生产过程服务。

思政园地

2021年10月14日，习近平主席以视频方式出席第二届联合国全球可持续交通大会开幕式并发表题为《与世界相交 与时代相通 在可持续发展道路上阔步前行》的主旨讲话。

习近平主席强调，要大力发展智慧交通和智慧物流，推动大数据、互联网、人工智能、区块链等新技术与交通行业深度融合，使人享其行、物畅其流。

二、企业供应物流

企业为了保证本身生产的节奏性，需要不断组织原材料、零部件、燃料、辅助材料供应的物流活动，这种物流活动对企业的正常生产等起着重大作用。企业供应物流不仅要保证供应的目标，而且要以最低成本并以最少消耗保证组织供应物流活动。

（一）供应物流系统的构成

供应物流是生产过程物流的外延部分，受企业外部环境影响较大。供应物流包括原材料、零部件等一切生产资料的采购、运输、仓储、库存管理、用料管理和供料运输。它是企业物流中独立性相对较强的一个子系统，并且和生产系统、搬运系统、财务系统等企业各部门以及企业外部的资源市场、运输条件等密切相关。

1. 采购

采购是供应物流与社会物流的衔接点，它是依据企业生产计划所要求的供应计划制订采购计划，并进行原材料外购的作业层，需要承担市场资源、供货方、市场变化等信息的采集和反馈任务。

2. 供应

供应是供应物流与生产物流的衔接点，它是依据供应计划与消耗定额进行生产资料供给的作业层，负责原材料消耗的控制。

3. 库存管理

库存管理是供应物流的核心部分，它依据企业生产计划的要求和库存状况制订采购计划，并负责制定库存控制策略和计划及反馈修改。

4. 仓储管理

仓储管理是供应物流的转折点，负责购入生产资料的接货和生产供应的发货，以及物料保管工作。

（二）供应物流的基本业务活动

根据供应物流系统的构成，供应物流的基本业务活动包括采购决策、供应存货与库存控制及库存成本等。

1. 采购决策

供应物流系统的采购决策主要包括以下四个方面内容。

（1）市场信息收集。企业采购决策者应对所需原材料的资源分布、数量、质量和市场供需要求等情况进行调查，作为制定较长远的采购规划的依据。同时，要及时掌握市场变化的信息，进行采购计划的调整、补充。

(2) 选择供货方。在选择供货方时，应考虑原材料供应的数量、质量、价格（包括运费）、供货时间保证、供货方式和运输方式等，通过与本企业的生产需求比较，最后选定供货方。

(3) 决定采购批量。采购批量在采购决策中是一项重要的内容。一般情况下，采购数量越大，在价格上得到的优惠越多；采购次数减少，采购费用相对能节省一些。采购数量少，采购次数就多，采购费用也就相对大。因此，为了节省采购费用，就要求采购批量大一些。但是，采购批量过大容易造成积压，从而占压资金，并使企业多支付银行利息和仓储管理费用。所以，为了节省仓储管理费用，采购批量以小为好。

当然，不能只考虑节省采购费用，而不考虑节省仓储管理费用；或者只考虑节省仓储管理费用，而不考虑节约采购费用。从经济效益角度考虑，这两种费用都要求节省。这就要求解决这样一个问题，即在一定时期内采购总量已经确定的前提下，每批采购多少才能使采购费用和仓储管理费用最为节省，选择经济订购批量的目的就在于此。

经济订购批量就是使采购费用与仓储管理费用之和减少到最小限度的采购批量。经济订购批量的计算有三个假定条件：需求均衡，销售量比较稳定，变化较小；货源充足，进货容易，并且能固定进货日期；库存储量和资金条件不受限制。

经济订购批量的计算公式为

$$Q=\sqrt{\frac{2CK}{PH}}$$

式中：Q——经济订购批量；

K——年订物资需要量；

C——每次订货成本；

P——单位物资的价格；

H——单位物资年存储费率。

【例 5-1】 某企业全年需购进某商品 1000 件，现已知某商品的价格为 20 元，每次订货成本 5 元，每件商品年存储费率为 20%，求该企业的经济订购批量。

解：

$$Q=\sqrt{\frac{2CK}{PH}}=\sqrt{\frac{2\times5\times1000}{20\times0.2}}=50(\text{件})$$

即该企业的经济订购批量为 50 件。

(4) 确定采购时间。企业为了使库存量保持在保证供应的水平上，就必须选择适当的采购时间。采购时间的确定涉及很多方面，如供应量的大小、物资种类的复杂程度、供货单位的距离、物资的运输方式、运输工具的载重量、货源供求状况以及企业储存条件等，一般可用订货点法来确定采购时间。

订货点法就是当库存下降到订货点的时候就进行订货的一种方法。从订货点开始采购到可以供应，一般需要一定的间隔时间（即订货提前期），不可能随进随供，而存货通过逐日供应在下降。如果存量下降到订货点不开始订货，就要冒停产待料的风险。如果存量尚未下降到订货点，提前采购，就要冒积压的风险。因此，当存货量下降到订货点时，就必须发出订单，以保持应有的存货量。订货点是开始采购的最适当时间。

订货点的计算方法按供货和进货时间情况的不同有以下两种。

一种是在供货和进货时间比较稳定的情况下，订货点的计算公式如下：

订货点＝平均供货量×订货提前期

另一种是在供货和进货期时间有变化的情况下，订货点的计算公式如下：

订货点＝（平均供货量×最大订货提前期时间）＋安全存量

在上述公式中，之所以要加上安全存量，是由于生产需要不是完全静止不变的，同时交货也有延期的可能。如果不考虑这些影响存量的不确定因素，那么，计算出来的订货点就往往脱离实际，显得过小。

2. 供应存货与库存控制

存货就是存储的货物，一般是指库存的原材料、燃料，以及备用品、备件与工具，库存的在制品、半成品，库存的成品等。

（1）存货与库存控制的目的。存货与库存控制的根本目的是通过适量的库存，用最低的存货成本，实现对企业生产经营活动的供应，即经济合理的供应。现代库存控制是提高企业经济效益的重要手段。

（2）库存的种类。按照库存的目的，企业的存货可分为以下三种。

①周转库存：指用于经常周转的货物储备，即在前后两批货物正常到达期间，提供生产经营需要的储备。

②保险库存：指为防止或较少因订购期间物资需求增加和到货期延后所引起的缺货而设置的储备。保险库存是一项以备不时之需的库存，在正常情况下一般不动用。

③季节性库存：指企业为减少原材料季节性生产和季节性消费的影响而储存的原材料或产成品。

3. 库存成本

库存成本是物流总成本的一个重要组成部分。物流成本的高低取决于库存管理成本的大小，而且企业物流系统所保持的库存水平对于企业提供的客户服务水平起着重要的作用。库存成本主要包括以下四种。

（1）订购成本：为订购货物所发生的成本。它包括订购手续费、催货跟踪费、收货费以及有关人员的工资等。订货成本中有一部分与订货次数无关。

（2）购入成本：为了在预定地点获得货物的所有权而发生的成本，即货物本身的成本。它包括货物的购价，运输、装卸费及装卸过程中的损耗等。购入成本的大小与所购货物的品种和规格、供应地点和运输方式、运输路线等有很大的关系。

（3）存储成本：为储存货物而发生的成本，即货物从入库到出库的整个期间内所发生的成本。它包括存货占用资金应计的利息、存货保险费、仓库保险费和存货损耗费。

（4）缺货成本：库存供应中断而造成的损失。它包括原材料供应中断造成的停工损失、产成品库存缺货造成的延迟发货损失和丧失销售机会的损失，甚至失去客户造成企业间接或长期成本的损失。缺货成本的高低与储备量大小有关：储备量大，则缺货数量和次数相对减少，缺货成本低，但存储成本必然增加；反之，储备量小，则缺货成本可能就高，而存储成本必然降低。

三、企业销售物流

（一）销售物流的目标与环节

企业销售物流是企业为保证本身的经营效益，不断伴随销售活动，将商品所有权转给用户的物流活动。

1. 销售物流的目标

一般来说，销售物流的目标应该是以最低的成本和最佳的服务将商品在适当的时间送达适当的地点。事实上，销售物流的成本与服务很难获得最佳的效果。其原因：一方面，为了提供最好服务，需要较多的库存量，最快的运输，多设网点，结果必然大量增加物流成本；另一方面，为了降低成本，势必要采取缓慢而价廉的运输，降低存货量，减少仓库及网点。因此，真正的销售物流效率是在成本与服务上取得合理的平衡，即对销售物流的各要素进行平衡，取得合理成本下的时空效用。

考虑销售物流目标时，应该注意到企业的成本和消费者希望的服务方式。此外，还应考虑竞争对手所采取的方式，将竞争对手的服务水准作为制定本企业服务水准时的参考。

2. 销售物流的主要环节

企业在商品制造完成后，需要及时组织销售物流，使商品能够及时、准确、完好地送达客户指定的地点。为了保证销售物流的顺利完成，企业需要在包装、储存、订单处理和配送运输等方面做好工作。

（1）包装。包装是企业销售物流系统的起点。商品包装在销售物流过程中主要起到保护商品、方便储运、促进销售的作用。因此，在包装材料、包装形式上，既要考虑储存、运输等环节的方便，又要考虑材料及工艺的成本费用。

（2）储存。储存是包含库存和储备在内的一种综合的经济活动。保持合理库存水平，及时满足客户需求，是产成品储存最重要的内容。客户对企业产成品的可得性非常敏感，缺货不仅使客户需求得不到满足，而且还会提高企业进行销售服务的物流成本。所以，产成品的可得性是衡量企业销售物流系统服务水平的一个重要参数。

（3）订单处理。为使库存保持最低水平，客户会在考虑批量折扣、订货费用和存货成本的基础上，合理地频繁订货。企业为客户提供的订货方式越方便、越经济，越能吸引客户。随着计算机和现代化通信设备的广泛应用，电脑订货方式被广泛采纳，企业跟踪订货状态的能力也大大提高，使得客户与供应商的联系更加密切。

（4）配送运输。不论销售渠道如何，也不论是消费者直接取货，还是生产者或供应者直接发货给客户，企业的产成品都要通过运输才能到达客户指定的地点。而运输方式的确定需要参考产成品的批量、运送距离、地理条件等。对于由生产者或供应者送货的情况，应考虑发货批量大小的问题，它将直接影响到物流成本费用。配送是一种较先进的形式，在保证客户需要的前提下，不仅可以提高运输设备的利用率，降低运输成本，还可以缓解交通拥堵，减少车辆废气对环境的污染。

（二）企业销售物流管理

1. 销售物流服务决策

随着市场竞争日益加剧，传统制造领域的技术和商品的特征优势日渐缩小。人们越来越认识到销售物流服务已经成为现代企业销售系统，甚至整个企业成功运作的关键，是增强现代企业商品的差异性、提高商品及服务竞争优势的重要因素。

（1）销售物流服务的要素。销售服务有四个要素，即时间、可靠性、通信和方便性。这些要素对卖方成本和买方成本都有影响。

①时间通常是指订货周期，订货周期是指从客户确定对某种商品有需求到需求被满足之间的时间间隔。时间要素主要受订单传送、订单处理、订货准备及订货装运的影响。企业只有有效地管理与控制这些活动，才能保证订货周期的合理性和可靠性的一致，才能提高企业的客户服务水平。

②可靠性是指根据客户订单的要求，按照预定的提前期安全地将订货送达客户指定地方。可靠性包括提前期的可靠性、安全交货的可靠性以及正确供货的可靠性。对客户来说，在许多情况下可靠性比提前期更重要。

③与客户通信是监控客户服务可靠性的关键手段。没有与客户的联系，企业就不能提供有效及经济的服务。然而，通信必须是双向的，卖方必须能把关键的服务信息传递给客户。另外，客户也需要了解装运状态的信息，询问有关装运时间、运输路线等情况。

④方便性是指服务的灵活程度。为了更好地满足客户需求，企业必须确认客户的不同需求，根据客户规模、市场区域、购买的商品及其他因素将客户需求细分，为不同客户提供适宜的服务水平，这样可以使企业针对不同客户以最经济的方式满足其需求。

（2）销售物流客户服务水平决策。利润最大化是确定客户服务水平的决定性因素，即首先确定不同水平的客户服务对销售收入的影响，然后计算给定客户服务水平下的销售物流成本，最后从销售收入中减去成本，盈余最大的就是最优的客户服务水平。确定最优服务水平，先确定客户服务水平与销售收入之间的关系，以及客户服务水平与销售物流成本之间的关系。

销售收入随客户的服务水平的提高而增加，但速率递减，这意味着客户服务的边际改善会导致销售的增加，但这种增加并不与服务的改善成比例。支持给定水平客户服务所需的总的销售物流成本将随客户服务水平的提高而加速成长。

为了确定适当的客户服务水平，有必要考察收入曲线与成本曲线之间的差额，然后计算各个客户服务水平下的利润。

2. 企业销售运输决策

商品由生产地向消费地的流转是靠运输实现的，运输成本是销售物流成本中最主要的项目。运输决策的科学化对企业信誉、经济效益都有直接影响。

（1）合理运输的影响因素。运输决策的目标是进行合理运输，即在一定条件下，以尽可能快的速度，尽可能小的成本，尽可能充分地利用运输工具的容积和载重来组织运输。合理运输的影响因素有很多，起决定性作用的有运输距离、运输环节、运输工具、运输时间和运输费用五个方面的因素。

在运输中，运输时间、运输货损、运费、车辆或船舶的周转等运输技术经济指标都与运距有一定的比例关系。运距长短是运输是否合理的最基本因素，缩短运输距离对宏观、微观都会带来好处。

每增加一次运输，不但会增加起运的运费和总运费，而且必然增加运输的附属活动，如装卸、包装等，各项技术经济指标也会因此而下降。所以，减少运输环节，尤其是同类运输工具的环节，对合理运输有促进作用。

各种运输工具都有其使用的优势领域，对运输工具进行优化选择，按运输工具的特点进行装卸运输作业，发挥所用运输工具的最大作用，是运输合理化的重要一环。

运输是物流过程中需要花费较多时间的环节，尤其是远程运输。在全部物流时间中，运输时间占绝大部分，所以运输时间的缩短对整个流通时间的缩短有着决定性作用。

运费在全部物流费用中占很大比例，运费的高低在很大程度上决定整个物流系统的竞争能力，所以运输费用的降低是运输合理化的一个重要目标。

(2) 合理选择运输方式。合理地组织运输，重点在于克服不合理的运输现象，使货物运输达到及时、准确、经济、安全的要求。实践证明，按经济区域组织商品流通，开展商品直达直线运输、“四就直拨”、合装整车运输（厂直拨，就车站、码头直拨，就库直拨，就车、船运载直拨等）运输是减少中转运输环节的有效办法。

直达运输是指在组织货物运输过程中，越过流通仓库或铁路、交通中转环节，把货物从产地或起运地直接运到销地或用户处。直线运输是指商品由产地运往销地的过程中，不受行政区域限制，而按经济区域的合理流向，走最近的路线，避免倒流、迂回等不合理运输现象。在实际工作中，减少环节与选择最佳路线往往是相结合的，所以通常称直达直线运输。直达直线运输适用品种单一、运量较大的商品，以及鲜活易腐烂的商品的运输。

“四就直拨”运输是商品不经过中间环节，直接从工厂仓库、车站、码头的货场发往消费地。“四就直拨”可减少仓库中转环节，避免市内大量重复运输，降低商品在转运中的损耗与损失。“四就直拨”运输一般适用于品种、规格比较简单、挑选性不强的大宗商品，如粮食、煤炭、石油、纸张、肥皂和香烟等。

合装整车运输也称为“零担拼整车中转分运”，它主要适用于杂货运输。合装整车运输是在组织铁路货运时，由同一发货人将不同品种发往同一到站、同一收货人的零担托运货物，组配在一个车皮内，以整车运输的方式托运到目的地；或把同一方向不同到站的零担货物集中组配在一个车皮内运到一个适当车站，然后再中转分运。在组织合装整车运输中要注意商品的性能和特点，防止不适当的混装，商品性质互有影响的商品不能混装在一个车皮内。

(3) 合理选择运输工具。运输工具品种繁多，常用的有飞机、火车、轮船、汽车和管道等现代化的运输工具。每种工具各有特点，在商品运输中要相互配合、相互补充，最合理、最有效地使用各种工具。

四、企业回收和废弃物物流

随着社会化大生产的高度发展，无论是生产领域还是消费领域，每时每刻都在产生大量的废旧物资，如何更好地回收、利用废旧物资是摆在企业面前必须解决的重要问题。

（一）回收和废弃物物流的含义

1. 废旧物资和回收物流

工业生产企业的废旧物资主要指报废的成品、半成品，加工产生的边角余料，冶炼过程中出现的钢渣、炉底，更新报废的机械设备、工具和各种包装废弃物等。

在自然界中，任何一种物资质料都有它的特定属性和用途，“废弃物”一词具有相对的内涵。“废弃物”只是在一定时期、一定的范围内，资料的形态或用途发生了变化，而它本身可以被利用的属性并没有完全消失，只要被人们发现和利用后，它就可以变成有用的资源。所以，回收物流是指废旧物资通过一定的手段回收、加工，重新投入使用所要经过的一系列的流动过程。

2. 废弃物和废弃物物流

企业的废弃物是指企业在生产过程中不断产生的基本上或完全失去使用价值，无法再重新利用的最终排放物。这类物质的流向形成了废弃物物流。

（二）回收和废弃物物流的处理

1. 回收物流的处理

回收物流的处理是将其中有再利用价值的部分加以分拣、加工分解、净化，使其成为有用的物资，重新进入生产和消费领域，或转化为能量而重新投入生产和生活循环系统。

2. 废弃物物流的处理

废弃物物流的处理是对已丧失利用价值的废弃物，从环境保护的目的出发将其焚烧，或送到指定地点堆放掩埋。对含有放射性的物质或有毒物质的工业废物，还要采取特殊的处理方法。

第三节 现代企业物流技术与设备

一、现代企业物流技术

物流技术是指物流活动中所采用的现代科学技术的理论、方法，以及设备、设施、装置与工艺的总称。物流技术包括硬技术和软技术两个方面。物流硬技术是指组织物资实体流动所涉及的各种机械设备、运输工具、站场设施及服务于物流的电子计算机、通信网络设备等方面的技术。物流软技术是指组成高效率的物流系统而使用的系统工程技术、价值工程技术、配送技术等。

物流技术与物流活动全过程紧密相关，物流各环节技术水平的高低直接关系到物流各项功能的实现及实现的质量。

（一）零库存技术

零库存技术是指在生产和流通领域按照准时制组织物资供应，使整个过程库存最小化的技术的总称。

（二）条形码自动识别技术

条形码是利用光扫描阅读设备来实现数据输入计算机的一种代码。条形码自动识别技术是以计算机技术、光电技术和通信技术的发展为基础的一项综合性科学技术，是信息数据自动识别、输入的重要方法和手段。它的成本低，适于大量需求且数据不必更改的场所。

（三）射频识别技术

射频识别（RFID）技术，是 20 世纪 80 年代起逐渐成熟的一项自动识别技术，它利用射频方式进行非接触双向通信，以达到识别目的并交换数据。其主要设备包括射频卡和读写器。

（四）电子数据交换

电子数据交换（EDI），是指按照统一规定的一套通用标准格式，将标准的经济信息，通过通信网络传输，在贸易伙伴的电子计算机系统之间进行数据交换和自动处理。由于使用电子数据交换能有效减少贸易过程中的纸面单证，因而电子数据交换俗称“无纸交易”。

（五）全球定位系统

全球定位系统（GPS），是一种以空中卫星为基础的高精度无线电导航定位系统，它主要用于船舶和飞机的导航、对地面目标的精确定时和精密定位、对地面及空中交通管制、对空间与地面灾害监测等。全球定位系统以其全球性、实时性、全天候、连续、快速、高精度的特点，在物流领域得到广泛应用。全球定位系统在物流供应链管理中主要用于汽车自动定位、跟踪调度、陆地救援，用于内河、远洋船队最佳航程、安全航线的测定，以及航向的实时调度、监测及水上救援。

（六）地理信息系统

地理信息系统（GIS），是20世纪60年代开始迅速发展起来的地理学研究新成果，是多种学科交叉的产物。它以地理空间数据为基础，采用地理模型分析方法，适时地提供多种空间的动态的地理信息的计算机技术系统。地理信息系统的基本功能是将表格型数据转化为地理图形显示，然后对显示结果浏览、操作和分析。地理信息系统在物流领域的应用主要是利用它的强大的地理数据功能来完善物流分析技术。完整的地理信息系统分析软件集成了车辆路线模型、最短路径模型、网络物流模型、分配集合模型和设施定位模型等。

二、现代企业物流设备

物流设备是指进行各项物流活动所需的机械设备、器具等可供长期使用，并在使用中基本保持原有实物形态的物资。物流设备是物流的物质技术基础，是现代化企业的主要作业工具，是合理组织批量生产和机械化作业的基础。不同的物流系统有不同的物流设备与之相匹配，用于完成不同的物流作业。

物流设备门类多、型号规格多、品种复杂。一般以设备所完成的物流作业为标准，将设备分为物流包装设备、物流仓储设备、集装单元器具、装卸搬运设备、流通加工设备和物流运输设备。

（一）物流包装设备

物流包装设备是完成全部或部分包装过程的机器设备，使产品包装实现机械化、自动化。物流包装设备主要有填充设备、罐装设备、封口设备、裹包设备、贴标设备、清洗设备、干燥设备和杀菌设备。

（二）物流仓储设备

物流仓储设备主要有货架、堆垛机、室内搬运车、出入库输送设备、分拣设备、提升机、搬运机器人以及计算机管理和监控系统。这些设备组成自动化、半自动化、机械化的商业仓库，用于堆放、存取和分拣承运物资。

（三）集装单元器具

集装单元器具主要有集装箱、托盘、周转箱及其他集装单元器具。货物经过集装器具的集装或组合包装后，具有较高的灵活性，随时处于准备运行的状态，有利于实现储存、装卸搬运、运输和包装的一体化，达到物流作业的机械化和标准化。

（四）装卸搬运设备

装卸搬运设备是用来搬移、升降、装卸和短距离输送物料的设备，是物流机械设备的重要组成部分。装卸搬运设备从用途和结构特征来看，主要有起重设备、连续运输设备、装卸搬运车辆、专用装卸搬运设备等。

（五）流通加工设备

流通加工设备主要有金属加工设备、搅拌混合设备、木材加工设备及其他流通加工设备。

（六）物流运输设备

物流运输设备必须具有高速化、智能化、通用化、大型化和安全可靠的特性，以提高运输的作业效率，降低运输成本，并使运输设备达到最优化利用。运输设备根据运输方式主要有公路运输设备、铁路运输设备、水路运输设备、航空运输设备和管道运输设备。

三、现代企业物流运输设备

（一）公路运输设备

公路运输设备主要有各类运输车辆、信号设备、场站设备等。公路上所使用的运输车辆主要是汽车。汽车主要分为客车、载货汽车和专用运输车辆。在物流运输中，物流企业用到的主要是专用运输车辆和载货汽车。

1. 专用运输车辆

专用运输车辆主要有以下九种。

（1）自卸式货车。自卸式货车动力大，通过能力强，可以自动后翻或侧翻，物品可以凭借本身的重力自行卸下，一般用于矿山和建筑工地的运输。

（2）散粮车。散粮车的专用性很强，供承运粮食使用。

（3）厢式车。由于厢式车结构简单，运力利用率高，适用性强，是物流领域应用前景最广泛的货车。厢式车的主要特点是车厢是全封闭的，车门便于装卸作业，能够实现“门到门”运输。封闭式的车厢不仅可以使货物免受风吹日晒和雨淋，还可以防止货物的散失，减少货损，提高运输质量。小型厢式车通常兼有滑动侧门和后开车门，便于装卸物品，而且小巧灵便，能够穿越大街小巷，把物品直接送达收货人。小型厢式车适用于运送距离较短、批量较小、对作业时间要求高的物品。在运送各种家用电器、纺织品等轻工业产品时，小型厢式车是物流公司的理想选择。

厢式货车的载货容积大，货厢密封性好。随着车厢自重的降低，厢式车在货运市场上的地位日益提高。

（4）敞车。因为顶部敞开，敞车可以装载高低不等的货物。

（5）平板车。平板车主要用于运输钢材和集装箱等货物。

（6）罐式货车。罐式货车具有密封性强的特点，适用于运输液体类物品（如石油）及易挥发、易燃等危险品。

（7）冷藏车。冷藏车主要用于运送需对温度进行控制的需要冷藏保鲜的易腐易变质物品和鲜活物品。

（8）栏板式货车。栏板式货车的特点是整车重心低，载重量适中，主要用于装载百货和杂品。

（9）集装箱牵引车和挂车。集装箱牵引车专用于拖带集装箱挂车或半挂车，两者结合组成车组，是长距离运输集装箱的专用机械，主要用于港口码头、铁路货场与集装箱堆场之间的运输。集装箱挂车按拖挂方式分为半挂车和全挂车两种，其中半挂车最为常用。

2. 载货汽车

载货汽车按载货量可分为重型、轻型载货汽车，按汽车的大小分为大型、中型、微型载货汽车。进行室内的集货、配货可以用微型和轻型货车，长距离的干线运输可以用重型货车，短距离的室外运输可以用中型货车。

（二）铁路运输设备

铁路运输设备主要有铁路车辆和钢轨。物流企业主要是就车辆进行选择。铁路车辆是运送客货的工具，在运行中需要连挂成列车由机车牵引前进。车辆按照运送对象分为客车和货车。货车的种类很多，如有篷车、敞车、平车、罐车、保温车等。当运输怕湿及贵重物品时，物流企业可以选择篷车。当货物是不怕湿的散装货或一般机械设备时，可以使用敞车。平车一般用于装运长且大的货物及集装箱。同货运汽车一样，罐车主要适用于装运液体、半液体和粉状物品。保温车主要是用来装运新鲜易腐货物和对温度有特殊要求的某些医药品。

（三）水路运输设备

水路运输设备以船舶为主，运输船舶的种类繁多，按照其用途和适用货物一般分为干货船和油槽船两大类。

1. 干货船

干货船根据所装货物及船舶结构、设备可分为以下七种。

（1）杂货船：也称为杂件货船，一般是班轮运输形式，定期航行于货运繁忙的航线，以装载各种包装或裸装的零星杂件货为主。这种船航行速度较快，船舶构造中有多层甲板把船舱分隔成多层货柜，舱口备有吊杆或起重机，以适应装载不同货物的需要。杂货船航速通常为16～20节，最高可达33节。

（2）干散货船：专门运输粉末状、颗粒状或块状等无包装大宗散货的船舶。按照所装货物的种类又可分为粮谷船、煤船和矿砂船。这种船大都为单甲板，舱内不设支柱，但设有隔板，用以防止在风浪中运行的舱内货物错位。

（3）冷藏船：专门用于装载冷冻易腐物品的船舶。船上设有冷藏系统，能调节多种温度以适应各舱货物对不同温度的需要。

（4）木材船：专门用以装载木材或原木的船舶。这种船舱口大，舱内无梁柱及其他妨碍装卸的设备。船舱及甲板上均可装载木材。为防甲板上的木材被海浪冲出舷外，在船舷两侧一般设置不低于1米的舷墙。

（5）集装箱船：可分为部分集装箱船、全集装箱船和可变换集装箱船三种。

部分集装箱船仅以船的中央部位作为集装箱的专用舱位，其他舱位仍装普通杂货。全集装箱船是指专门用以装运集装箱的船舶。它与一般杂货船不同，其货舱内有格栅式货架，装有垂直导轨，便于集装箱沿导轨放下，四角有格栅制约，可防倾倒。集装箱船的舱内可堆放 3～9 层集装箱，甲板上还可堆放 3～4 层。可变换集装箱船货舱内装载集装箱的结构为可拆装式的，它既可装运集装箱，必要时也可装运普通杂货。集装箱船航速较快，大多数船舶本身没有起吊设备，需要依靠码头上的起吊设备进行装卸。这种集装箱船也称为吊上吊下船。

(6) 滚装船：又称为滚上滚下船，主要用来运送汽车和集装箱。这种船本身无须装卸设备，一般在船侧或船的首尾有开口斜坡连接码头，装卸货物时，或者是汽车，或者是集装箱（装在拖车上的）直接开进或开出船舱。这种船的优点是不依赖码头上的装卸设备，装卸速度快，可加速船舶周转。

(7) 载驳船：又称为子母船，是指在大船上搭载驳船，在驳船内装载货物的船舶。载驳船的运送方法是先将各种货物装在规格统一的驳船里，再将驳船装到载驳船上，到达海河直运，不受水深限制，从而减少装卸作业量，加速货物的周转。载驳船的主要优点是不受港口水深限制，不需要占用码头泊位，装卸货物均在锚地进行，装卸效率高，特别适合河海联运。

2. 油槽船

油槽船是主要用来装运液体货物的船舶。油槽船根据所装货物种类又可分为以下两种。

(1) 油轮：主要装运石油类货物。它的特点是机舱都设在船尾，船壳被分隔成数个储油舱，有油管贯通各油舱。油舱大多采用纵向式结构，并设有纵向舱壁，在未装满货时也能保持船舶的平稳性。为取得较大的经济效益，第二次世界大战以后油轮的载重吨位不断地增加，目前世界上最大的油轮载重吨位达到 80 多万吨。世界油轮吨位已达到商船总吨位的 30%。油轮是载重能力最强的船舶。油轮载重量普遍在万吨以上，大型油轮在 20 万～30 万吨，超大型油轮可达 50 万吨以上，航速在 15～17 节/小时。

(2) 液化天然气船：专门用来装运经过液化的天然气。液化气船通常有液化天然气（LNG）船和液化石油气（LPG）船。液化气船大小用货舱容积表示，一般为 6 万～13 万米^3。

(四) 航空运输设备

航空运输设备主要包括航空港和航空器。

1. 航空港

航空港即航空站或机场，是航空运输的经停点，供飞机起飞、降落和停放等。

2. 航空器

对物流企业来说，航空器主要是指民用飞机中的货机或货客两用机。货机运量大，但经营成本高，只限于某些货源充足的航线使用，所以其运输成本也很高。目前，客货两用机发展很快，因为可以同时运送旅客和货物，并根据运输需要适时调整运输安排，灵活性高。

(五) 管道运输设备

物流企业在进行管道运输时主要是对不同输送管道进行选择。运输管道按输送物品分为原油管道（运送原油）、成品油管道（输送煤油、汽油、柴油、航空煤油、燃料油和液化石油气）、天然气管道（输送天然气和油田伴生气）和固体料浆管道（如输送煤炭料浆）。

政园地

党的二十大报告明确提出，要加快构建新发展格局，着力推动高质量发展。高质量发展是全面建设社会主义现代化国家的首要任务。发展是党执政兴国的第一要务。没有坚实的物质技术基础，就不可能全面建成社会主义现代化强国。必须完整、准确、全面贯彻新发展理念，坚持社会主义市场经济改革方向，坚持高水平对外开放，加快构建以国内大循环为主体、国内国际双循环相互促进的新发展格局。我们要坚持以推动高质量发展为主题，把实施扩大内需战略同深化供给侧结构性改革有机结合起来，增强国内大循环内生动力和可靠性，提升国际循环质量和水平，加快建设现代化经济体系，着力提高全要素生产率，着力提升产业链供应链韧性和安全水平，着力推进城乡融合和区域协调发展，推动经济实现质的有效提升和量的合理增长。

课后阅读

供应链管理的发展趋势

供应链管理理论家和实践者总在不断地探索着适应时势变迁的供应链管理模式。现代企业经营者或者供应链管理从业人员，要学会在前人总结的经典供应链管理模式中搜寻到适宜自身管理优化和发展的可资借鉴的方案，以便在竞争白热化的当今市场环境中立于不败之地。

一、虚拟企业化供应链

为了提升供应链各企业的协作紧密度，整合供应链分散资源，将供应链视作一个企业，供应链中的各企业则被虚拟为担负不同职能的一个个部门，大家由一个共同的发展目标牵引，分享商业机遇和资源，分担风险与成本，集成所有个体的不同优势，追求供应链整体效益的提高，从而实现每个“部门”的个体价值。

然而，在实践中仅一个独立企业的内部流程都已非常复杂，管理和调控难度不小，当把供应链网络里面的各层级如此多数量供应商统筹在一起，纳入统一的运作流程机制中来，这种统一调度的难度系数必定也会相应地呈爆发式增加。如果供应链中包含跨国或跨地区成员，他们有着不同的经济文化背景，或者如果供应链中有来自跨行业的成员，适宜他们的产销流程大相径庭，又或者如果供应链中可能存在着的强权现象致使各供应链成员的地位不对等，那么成员的凝聚力就不强。这些问题都在对虚拟企业化供应链的成效产生着消极影响，只有尽量清除或转化了类似于这些问题的所有阻碍，虚拟企业化供应链模式才可能取得成功。

二、全球化供应链

全球化供应链是指在全球范围内组合供应链，它要求以全球化的视野将供应链系统延伸至整个世界范围，根据企业的需要在世界各地选取最有竞争力的合作伙伴。全球化供应链管理强调在全面、迅速地了解世界各地消费者需求的同时，对其进行计划、协调、操作、控制和优化，在供应链中的核心企业与其供应商以及供应商的供应商、核心企业与其销售商乃至最终消费者之间，依靠现代网络信息技术支撑，实现供应链的一体化和快速反应，达到商流、物流、资金流和信息流的协调通畅，以满足全球消费者需求。全球化供应链是实现一系列分散在全球各地的相互关联的商业活动，包括采购原料和零件、处理并得到最终产品、产品增值、对零售商和消费者的配送、在各个商业主体之间交换信息，其主要目的是降低成本扩大收益。

三、绿色供应链管理

绿色供应链管理又称为环境意识供应链管理，它考虑了供应链中各个环节的环境问题，注重对于环境的保护，促进经济与环境的协调发展。关于绿色供应链管理的确切定义目前理论界还没有统一的表述，但总的观点是指在供应链管理的基础上增加环境保护意识，把“无废无污”和“无任何不良成分”及“无任何副作用”贯穿整个供应链中，这就是绿色供应链管理。

四、供应链金融

供应链金融是指银行将核心企业和上下游企业联系在一起提供灵活运用的金融产品和服务的一种融资模式，即把资金作为供应链的一个溶剂，增加其流动性。一般来说，一个特定商品的供应链从原材料采购，到制成中间产品及最终产品，最后由销售网络把产品送到消费者手中，将供应商、制造商、分销商、零售商，直到最终用户连成一个整体。在这个供应链中，竞争力较强、规模较大的核心企业因其强势地位，往往在交货、价格、账期等贸易条件方面对上下游配套企业要求苛刻，从而给这些企业造成了巨大的压力。而上下游配套企业恰恰大多是中小企业，难以从银行融资，结果最后造成资金链十分紧张，整个供应链出现失衡。

五、电子商务下的供应链管理

电子供应链是围绕核心企业，以互联网为平台，以电子商务为手段，通过对物流、资金流与信息流的整合和控制，从采购原材料开始，制成中间产品以及最终产品，最后由销售网络把产品送到消费者手中，将供应商、生产商、分销商、零售商，直到最终客户连成一个整体的网链结构和模式，提高供应链的效率和竞争力，使整个供应链达到成本最小化，利润最大化。

思考与练习

1. 什么是物流？物流的功能要素和特点是什么？物流活动有哪些特点？
2. 现代企业物流管理的目标是什么？现代物流管理有什么作用？
3. 企业物流有哪些特征？供应物流的基本业务活动有哪些？
4. 销售物流包括哪些环节？简述销售物流服务的要素。
5. 简述现代企业物流运输设备的类型和功能。

案例分析

戴尔公司的库存管理

近年来，在全球电脑市场不景气的大环境下，戴尔公司却始终保持着较高的收益，并且不断增加市场份额。我们习惯于给成功者贴上“标签式”的成功秘籍，正如谈及沃尔玛成就商业王国时，“天天低价”被我们挂在嘴边；论及戴尔的成功之道，几乎是众口一词地归结为“直销模式”。戴尔成功的诀窍在哪里？该公司分管物流配送的副总裁迪克·亨特一语道破天机：“我们只保存可供5天生产的存货，而我们的竞争对手则保存30天、45天，甚至90天的存货。这就是区别。”由于材料成本每周就会有1%的贬值，因此库存天数对产品的成本影响很大，仅低库存一项就使戴尔的产品比许多竞争对手拥有了8%左右的价格优势。亨特无疑是物流配送时代浪尖上的弄潮者。亨特在分析戴尔成功的时候说：“戴尔总支出的74%用在材料配件购买方面，2000年这方面的总开支高达210亿美元，如果我们能在物流配送方面降低0.1%，就等于我们的生产效率提高了10%。物流配送对企业的影响之大由此可见一斑。”而高效率的物流配送使戴尔的过期零部件比例保持在材料开支总额的0.05%～0.1%，2000年戴尔全年在这方面的损失为2100万美元。而这一比例在戴尔的对手企业都高达2%～3%，在其他部门更是高达4%～5%。

问题：

1. 结合案例分析库存的利与弊。
2. 结合案例分析提高企业库存周转率的作用。

第六章
人力资源管理

本章导读

人力资源管理是对企业人力资源的有效开发、合理利用和科学管理，以更好地实现企业的工作目标。本章介绍企业人力资源管理的特点与职能，介绍人力资源管理的基本原则，分析员工招聘、教育培训、绩效考核和劳动保护等人力资源管理过程的特征，研究企业的人力资源政策、组织设计和工作设计等人力资源管理方法。

引入案例

最优秀的草

有一家大型工厂的老板，种田人出身。厂区里有块空地，因为觉得空着可惜，他闲暇时在上面种些花草。他从天南地北引来不同种类的草，亲自耕耘，就像他当年种庄稼那样。

第一年，他的辛勤劳动换来了这样的景象：一丛丛一蓬蓬不同品种的草长起来了，杂乱无章，一片狼藉。以后每逢节日或闲暇之时，老板便召集员工，到草地整沟挖墒、施肥浇水，大伙一同将那些长势不旺、病恹恹乱蓬蓬的草除掉，留下那些生命力特别旺盛、出类拔萃的草，在草地繁衍生息。

第三年的早春，当田野里的野草刚刚绽芽，老板的草地已是芳草青绿，春意盎然。大家这才明白，老板留下的是最优秀的草。

就在这一年的春天，一个考察团到他的企业来考察。老板闭口不谈企业管理经营，却把考察团引到他的草地上，大谈种草经验，弄得人家丈二和尚摸不着头脑。老板说，我在这块空地上引进了不同种类的草，让草自由生长，不管它是名贵的还是普通的，谁在咱的地盘上长得最好就留下，不好的则淘汰。我不光自己种，还让员工来种。结果，大家通过种草都明白了一个道理……老板说到这儿卖起了关子，不说了。考察团的团长接过话茬说："明白了，这个理是——发现、留住并养好最优秀的草，这和选人、留人、育人并用好人才是一个道理啊！"

人力资源是当今社会最有价值的资源，做好人力资源管理，吸引和留住优秀人才是企业管理中一项至关重要的工作。聪明的领导应该学会发现人才的优点，使得人尽其才，尽量避免人才浪费。审慎选择适当人选是非常重要的，而这必须靠平日不断地观察，留意每个人的发展动态。在检视的过程中，不仅要发掘能干的部属，还要剔除办事不力的员工。下面介绍管理中最灵活的一个要素——人的管理。人是组织中最重要的资源之一，没有有效的人力资源管理，一切管理都无从谈起。

第一节 人力资源管理的特点与职能

一、人力资源管理的特点

（一）企业人力资源管理的重要性

在构成企业的诸要素中，人是最重要的、最活跃的要素。企业的任何一项活动都必须由人来进行，由人来完成。企业中"人"这一要素的状况、素质与行为，从根本上讲，决定着企业的经营成败，决定着企业的生死存亡。市场上不同企业之间的竞争实际上就是人的竞争。一般来说，当代市场竞争中各个企业的物资、技术设备条件总是相差无几的。竞争企业之间绩效的差别主要是不同企业之间人员素质的差别造成的。即使是同一家企业，在物资、技术设备条件不变的情况下，人员素质的变化也会引起企业经营状况的变化。

在企业经营管理中，人们通常重视的是生产管理和销售管理。从传统观念出发，企业通常总是将主要的精力用于生产管理，力图以最充足的资金、最强的技术设备、最低的成本、最大的数量来生产最好的产品。这就是企业经营管理中的“生产观念”。现代企业经营管理已趋向于由“生产观念”向“销售观念”或“市场观念”转化，也就是人们常提到的企业管理观念中的“生产中心论”和“销售中心论”。受这种观念的影响，人们常常是就生产谈生产，或者是就销售谈销售，往往忽略了生产问题或销售问题后面所隐藏的人的因素，忽视了人力资源管理带来的巨大潜力。在企业的高级管理层中，引人注目的通常是生产经理与销售经理，人力资源经理常常被置于次要的位置。

无论是以生产为中心，还是以销售为中心，企业的成功与否都取决于企业中的“人”。企业要成功地进行生产经营活动，首先招聘员工，以保证生产经营中对劳动力的需要；在分工和协作的基础上把劳动力合理地组织起来，以协调生产经营活动。随着科学技术的发展，需要不断地对劳动者进行培训，使其具备一定的科学技术知识与技能，以适应生产经营活动的需要；制定集体劳动中需要劳动者共同遵守的劳动纪律，以保证生产经营活动的顺利进行；对劳动者进行督促与激励，维持劳动者的士气和对企业的向心力，以提高生产经营活动的效率；合理地确定劳动者的报酬，改善劳动条件和劳动保护，实现劳动力再生产的良性循环；等等。这些工作就是人力资源管理的基本内容。

如果人力资源管理工作做得不好，就不能充分发挥“人”的因素的积极作用，整个企业的效率必然会受到不利的影响，从而导致企业在竞争中失利。如果企业充分重视人力资源管理工作，正确地激励员工，使员工能够充分发挥自己的积极性与潜能，就能给企业资源的利用带来倍增效应，甚至可以将不利因素转化为有利因素，使企业在市场竞争中立于不败之地。因此，现代企业必须在重视生产管理和销售管理的同时，充分重视人力资源管理工作的重要作用。

相关链接

微软公司的人力资源管理

“现代企业的竞争是人才的竞争”，“人”是财富的焦点。因为企业的“财富”归根结底源于人力资源，人才才是企业最宝贵的智力资本。微软公司总裁比尔·盖茨说，在我的公司里，我更愿意雇用有潜质的人，而不是那些有经验的人，因为从长远来看，潜质更有价值。如果雇员以加薪或提升作为条件威胁要辞职，那么即使会造成短期的麻烦局面，我也会让他们走，因为不受眼前因素左右的雇用政策将有利于公司长远的发展。比尔·盖茨经常讲，他的主要工作就是迅速发掘和雇用最优秀的人才。当年为帮助IBM公司开发个人计算机操作系统，盖茨购买了西雅图另一家公司的早期成果，雇用了该公司顶尖的工程师蒂姆·帕特森，在此基础上推出了MS—DOS操作系统。

（二）企业人力资源管理的复杂性和艰巨性

人力资源管理的管理对象是“人”，而生产管理、销售管理以及其他管理的管理对象则是“物”。与“物”相比，“人”更具有独特的复杂性，从而使人力资源管理也具有特殊的复杂性。人力资源管理的社会属性表现得特别明显。企业员工并不是生活在真空之中，一名企业员工既是企业中特定的某一个人，又是企业和社会中具有广泛的社会联系及深刻的社会关系的一名社会成员。企业内部社会环境和外部社会环境中各种因素的作用和影响必然会直接或间接地反映到企业的人力资源管理中来，而对某一名企业员工所采取的管理措施又必然会在社会中引起相应的反响，这就使得企业的人力资源管理问题复杂化。在人力资源管理中，需要了解有哪些社会环境因素可能会影响到员工的思想、态度和行为，需要了解社会思潮、文化风俗、生活标准、消费方式等各方面因素的动态变化对员工带来的影响，从而相应地采取和调整人力资源管理的手段、策略与措施。

人力资源管理的复杂性源于人类感情因素的影响。人们也常说“人类是感情动物”。在企业的人力资源管理中不能简单地把人看成机器，而应当时刻牢记每个员工都是有思想、有感情的活生生的人。首先，在现代企业人力资源管理中必须尊重员工的人格与感情，而绝不能伤害员工的感情。如果伤害了员工的感情，员工就会与企业离心离德，也就不可能为企业利益而积极工作了，结果是企业的利益受到损害。而且，一旦人的感情受到伤害，就不易得到恢复，企业为此而付出长期的代价。其次，在人力资源管理中应当积极地培养员工对企业的感情，加深员工与企业之间的感情联系。当员工对企业有了感情时，就会将企业看作自己的企业，将企业的事业看作自己的事业，从而为企业的利益而努力工作。因此，现代企业的人力资源管理部门应当重视对员工的感情投资，增加企业的凝聚力。企业对员工的感情投资可以采用多种方式，但是归纳起来无非是采用精神方式与物质方式，以收到“动之以情，晓之以理，诱之以利”的效果。企业的人力资源管理包括员工的聘用、培训、报酬、考核、晋升和奖惩等多方面，必然涉及员工的切身利益。只要企业能够公正、平等地对待员工，能够真正地关心员工的利益，员工与企业之间就有了感情的基础。然而值得注意的是，忽略员工的精神需要，而片面关注员工的物质需要，“好施小惠，言不及义”，其效果往往适得其反。

人力资源管理的复杂性决定了人力资源管理方法的复杂性，也决定了这项工作任务的艰巨性。它涉及的范围广、问题多，影响因素复杂。就人力资源管理涉及的专业知识而言，它包括管理学、社会学、法学、经济学、工程学、心理学和医学等方面的内容。现代企业人力资源管理的任务，不但要将员工作为企业的生产力要素来合理组织和有效使用，而且要将他们作为企业的宝贵资源来充分开发与培养。

（三）企业人力资源管理的灵活性

员工的思想、感情、态度和行为总是变化的，且有一定的可塑性。因此，企业的人力资源管理也必然要具有灵活性。一方面，企业的人力资源管理应当随着员工情况的变化而变化，不断调整人力资源管理的方针、策略和手段，以适应新的情况；另一方面，企业的人力资源管理应当从“员工是具有个性的个体”这一观念出发，针对不同个人的情况，灵活地处理人力资源管理中遇到的问题，绝不能搞“一刀切”。当然，强调人力资源管理中的灵活性并不意味着放弃原则性。不顾原则片面地强调灵活性，人力资源管理就会失去应有的威信。企业的人力资源管理原则总是为企业的人服务，为企业的利益服务的。企业的人是活的，企业人力资源管理原则也应当是活的，或者说应当具有一定的灵活性。

(四) 企业人力资源管理的长远性

企业的人力资源管理是直接为企业的生产经营服务的，具有很强的现实性。没有合格的劳动力，机器就不能正常运转，生产经营就会陷于停顿。人力资源管理的一个容易被人忽视的特点是它的长远性。人力资源管理的功能绝不是局限于维持企业目前的运行，而应当着重为企业的长远战略目标服务。“十年树木，百年树人。”相对来说，企业的产品生命周期通常是短暂的，而企业的人力资源开发与利用则是长期的。现代企业的人力资源管理应当着眼于企业的长远战略目标，为企业的长期盈利能力提供人力资源保证。从企业的长远战略目标出发，人力资源管理部门在努力满足企业的日常经营管理对劳动力和专业技术人才、专业管理人才的需要的同时，还有两项十分重要的工作：首先，企业需要挖掘员工的潜能，提高劳动力的素质及其现实的工作能力，使企业在人力资源方面的投资得到充分的利用和回报；其次，现代企业需要为企业的长远发展进行战略性的人才准备，满足企业在不同发展阶段在各个方面、各个层次的人才需要。

二、人力资源管理的职能

人力资源管理是现代企业经营管理中最基本的管理职能。人力资源管理的职能就是对企业的人员进行恰当而有效的选择、考核和培养，其目的是以适当的人员充实企业组织结构中所规定的各项职务。人力资源管理不仅是企业人力资源部门的业务，而且企业从上至下和各级管理层次都具有人力资源管理的职能。企业的董事会是通过选拔、培养和考核总经理来行使其人力资源管理职能的。厂长和事业经理在选拔、培养和考核他们的下级主管人员时，也是在行使人力资源管理职能。甚至企业基层的主管人员也具有相当程度的人力资源管理的职能。在各个不同的管理层次，人力资源管理的具体内容互不相同，各有复杂性和侧重，但其基本职能是大体相同的，那就是有计划地培养和选拔人才，以适应企业未来发展的需要。

在企业人力资源管理的实践中，人力资源管理不但涉及企业当前人力资源的合理使用，而且涉及企业未来职务空缺的补充问题，涉及企业未来对人力资源的需要。如果一家企业的人员不断流动，它现在培养和选拔的人员就不断处于变动之中，企业就始终存在着补充人员以充实未来空缺岗位的问题。这样，企业人力资源管理中关于未来组织机构的工作计划就成为首要的工作。由于组织工作的任务就是要建立一个有利于实现企业目标的内部工作环境，因此组织工作计划必然取决于企业的总体计划。

在人力资源管理的组织计划与企业的总体计划的协调方面，组织工作计划或人员配备计划的计划期长短是一个经常引起探讨的问题。究竟以多长期限为宜，它取决于企业对人力资源部门的要求与该部门计划所承担任务的性质，以及其具有的灵活程度。例如，如果一家企业像大多数企业通常所做的那样，希望主要从本企业内部培养出未来的企业主管人员，而不是在需要时从外部招聘，那么这家企业人力资源管理的组织计划就需要一个相当长的计划期，甚至长达数十年之久。如果企业认为可以在需要时随时从企业外部聘请所需要的人员，随时解雇不能适应自己岗位需要的人员，企业的人力资源管理组织工作计划就可能具有较大的灵活性，计划期就可能短一些。特别是一些较大的企业，企业内部的各种职位比较多，聘用的人员也比较多，人员流动更为频繁，人力资源管理就更具有灵活性。一旦企业有需要，企业就可以从自己丰富的人力资源中选拔调配合适的人充实急需人才的岗位。

归根结底，企业的人力资源管理方面的组织工作计划是受企业的总体计划制约并为其服务的。一旦确定了企业的总体计划，就可以明确企业未来所需要的各种职务，也就可以在此基础上了解企业未来对人力资源的需求情况。这样，人力资源部门的职责就是储存和考核现有的和潜在的人力资源，并与未来需要的预测数相比较，以求得人力需求与供给的平衡。一般情况下，人员需求量与实际可供量之间总是存在着明显的缺口。考虑到人员流动、员工退休、离职、死亡等因素，企业发展变化越快，人员供求短缺的情况越严重。正常情况下，几乎没有一个发展中的企业不会发生合格人员短缺问题。很少有哪一家企业可以宣称拥有足够数量的可以胜任的人员以满足未来的需要。可以肯定地说，凡是人员过剩的企业，过剩的都不是合格的人员。正是没有足够的合格人员推进企业的发展，才会出现人员的过剩。积极向上的企业总体计划通常会对人力资源管理的组织工作计划提出对未来的人力资源需求。

人力资源管理计划工作中接下来的一项重要内容是根据未来对人力资源的需要安排人力供给。如上所述，企业的人力资源供给可以有企业内部和企业外部这两个来源。内部来源是指在企业内部培养有潜力的现有人员，使其可以胜任企业未来的工作。外部来源是指从企业以外聘用合适的人才。如果确定在企业内部培养人才以满足企业未来的需要，而不是仓促提拔或从外部聘用，企业的人力资源管理计划工作中就必须包含编制人才培养规划的内容。

现代企业人才培养规划的出发点是企业未来发展对人力资源的需要。但是，培养规划应当落实在企业现有人员状况的基础之上。通常，企业人力资源部门在制定培养规划时，总是假定培养对象具有相同的条件，都需要同样的培训，因而总是制定一种似乎能够满足每个人需要的通用的培养规划。为了达到预期的培养效果，应当根据有关人员的具体情况和特点有针对性地制定培养规划。这首先需要按照企业未来发展对人才规格的需求对有关人员进行认真的评估和考核，具体地分析有关人员的优势和不足，然后逐个为他们编制培养规划，以发挥其长处，改进其不足。

人力资源计划的落实常常是一个敏感而又复杂的问题。从企业最高管理层的高度来看，制订和实施其他系列的计划是一件较为明确的工作。在顺利的情况下，那些计划一旦形成，其实施常常是一个自动的过程，企业最高管理层只需在执行过程中做一些间歇性的监督工作就可以。人力资源计划的落实有时是一个痛苦的过程。人们常常设想，企业的成员可以随着企业的发展而发展。但是，在实际工作中情况远非如此。为了实现使现职人员能够满足企业未来的需要和拥有能够适应企业未来职务的合格人员这一双重目标，企业最高管理层在企业人力资源计划的实施过程中常常不得不更换那些过去能够胜任职务，而现在已经不适应职务要求的忠心耿耿的企业成员。在此过程中常遇到的问题是，工作职务总是与企业成员的经济待遇、社会地位和名誉等因素紧密联系在一起的。人们在长期共同工作中形成的感情因素，也使得高级管理层很难作出不利于老同事、老部下的决定。

从理论上讲，企业各级管理人员都承担着人力资源管理的责任。然而，许多企业管理人员在实践中总是有意无意地忽略这一项责任，在有关人力资源管理的决策与行动中往往表现出一种迟延推诿的倾向。越是高层管理人员，在实践中忽视人力资源管理职责重要性的现象就越普遍。为了弥补企业高层对人力资源管理的不重视，许多企业将人力资源管理中的大部分工作交给企业的人力资源部门来处理。业务繁忙的总经理认为这是一个合理的解决办法，甚至还可以用充分授权作为这样做的借口。

企业人力资源管理是决定企业未来命运的重要工作。因此，承担人力资源管理责任最适合的人选既不是企业人力资源部门，也不是任何其他部门，它需要企业最高一级决策者的指导和参与。在一家对自己的前途负责的现代企业里，人力资源管理通常是企业董事长或总经理，以及其直接助手组成的企业内部决策班子所承担的职责。这个班子负责根据企业总体发展计划来制定企业的人力资源政策，授权有关职能部门实施政策，以及落实企业人力资源政策所需要的恰当措施。现代企业人力资源政策的内容包括用人规划的制定，明确是以企业内部还是以企业外部作为企业人力资源的主要来源，确定企业人力资源管理中有关招聘、选拔、考核、晋升、工资和退休等具体工作的工作程序与规范等。

调查表明，现代企业最高一级管理阶层处理人力资源政策以及实施人力资源政策的工作范围与职责有越来越扩大的趋势。总经理认识到，有效地为企业组织机构进行人力资源安排是企业经营管理和发展取得成就的最好保证。许多总经理宣称他们通常要把一半的时间用于人力资源管理的各项工作上。他们不仅需要花很多时间与其下级打交道，而且要花时间用于检查企业所制定的人力资源政策和各项选拔、考评、培养制定及其执行情况。此外，他们还要对企业人力资源的有关情况进行专门的分析和研究，并且还要注意自身素质的不断提高。

第二节　人力资源管理的基本原则

一、公平竞争原则

在市场经济中，为了企业自身的利益，企业人力资源管理的一条重要原则就是公平竞争。没有公平，就没有一个良好的企业环境，就不可能吸引人才，鼓舞士气。没有竞争，就不可能选拔出优秀的人才。只有通过公平竞争，才能促进劳动力要素的合理流动，促进人力资源的合理配置，从而促进企业效率的提高。

（一）公平是竞争的条件

市场经济的一条基本原则是商品的生产者和经营者在经济上具有独立的地位，在社会经济生活中具有与他人平等和自由活动的权利，具有商品的自愿让渡和等价交换的权利。这就是公平和平等原则。这条原则体现在企业的人力资源管理中，就是员工在企业中的机会均等，得到企业的平等对待，使员工的个性得到全面、充分的发展。

就整个企业来看，员工个体之间的年龄、性别、体力、性格、教育、经验、能力和服务年限等各方面都存在着差异，因此，他们在企业的分工、工作岗位、贡献、报酬和待遇等方面也存在着差异。

因此，就劳动报酬而言，所谓平等，不是平均，而是指企业员工的等量工作和等量贡献应该得到等量的报酬。公平合理的劳动报酬可以对员工产生积极的影响。从更深层次来看，公平应当是企业员工人格的平等。在企业内部，员工应当有进行选择的自由和得到平等的发展机会。没有这种平等，就没有员工的心情舒畅和高昂的士气。没有这种平等，也就不可能从企业员工中最广泛地发现和网罗优秀人才。唯有机会面前人人平等，让大家都有选择和尝试的机会，才能不拘一格地选拔人才。如果不给企业的每个员工以尝试的机会，企业也就失去了从员工中发现人才的机会。机会本身也是一个激励因素，当员工认识到自己面临着平等的机会时，通常就会鼓励自己不要放过机会。因此，为了抓住机会他必然要奋力拼搏，不断提高自己的素质和能力。

（二）竞争是市场经济的基本规则

在市场经济条件下，竞争是一种客观存在，是市场经济运行的基本规则。商品在市场的竞争具有极为丰富的表现形式。人们通常将商品的市场竞争形式分为价格竞争与非价格竞争。价格竞争是指通过提高劳动生产率、降低生产经营成本，以求降低商品的价格来与市场上的同类商品竞争，达到扩大商品销售量、增加企业利润的目的。非价格竞争是指在维持商品一定的市场价格不变的前提下，运用包括广告在内的市场信息等手段，通过向消费者提供较好的商品质量和服务，达到扩大销售、增加利润的目的。严格地讲，非价格竞争实际上也是一种隐性的价格竞争。企业中人才的竞争也表现在各个不同的方面，其中最主要的是员工在工作态度、工作能力、创造能力和工作贡献等方面的竞争。

一般来说，态度不是天生的，而是在后天环境中产生的。人的态度总是包含着一定的情感成分，并且具有持续性。个人的态度一旦形成，就不会轻易改变，成为个人性格的一部分。如果员工喜欢自己所从事的工作，对企业抱有积极态度，则较有可能表现出较高的工作效率。

人力资源最重要的指标集中体现为员工个人的智力水平，即广义的能力。能力是指企业员工个人直接影响其工作完成情况与效果的个性心理特征。这种个性心理特征总是与员工所要完成的工作任务联系在一起的。因此，企业经理也总是以员工的工作效果来考察员工的工作能力。能力是影响员工工作成果的最重要的主观条件。例如，从事某些工作需要具备一定的辨别力与观察力；还有的工作需要有一定的记忆力与自制力。此外，思维过程的敏捷性、记忆的精确性、思考的批判性和意志的果断性等，也都是员工完成本职工作所需要的能力。能力的高低会影响一个人掌握工作或操作的速度、难易和巩固程度。能力水平高的人之所以能够取得较好的效果，是因为他的心理特征与工作的要求相符合。一些人之所以不能胜任某些工作，可能是由于他的能力发展水平过低，或者是各种能力的综合与工作的要求不相符合。实际上，员工完成一项工作任务绝不是仅凭某一种能力就可以胜任的，而是需要若干种能力共同发生作用。企业中的每个员工都有自己的一份特定的工作，并运用一定的特殊能力与一定的特殊工作方法操作。因此，企业对员工的能力既有一般的要求，又有针对某一工作或个人的特殊要求。

优秀的企业员工还应当具有一定的创造能力。一些人认为，在当前高科技空前发展的情况下，只依靠电子计算机、自动化设备就能够提高企业的效率。他们忽略了人的能动作用，看不到在自动化的生产经营管理过程中发挥人的创造性的重要意义。更有一些目光短浅的经营管理者，不能容忍具有独立见解和首创精神的员工，习惯于将人视为机器，只喜欢循规蹈矩的部下，总是一味地压制员工的创造性。

创造能力也就是适应变化、打破常规进行思维的能力。在现实经济生活中，每家企业都面临着未来和变化的挑战，需要不断解决新的问题。没有创造能力，不进行创造性的思维，企业就不可能在瞬息万变的市场中生存和发展，就不可能把握自己的前途和未来。企业的创造能力是其员工创造能力的综合。具有高度创造性的企业能够及时适应市场的变化，不断向市场推出新的产品、新的服务以及新的经营管理方法，始终在市场上领先一步。

企业的员工之间在能力上总是存在着差异。从企业的立场出发，需要选择能力较强的员工。但是，在择优选拔员工时只考虑员工的能力是不够的，还必须考虑员工对企业的工作贡献。员工之间存在竞争，也必须是从企业利益出发的竞争。

（三）公平竞争需要科学的标准和方法

企业通过公平竞争从员工中选拔人才，需要有一整套科学的人才标准和完善的选拔方法。没有一整套科学的标准和方法，就不可能保证竞争的公平，也不可能选拔出真正合格的人才。企业考核人才的标准可以有一系列的科学指标，用以对员工的能力进行定性与定量的分析。例如，审查员工的学历、经验和绩效，对员工进行心理测验、体能和运动能力测验、机械能力测验、艺术能力测验、社交能力测验、创造能力鉴别、气质个性鉴别等。在进行这一系列测验时，企业可以运用观察法、测验法等方法。但企业人力资源管理部门绝不能用一套僵化的模式来看待自己的员工。在人才的选拔上，现代企业必须不拘一格，大胆选拔和使用合格的人才。

二、责任制原则

责任制是指通过一定的程序，按照工作岗位明确员工的职权范围及其相应的义务与工作标准，委派专人负责的一种管理制度。各在其位，各司其职，各谋其政，是企业人力资源管理责任制的中心内容。实际上，责任制是分工协作发展的产物，是分工协作制度化的结果。随着企业的发展，企业内部专业分工越来越细。企业内部各个单位、各个环节、各个员工之间的职责权限划分得越清楚，就越能充分地发挥各自的积极性，协调各方面的关系，取得较好的管理效果。承担责任本身就是调动积极性的一个重要手段。积极向上的员工总会谋求在企业里承担较多的责任。人才的竞争，既是员工对企业贡献的竞争，也是员工承担责任的竞争。只有多承担责任，才能多作贡献。较多的责任，意味着较强的能力、较高的职位、较多的报酬，更意味着企业对员工较多的信任。责任在身，就会有压力，不能掉以轻心。如果不能很好地承担责任，就意味着失职，就会给企业带来损失。

政园地

终身学习

2020 年 9 月 22 日，习近平总书记在教育文化卫生体育领域专家代表座谈会上的讲话中指出：“要完善全民终身学习推进机制，构建方式更加灵活、资源更加丰富、学习更加便捷的终身学习体系。”2020 年 11 月 24 日，在全国劳动模范和先进工作者表彰大会上，习近平总书记强调，要努力建设高素质劳动大军。劳动者素质对一个国家、一个民族发展至关重要。我国工人阶级和广大劳动群众要树立终身学习的理念，养成善于学习、勤于思考的习惯，实现学以养德、学以增智、学以致用。要适应新一轮科技革命和产业变革的需要，勤学苦练、深入钻研，不断提高技术技能水平。要完善和落实技术工人培养、使用、评价、考核机制，培养更多高技能人才和大国工匠。要增强创新意识、培养创新思维，展示锐意创新的勇气、敢为人先的锐气、蓬勃向上的朝气。要推进产业工人队伍建设改革，造就一支有理想守信念、懂技术会创新、敢担当讲奉献的宏大产业工人队伍。

三、激励原则

激励是企业人力资源管理的核心问题。企业员工既需要自我激励，也需要得到企业主管、同事群体的激励。企业作为一个群体，企业主管也应当激励全体员工为了实现企业的既定目标而共同努力。

管理的职能是充分、有效地利用企业的人力、物力和财力资源，以实现企业的宗旨和目标。对人力资源的管理是最重要的管理，也是人力资源管理的任务，同时也要认识到对员工的激励是其关键和核心。企业主管能够精确地计算、预算和控制企业的财力和物力，而对于人力资源，特别是对于员工的内在潜力，却无法进行精确的计算、预算及控制。

在市场竞争日益激烈，对员工素质的要求日益提高的情况下，员工的激励问题在企业人力资源管理中越来越复杂，也越来越重要。第一，在国内外市场竞争日益激烈的情况下，为了生存和发展，就需要不断提高自己的竞争力。从企业的内在资源出发，就必须尽可能地激励自己的员工，充分发挥员工的内在潜力。第二，企业员工的素质和绩效总是参差不齐的。人力资源管理的任务之一就是通过各种不同的激励方法，使优秀的员工继续保持积极行为，表现一般或较差的员工逐步向积极主动方面转化，使全体员工都能保持高昂的士气，自觉地为实现企业的目标而奋斗。第三，随着企业员工素质的提高，员工需求的内容发生了巨大的变化，使得激励的手段也必须随之变化。过去对激励员工行之有效的东西可能已经失去了激励的作用，而需要代之以新的东西。第四，作为激励的对象，员工的需要是多方面的。满足员工多方面的需要，就必须采用不同的激励方法。例如，随着整个社会生活水平的提高，员工生活需要的重点逐渐从物质需要转向精神需要。因此，企业对员工的激励手段也要相应地改为以精神激励为主。第五，作为不同的个体，每个企业员工的需要都是不同的。为了充分发挥每个员工的潜力，企业管理者应当对不同的人采取适合其需求的激励因素和激励方法。

四、流动性与稳定性相结合原则

在市场经济条件下，企业的人力资源作为一种生产力要素必然具有一定的流动性。没有这种流动性，劳动力要素的最佳配置就成了一句空话。企业人力资源的流动包含两个方面的内容：首先是企业与企业外部之间的劳动力流动。企业与企业外部之间的劳动力流动是人力资源流动的主要形式。从企业员工个人的角度来看，这种劳动力流动的积极意义在于可以通过流动实现员工的择业自由，保证员工有机会尽最大可能发挥自己的才智和潜力。从企业的角度来看，这种流动的积极意义在于可以使企业通过流动从企业外部获得必需的人才，以满足企业发展的需要。从企业外部输入新鲜血液，可以防止观念和思想的僵化，为企业带来新思想、新技术，乃至新市场。这种劳动力流动还允许不适宜继续在企业工作的员工离开企业，以减少企业与员工之间可能发生的冲突。劳动力流动对企业也存在着不利影响。由于劳动力可以自由流动，某些优秀员工可能会以种种理由离开企业，从而造成企业在人力资源上的损失。其次是企业员工在企业内部的流动。员工在企业内部的流动表现为工作轮换，即员工在不同工作岗位之间进行轮换。工作轮换使得员工的操作多样化，能够减少工作中的单调感。对员工来说，学习新工作、熟悉整个工作流程所带来的挑战感无疑也具有极大的激励作用。而且，员工进行工作轮换并不会增加企业的开支，却可以使企业得到一支在技术上具有较大灵活性的员工队伍。

当然，企业员工的流动必须控制在一定的范围内，并非流动率越高越好。从企业与企业外部之间的流动来看，如果企业的员工流动率过高，说明企业缺乏凝聚力，并将会影响员工队伍的士气和对工作的熟练程度，不利于企业生产率的提高。从企业内部的流动来看，过于频繁的工作轮换将减少员工对工作的责任心，给工作带来混乱，也不利于员工熟练地掌握和巩固操作技能。而且，总会有不少员工对工作轮换并不感兴趣，他们更愿意长期在一个固定的岗位上工作，成为自己工作中的“超级专家”。因此，必须适当地把握员工流动性与稳定性的关系，使员工队伍既有一定的流动性，又保持相对的稳定性。

五、民主管理原则

现代企业人力资源管理的民主化是管理科学化的基础。民主管理原则反映了企业员工要求参与管理的意识，是现代企业员工素质提高的结果。在现代企业管理中，人的因素越重要，民主管理的原则就越受到重视。

现代经营管理是集中指挥与民主管理的统一。企业是现代社会化大生产的主要组织形式。单独一个人进行生产经营活动是自己指挥自己。在社会化大生产过程中，人们集中起来进行分工协作的共同劳动，就必然需要有一个权威性的指挥中心对人们的活动进行指挥和协调，使整个生产经营过程如同一架机器，按照统一的意志，以统一的步伐向着统一的目标迈进。没有这种集中指挥，企业内部就不会有统一的意志，在企业的生产经营过程中就会出现混乱和内耗，最终导致企业的目标无法实现。但是，又不能简单地将人，尤其是现代人看作机器。人是一种具有主观能动性的动物，每个人都会在不同的程度上具有自己的独立意志，并按照自己的意志行事。在企业的生产经营活动等这一类集体生活中，员工按照自己的独立意志行事的内在需要必然会在一定的程度上与企业的统一指挥发生矛盾与冲突。如果这种矛盾与冲突得不到解决，势必会影响员工的士气和工作积极性，从而影响企业的整体效率。解决个人意志与集体意志之间的矛盾与冲突的方法是将集中指挥与民主管理有机地结合起来。实际上，现代企业生产经营中的集中指挥与民主管理并不是互相排斥的，二者的正确结合可以提高集中指挥的效能。一方面，加强民主管理可以使企业决策过程民主化，使企业的集中指挥在集思广益的基础上提高决策的科学性与正确性；另一方面，建立在民主管理基础上的集中指挥可以使企业全体员工形成共识，减少员工对企业决策的异议和抵触情绪，更有利于企业决策的贯彻执行。

现代企业民主管理的形式有很多，主要有以下五种形式。

（1）职工代表大会。职工代表大会通常是企业员工表达自己的意志、参与企业经营管理的最高形式，其对企业决策的影响力也最大。职工代表大会通常是决定与全体员工的根本利益有关、与企业的决策有关的问题。职工代表大会可以定期召开，也可以不定期召开。一般来说，企业内的工会组织是职工代表大会的常设机构。在企业中，职工代表大会或工会组织的职责主要是代表企业员工与企业的管理当局谈判，以维护企业员工的利益。在许多情况下，其可能会与企业管理当局呈现一种对立的关系。

（2）管理委员会。在一些企业里，为了保证企业员工能够真正参与企业管理，特别设立了管理委员会作为一种常设机构。管理委员会的成员主要是职工代表大会代表或工会代表。管理委员会委员可以定期或不定期地参加企业董事会会议，也可以参与企业的日常管理，并随时向企业的管理当局提出自己的意见和建议。有的企业甚至会接纳管理委员会的代表进入企业董事会。

（3）员工股份制。员工股份制即由企业员工控制企业的一部分或全部股份，使员工成为企业的股东。员工股份制最初是由一家濒临破产的美国企业施行的，由于该企业的员工担心企业破产之后失业，于是大家联合起来集资买下企业的全部股份。这样，每个员工都成了企业的主人，企业的命运与每个员工有了直接的利益关系，使得每个员工都必须关心企业的经营管理状况，为扭转企业的命运尽心尽力。结果，这家濒临破产的企业终于起死回生，重新发展起来。现在，企业员工拥有企业股份已经成为一种普遍现象。

（4）质量管理小组。质量管理小组是指在企业的生产经营过程中将员工组织起来，成立质量管理小组，由员工自己对上一道工序的产品及自己的产品进行质量控制。这种质量管理形式避免了专职质量管理人员与操作工人之间的对立，强化了员工在工作中的自主意识和负责精神，调动了员工进行自我管理的积极性。由质量管理小组对自己的产品进行质量控制，在经济上的最大好处是员工不仅能够对产品进行事后的检验，而且能够促使员工对生产过程进行控制，改进工艺流程和操作方法，减少不合格产品的产生，降低消耗，提高生产的效率与质量。

（5）合理化建议活动。在企业员工中开展合理化建议活动是调动员工积极性的一个重要手段。通过合理化建议活动，员工更关心自己的企业和自己的工作。如果员工提出的建议能够被企业管理当局接受和重视，无疑会使其受到巨大的鼓励。在一般情况下，员工当然会关心自己提出建议是否会得到物质奖励。但他更为关心的是，自己提出建议这一行为本身是否被他人、被企业管理当局承认。因此，企业从开展合理化建议活动中得到的好处也是双重的：一方面，合理化建议活动可以为企业带来可观的经济收益和物质财富；另一方面，合理化建议活动为企业员工队伍素质的改善和士气的提高创造了条件。

从企业人力资源管理的角度来看，这些民主管理的不同具体形式都是为了激发员工的参与意识，满足员工自主意识的需要，以调动员工的积极性。

第三节　人力资源的管理过程

一、员工的招聘

招聘员工是企业人力资源管理中的一项重要工作。企业招聘的员工的质量直接关系到企业未来的发展。因此，企业员工的招聘又是一项要求极高的工作。在正式开始招聘新员工之前，企业的人力资源部门必须确认是否有招聘的必要，即企业中是否真正出现了缺额。企业中缺额的产生可能有多种原因，可能是企业业务的扩大导致人手不足，也可能是企业中出现了正常或不正常的减员等。即使企业中真正出现了缺额，也不一定立即招聘员工。人力资源部门可以与企业的其他部门协商寻找别的解决办法，例如：对企业的工作重新进行安排，使其更为合理化，不必增加员工就能完成工作任务；加班加点；采用新技术、新设备；调整工时；用兼职人员代替全日制人员填补缺额；增加工作定额；等等。企业人力资源部门的招聘工作可分为以下五个步骤。

(1) 发布招聘信息。发布招聘信息包括发布招聘广告，与有关就业管理和服务机构进行联系，与有关大专院校进行联系等。随着劳动力市场的发展，企业发布招聘广告将会越来越普遍。企业人力资源部门在发布招聘广告时，应当注意广告媒介的选择，力争以最低的广告费用实现最好的广告效果。这就是说，应当选择采用招聘对象最可能接触到的媒介。招聘员工的企业应当在广告中标明企业的名称，简明扼要地说明企业的情况，准确地描述工作的性质与特征，清楚地介绍企业对招聘对象的具体要求，并实事求是地说明工资、其他福利条件和工作条件等情况。

(2) 了解招聘对象。了解招聘对象的途径主要有阅读招聘对象提供的自我介绍材料和推荐材料，查阅档案，对招聘对象进行面谈、口试和笔试等。

(3) 筛选招聘对象。根据工作的要求，应为招聘设置一定的标准，如健康标准、道德品质标准、心理因素标准、教育程度标准、个性气质标准、知识结构标准、能力标准、年龄标准、性别标准和工作经验标准等，每项标准又可以包括一定的指标。

(4) 签订招聘合同。签订招聘合同必须遵守政府的有关法律和规定，平等、公正地对待企业和员工双方的利益。一旦签约，双方必须严格执行招聘合同的各项条款，不得违约。

(5) 对员工进行岗前培训。对员工进行岗前培训包括岗前教育培训与试用。无论新进员工是否拥有工作经验，企业都应当要求他们经过一定的岗前培训之后再上岗。即使是具有一定工作经验的人，由于他们不一定熟悉本企业的情况，适当的岗前培训对他们自己和企业都会有好处。同时，企业应当对新招聘的员工规定适当的试用期。在试用期内发现新招聘的人不符合企业的要求，企业有权解除招聘合同。

相关链接

Chiron 公司的招募

Chiron 公司是美国一家生物制药企业，安东尼是这家企业的招募主管。长期以来，安东尼的工作主要是寻找那些极少数富有潜力的研究人员以填补专业的工作岗位。

随着公司规模的扩大，公司需要大量的药剂师。最初，安东尼认为招募药剂师的工作很简单，但在尝试了互联网和很多其他的搜寻方式之后，他惊讶地发现，在劳动力市场普通药剂师竟然非常紧缺。于是，他不得不更有创造性地开展工作。安东尼让他的下属跟柜台后的药剂师聊天——不是要雇用他们，而是获取他们的想法。谈话的内容包括“我们应如何与药剂师取得联系?”“药剂师喜欢访问哪些网站?”“如果要你们雇用另外的药剂师，你们将如何做?”……通过这种方法，安东尼不仅获得了所需人员的简历，而且被安东尼在随后的招募专业人员的活动中加以运用。例如，通过举行 Chiron 员工的参照组面谈，安东尼了解到，医学博士喜欢在晨会时收听国家公众电台的新闻节目，而不喜欢摇滚乐或体育谈话节目。结果，当 Chiron 公司要开展一项旨在发现更合格的专业人士的招募活动时，公司通过赞助本地公众电台向外界发出了招募信息。安东尼原希望有 100 名候选人露面，结果他在一周内就得到了 345 名候选人。

一个组织若要招募到足够的所需人员，必须具备两个必要条件：一是招募信息能够与招募对象见面，即组织必须与招募对象取得某种联系；二是组织必须有足够的吸引力（很多时候吸引力主要来自报酬），使得已取得联系的招募对象加盟到组织中来。对于紧缺人才的招募，公司往往不惜重金，因此上述第二个条件常常是能够满足的。

二、员工的教育培训

企业对员工进行培训的目的是提高员工队伍的素质，以满足企业经营与发展对人力资源的需要。企业在员工培训方面的开支是企业在人力资源方面的直接投资，这种人力资源投资具有深远的战略意义。一方面，员工培训不是一劳永逸的工作，企业必须根据员工的素质状况、企业的经营目标以及技术水平的不断发展，及时、不断地对员工进行培训；另一方面，企业在员工培训方面的投资收益也是长期的，培训在收到立竿见影的效果的同时，也可以使员工和企业终身受益。

企业人力资源部门在制订员工培训计划之前应当确定企业的培训需求。为此，在制订培训计划时回答如下四个问题将有助于此任务的完成：①企业的目标是什么？②为了实现企业的这些目标，应当完成哪些任务？③为了完成所分配的任务，每个员工应当做哪些必要的工作？④为了从事这些必要的工作，员工在知识、技能或工作态度方面有哪些缺陷？其中，第四个是关键性的问题。为了回答这个问题，企业人力资源部门必须与企业的生产经营部门相配合，对员工的劳动生产率进行调查研究。这种调查研究既可以通过与企业的竞争对手的相互比较来发现问题，也可以通过企业内部员工之间的相互比较来发现问题。此外，还可以通过了解生产经营过程中的废品率、事故率、缺勤率、员工情绪和顾客意见等来回答上述四个问题。

当然，有些问题不是通过培训就可以解决的。有时候问题的根源并不在于员工缺乏培训，而可能是企业的设备过时或老化，或者是员工的报酬过低及其他的原因。所以，在发现这些问题之后，人力资源部门还应当与有关管理部门和员工进行深入的讨论，以确认培训的必要性。即使员工真正需要培训，有时候也并不一定非要进行培训。常常有这样的情况，与其费时、费钱、费力对现有员工进行培训，让他们掌握一种新的技能，不如招聘一批拥有企业所需要技能的新员工划算。一般来说，上自企业的总经理，下至普通员工，每个人都需要一定的培训，这就是全员培训。但是，就企业内从事直接生产员工的不同层次而言，对培训的需求层次也是不同的。从事直接生产操作的员工通常需要高度专业化的操作技能培训，以使其能够安全、高效地进行操作；对包括行政管理人员和专业技术人员在内的专业人员的培训需求则复杂得多，他们不仅需要专业化的技术培训，还需要内容较为广泛的知识性培训。此外，有关部门、行业或学会对从事一定专业工作的人员的学术水平常常有一定的要求。

因此，有时候企业还需要为他们提供提高学术水平的机会，如送往大专院校进行学习，以获得一定的学位或职称。总之，员工工作的需要决定其培训的需要。一旦确定了企业员工的培训需要，还应当确定培训的形式与方法。根据培训的需要与可能，以及培训费用和预算的情况，企业可以采用以下方法进行员工培训。

（1）岗位培训。岗位培训的特点是干什么，学什么，同时也是学什么，干什么。这种形式的培训投资少、见效快，主要通过以师带徒、互教互学、经验交流、技术讲座和表演、岗位练兵及操作竞赛等方式进行。

（2）业余学习。对企业来说，员工进行业余学习所花费的企业投资最少。若员工的业余学习是采用自发的形式，则这种业余学习很可能会缺少计划性，不一定与企业的目标相一致。所以，有远见的企业总是积极引导和组织员工的业余学习，使之符合企业的利益。

（3）半脱产学习。企业可以为员工组织半脱产的培训班，也可以将员工送往有关的机构或培训中心进行半脱产学习。半脱产学习可以是短期的，也可以时间略长。

（4）脱产轮训。为了对员工进行一定的专题培训，企业可以组织员工进行脱产的短期轮训。由于脱产学习的时间不长，脱产员工的离岗对工作的影响较小，而培训的面则可以较宽。

（5）长期培训。由于员工离岗时间较长，而且送去学习的员工大多是企业在某一方面的骨干，因此这种形式的培训对企业的日常业务影响较大，培训成本也较高，一般只适用于少数对企业未来的发展起至关重要作用的员工。为了防止员工学成后跳槽使企业遭受损失，企业人力资源部门可以在派员进行长期培训之前与其签订劳务合同，明确双方的权利与义务。

三、员工的考核与评估

企业人力资源管理的一项日常工作是运用管理的监督职能对企业员工的工作成果进行考核与评估。通过考核与评估，企业不但有了对员工进行奖励与惩罚的依据，还可以借助信息反馈帮助员工改善工作条件。

考核的依据通常是企业的计划指标，即考核企业计划指标的落实情况。如果员工未能如期完成计划指标，企业就需要根据具体情况采取适当的措施。如果是计划指标与实际条件相脱节，企业计划部门就应及时地调整计划指标；如果计划指标是可行的，而员工在工作中努力不够，企业就应责令员工改进工作。企业计划指标的一个重要组成部分是企业规定的工作定额，因此企业对员工的考核与评估可以将工作定额作为直接依据。

工作定额是指一名企业员工在一定的时间内，保证工作质量的前提下，以一定的劳动技术条件所应该达到的平均工作量标准。制定科学的工作定额标准是企业管理工作中的一项基础工作。首先，工作定额指标应当先进合理，具有一定的先进性。同时，又应当是具备平均操作能力水平的员工经过一定的努力可以达到的指标。如果定额指标太高，使得大多数员工不能完成定额，势必挫伤员工的积极性。如果定额指标过低，员工不需经过努力即可完成，定额指标也就起不到激励作用。其次，工作定额指标要保持一定的稳定性和严肃性。一方面，在科学、合理的基础上制定工作定额指标之后，需要在相当的时期内保证定额的稳定性，使其成为一个权威性的客观标准；另一方面，在执行工作定额标准时要客观公正，对员工一视同仁。最后，工作定额标准也要有一定的灵活性。一旦客观情况发生了变化，工作定额标准也需要随之加以调整，以适应变化了的情况，保持其科学合理性。

对员工工作的考核与评估可以采取多种形式，常用的形式有四种：一是从上而下的考核与评估，即由企业的各级主管部门逐层对各自的下级进行考核与评估；二是同级之间互相考核与评估；三是由员工进行自我考核与评估；四是从下而上的考核与评估。后两种考核与评估形式能够充分调动员工的参与意识和积极性，起到一种特殊的激励作用。因此，目前已经有越来越多的企业尝试采用这两种考核与评估形式。另外，也可以请企业以外的人员或机构对企业及企业的员工进行考核与评估，如邀请管理专家、咨询顾问、会计师事务所、审计事务所等考核与评估企业及其员工的工作。

相关链接

黑熊和棕熊的绩效考评

黑熊和棕熊喜食蜂蜜，都以养蜂为生。它们各有一个蜂箱，养着同样多的蜜蜂。有一天，它们决定比赛看谁的蜜蜂产的蜜多。

黑熊想，蜜的产量取决于蜜蜂每天对花的“访问量”。于是它买了一套昂贵的测量蜜蜂访问量的绩效考评系统，在它看来，蜜蜂所接触花的数量就是其工作量。每过完一个季度，黑熊就公布每只蜜蜂的工作量；同时，黑熊还设立了奖项，奖励访问量最高的蜜蜂。但它从不告诉蜜蜂它是在与棕熊比赛，只是让它的蜜蜂比赛访问量。

棕熊与黑熊想的不一样，它认为蜜蜂能产多少蜜关键在于它们每天采回多少花蜜，花蜜越多，酿的蜂蜜也越多。于是它直截了当地告诉蜜蜂：它在和黑熊比赛，看谁产的蜜多。它买了一套价廉绩效考评系统，测量每只蜜蜂每天采回花蜜的数量和整个蜂箱每天酿出蜂蜜的数量，并把测量结果张榜公布。它也设立了一套奖励制度，重奖当月采花蜜最多的蜜蜂。如果一个月的蜂蜜总产量高于上个月，那么所有蜜蜂都受到不同程度的奖励。

一年过去了，两只熊查看比赛结果，黑熊的蜂蜜不及棕熊的一半。

黑熊的评估体系很精确，但它评估的绩效与最终的绩效并不直接相关。黑熊的蜜蜂为尽可能提高访问量，都不采太多的花蜜，因为采的花蜜越多，飞起来就越慢，每天的访问量就越少。另外，黑熊本来是为了让蜜蜂搜集更多的信息才让它们竞争，由于奖励范围太小，为搜集更多信息的竞争变成了相互封锁信息。蜜蜂之间竞争的压力太大，一只蜜蜂即使获得了很有价值的信息，比如某个地方有一片巨大的槐树林，它也不愿将此信息与其他蜜蜂分享。

棕熊的蜜蜂则不一样，因为它不限于奖励一只蜜蜂，为了采集到更多的花蜜，蜜蜂相互合作，嗅觉灵敏、飞得快的蜜蜂负责打探哪里的花最多最好，然后回来告诉力气大的蜜蜂一齐到那里去采集花蜜，剩下的蜜蜂负责储存采集回来的花蜜，将其酿成蜂蜜。虽然采集花蜜多的能得到最多的奖励，但其他蜜蜂也能得到部分好处，因此蜜蜂之间远没有到人人自危、相互拆台的地步。

激励是手段，激励员工之间竞争固然必要，但相比之下，激发起所有员工的团队精神尤显突出。绩效评估是专注于活动，还是专注于最终成果，管理者须细细思量。

四、维持企业工作秩序

为了保证企业的正常运转，人力资源管理部门需要正确处理员工的意见与不满，执行企业的制度与纪律，进行必要的惩罚与奖励，以维持企业正常的工作秩序。

对于为企业做出贡献的员工，企业应当及时地给予奖励，以树立榜样，调动全体员工的积极性。常用的奖励手段有口头表彰、书面表彰、晋职晋级、发放奖金和奖品、带薪休假等。

在企业的员工队伍中难免会有员工产生不满情绪，员工产生不满情绪有各种原因。一般来说，当员工的个人目标与企业目标发生冲突时，员工就会对企业产生不满情绪。员工产生不满情绪的诱因有：员工认为自己所得的报酬太低，晋升太慢，受到上级或同事的不公正对待，企业福利不好，劳动条件恶劣，反映意见或提出的合理化建议得不到上级的重视，目前从事的工作不能充分发挥自己的潜能、实现自己的价值，工作太单调枯燥，人际关系不协调，加班太多，工时太长，工作太累，工具不好用，工作场所照明不足，企业管理机构官僚主义习气太重，员工餐厅伙食太糟糕，冷气或暖气供应不足等。这些诱因可以分为三种情况：①员工的抱怨理由确实是合理的；②员工产生抱怨是因为员工对企业的要求过高，脱离了现实可能性；③员工对企业、上级或同事产生了误解。

如果说员工产生不满情绪的原因很多，那么员工产生不满情绪的后果却只有一个，那就是劳动生产率的下降。一旦员工对企业产生了不满情绪，员工就必然会通过一定的方式发泄自己的不满，如抱怨、消极怠工、损坏产品或工具、迟到早退或无故缺勤等，有的人甚至以各种借口跳槽离开企业，这些都会给企业带来损失。所以，在处理企业里发生的违反纪律现象或劳动生产率下降现象之前，应当先深入调查研究，找到员工产生不满情绪的原因，消除员工的不满。这需要认真倾听员工的意见和抱怨，允许员工畅所欲言。在了解了员工的意见之后，应当对员工的误解做出澄清，以消除误会；对员工过高的要求作出合理的解释，以求得双方的相互理解和支持；对员工的正确意见则应当诚恳地接受并表示感谢，允诺并在今后加以改进。如果企业方面能够以认真负责、公正平等的态度对待员工的抱怨和意见，在大多数情况下员工的不满就可以在开诚布公的交流之中得到解决。

当有必要对员工违反企业纪律的现象采取纪律措施时，企业的有关部门绝不能心慈手软，一味姑息；否则，企业的制度就会如同虚设，企业的管理就会失去权威，使违反纪律的现象蔓延起来，甚至达到不可收拾的后果。通常企业有权根据企业的规章制度对违反纪律的员工采取口头警告、书面警告、记过、调整工作岗位、降级、罚款、提前退休，直至除名。当员工的违纪行为同时触犯刑律时，应移交有关司法部门处理。

五、劳动保护和劳动保险

（一）劳动保护

员工是企业宝贵的财产，企业对其进行劳动保护就是保护自己的投资。劳动保护就是改善员工劳动操作条件，减少或避免操作过程中发生的对员工的生理和心理的伤害。尽管有政府制定的劳动保护法规与条例，各企业也制定了相应的规章与制度，但是劳动伤害的事件仍然时有发生。新技术、新材料、新工艺的使用也可能给员工带来新的伤害，而且这种新的威胁可能是已有的法规和制度没有涉及的。根据劳动保护法规的要求，企业应当采取一系列必要的措施对员工进行妥善的劳动保护。第一，企业有责任向员工提供安全的工作条件，生产设备、工艺与操作规程在设计时就应将安全置于头等重要的地位。若生产过程中可能出现不安全的因素，则需要在设计中采取必要而可靠的安全保护措施，如防护装置、逃生装置和救护装置等。第二，企业有责任使员工能够安全地进行操作。企业应当为员工制定必要的安全操作规程和制度，对员工进行安全教育和培训，并对员工是否严格地遵守安全操作规程进行经常的监督，消除事故的苗头和隐患。第三，企业应当有专人或专设机构负责劳动保护方面的工作。第四，发生事故，企业应当尽快采取积极救护措施，努力使事故对员工的伤害和损失降到最低。

（二）劳动保险

劳动保险就是使员工在暂时或永久丧失劳动能力时能得到一定的物质帮助的制度。劳动保险在企业的人事管理中处于重要的地位，它能够保证员工在丧失劳动能力的情况下仍然可以维持一定的生活水平。因此，劳动保险有利于解除员工的后顾之忧，使员工能够安心工作，不必为疾病等问题担心。

相关链接

“共享员工”企业应依法保障劳动者合法权益

《工人日报》2022 年 6 月 13 日报道，新冠疫情对不同业态企业影响存在差异，导致企业出现工作任务和员工数量不匹配的问题，有的企业人手不足，如互联网零售企业，有的企业则大量冗员，如餐饮企业。为此，企业间联合探索出“共享员工”的方式，实现“三赢”——调入企业获得人员补充，调出企业减轻了用工成本，员工则获得稳定就业和劳动报酬。疫情之下，“共享员工”提高了人力资源配置效率，实现了企业与企业、企业与员工之间的互助共济、共克时艰，有助于实现保企业、保就业、保稳定的目标。然而，企业之间“共享员工”的同时，也应该守法合规，做好劳动者合法权益的保障。

第四节 人力资源的管理方法

一、企业的人力资源政策

企业的政策是企业未来行动的方向。制定企业政策有四个目的：第一，明确企业的行动方向；第二，一旦企业将自己的未来行动以政策的方式明确下来，企业的行动就不会过于依赖某一个或某些人，就不会在大问题上因人而异；第三，企业政策有助于保持企业行动的持续性和连续性；第四，企业政策有助于使企业内部各个部门在整体上协调一致。

企业人力资源政策的主要目的是确定企业人力资源管理目标。由于不同企业的成立时间、规模、员工特征以及经营业务性质不同，其人力资源政策也各不相同。但是，不同企业的人力资源政策也有若干主要的共同点：一是企业人力资源政策所遵循的原则。企业人力资源政策的基本原则主要包括公平、创新、团结、员工参与管理、安全等。二是人员配备与发展。企业必须将合适的人选安置在合适的岗位上，并使其在企业得到发展的同时不断提高自己的技术与能力，在工作中不断得到晋升的机会。这包括如何确定企业中出现的空缺，如何寻找和选择接替人选，如何确定晋升，如何确定培训的需要与机会，以及如何对员工的表现进行评估等。三是管理控制。企业的人力资源政策必须处理好企业与员工之间的雇佣关系，解决好工作中的有关劳动纪律的问题，如缺勤、怠工等。四是就业条件。与员工个人签订就业合同的企业越来越多，这种合同中有关就业条件的问题涉及员工的报酬、病假工资、保险计划、退休金、带薪假期以及工作工时等。

为了贯彻实施企业的人力资源政策，通常可以采取以下四个步骤。

(1) 宣传企业的人力资源政策。实施一项政策，首要的工作是让受到政策影响的人们知道它、了解它，并且接受它。仅仅向有关人员发一份政策的文本是远远不够的，企业还需向有关人员解释，有时还得进行必要的培训。由于会影响到某些人的利益，企业人力资源政策的某些方面可能不被某些人欢迎。在这种情况下，更需要对企业的人力资源政策进行必要的宣传、解释工作。

(2) 制定企业人力资源政策的工作程序。企业的人力资源工作总是离不开一定的工作程序。例如：为了将有关个人的信息存入电子计算机，人们至少得填写一些表格；为了有效地贯彻一项政策，有关的工作程序必须简单、有效。

(3) 监督企业人力资源政策实施过程。如果不对企业政策的实施进行监督，任何一项政策都会偏离原来预计的方向。一方面，无论一项政策是多么明确，总会有一些人忘记政策所规定的内容，还有些人甚至会有意回避政策的某些内容。另一方面，无论在制定政策时多么认真和小心，总会有一些事先估计不到的因素影响政策的执行。而且，情况总是在不断变化的，既定的政策不可能绝对正确地反映变化着的情况。如果能够及时地发现和解决这些问题，政策就能够得到充分的落实，增强政策的有效性。因此，对企业人力资源政策实施过程的监督有着不可忽视的重要意义。

(4) 调整企业人力资源政策。对企业人力资源政策实施过程的监督并不能保证企业人力资源政策的正确性。为了保证企业人力资源政策的正确性，需要对其进行不断的调整、纠正。

二、企业的组织设计

从组织行为研究的角度来看，企业是由一系列的工作职位以一定的结构组合而成的组织体。一个企业应该具有一些什么样的工作职位，这些职位应该以什么样的结构进行组合，需要依企业的性质、任务与宗旨以及其所处的环境而定。例如，制造业企业的组织结构的特点是强调对上级的服从，明确的工作任务以及专业化。而那些经常面临新问题和不可预见因素的工作，如市场营销工作，就需要经常重新明确工作任务，强调工作的灵活性和高度的自我约束。因此，在企业的人力资源管理中，企业的组织设计是一项极为重要的工作。

（一）进行工作分析

工作分析是指在确定企业的组织体制和确定实施人力资源政策之前，对企业内部各项工作或职务的性质、责任以及对员工的要求等加以分析和研究，以此作为实施人力资源政策的依据。由于企业及其工作或职位的性质与环境不同，工作分析的具体内容可以有很大的差别。通常，工作分析有以下具体内容。

（1）确定工作职位的要素。例如，工作职位的名称，工作操作的步骤与方法，工作的物理环境，工作的社会环境，工作的报酬情况，工作的责任，等等。

（2）制定工作规范。工作规范是对工作的说明，主要包括对员工教育程度、生活与工作经验的要求等。工作规范强调的是员工从事某项工作的能力。然而在管理实践中，很难找到十全十美的人来从事某项工作。

（3）确定工作分析的方法。常见的有观察法和面谈法。观察法，即对某一工作岗位的操作进行实际观察，是明确工作岗位及其职责的常用方法。观察法比较直观，简便易行，但是也存在着一些不易克服的缺点。例如，观察易受观察者主观态度的影响，被观察对象可能因为紧张或炫耀自己而在被观察时表现异常，大量的非体力劳动不宜进行观察，需要较长操作时间的工作不宜进行观察，等等。

面谈法可以克服观察法的某些缺点。面谈法是由分析人员分别访问工作人员本人或其主管，以了解工作说明中原来填写的各项目的正确性，或是原填写事项有所疑问，以面谈形式加以澄清的方法。操作者能够进行自我观察，监督自己的心理活动，并能够用简明扼要的语言陈述自己的工作感受，这是运用观察法无法观察到的。但是，运用面谈法对分析人员的要求较高，必须受过面谈的基本训练；分析人员应当与被研究的人员之间建立起和谐的关系及相互信任；被分析的对象必须实事求是，要防止被分析对象在面谈时有意或无意地对自己进行不真实的描述。

（二）确定组织结构

在不同的企业中，尽管各个工作职位之间的相互关系各不相同，但企业组织的设计者需要决定如何将这些不同的工作职位联系在一起。确定企业组织结构有以下四种方式。

（1）按照职能将不同的工作及相关人员组合在一起的组织结构。如将企业的销售人员组合在一起，形成一个组合，公共关系人员则形成另一个组合等。按照职能确定组织结构，可以使同一部门的人分享经验，加深相互之间的了解、帮助和支持。这种组织结构形式有利于企业工作的专业化，促进工作经验的积累，因此是一种运用最为广泛的组织结构。它的缺点是容易使企业工作人员局限于本专业的工作，使不同职能部门之间的沟通出现问题。

（2）按照业务地区的不同而设置企业组织结构。这种组织结构有利于各单位内部不同专业人员之间的交流，使企业员工更接近自己的顾客。其缺点是同一专业人员之间的交流范围有限，不利于积累专业经验。

（3）以企业产品为中心设置组织机构。这种组织形式可以围绕同一产品将具有不同经验和专业技能的人组织在一起。

（4）按照工作的时间分隔设置组织机构。随着工作的进展，逐步调整人员组合。

企业的组织结构建立起来后，最重要的工作就是在企业内部不同部门之间进行协调，使整个企业成为一个有活力的整体。这种协调工作主要包括三个方面的内容：首先是通过建立制度进行协调。这意味着使企业的组织结构制度化，以明确企业内部的等级，使全体员工纳入一定的上下级关系之中，分享企业从最高层向最低层垂直分布的权力和责任。其次是通过计划进行协调。在明确授权的基础上，企业计划可以为每个员工规定各自在未来的任务，使大家分工协作，为实现企业的整体目标而共同奋斗。最后是通过会议进行协调。企业各级负责人可以根据需要，在自己的职权范围内召集必要的会议，沟通信息，交换意见，协调行动。

（三）企业组织结构的不同形式

企业组织结构的形式是由企业内外部不同条件和环境因素共同作用所决定的。由于这些条件和因素的复杂性，企业组织结构的形式也是千差万别的，没有一种单一形式的组织结构，也没有一种称得上是最佳形式的组织结构。企业组织结构有以下四种形式。

（1）家庭式组织结构。在这种企业里，由一个或几个人形成一个中心，由中心对企业在所有权、专业技术和经营管理上进行严格的控制。这种企业组织结构形式适合于规模不大、技术简单或专业技术在企业经营管理中占重要地位的企业，以及经营环境不确定或环境发展变化太快的企业。

（2）行政机构式组织结构。它适用于在稳定的环境中经营的大型企业，具有综合技术和不同专业技术的企业。

（3）矩阵式组织结构。行政机构式的综合性企业可以采用矩阵式结构，以加强企业内部各部门的责任，更好地对顾客的需要作出反应。

（4）独立式组织结构。采用独立式组织结构的企业内部分为若干个独立的单位，企业对每一个单位提供必要的支持，而每个独立部门则分别从事自己的业务，相互之间很少协调。这适合于同时从事若干不同专业化业务，并且强调各单位及个人责任的企业。

三、企业的工作设计

为了充分利用企业的人力资源，需要正确地设计员工的工作。工作设计直接影响到企业员工的工作效率、工作成果及其考核。在进行工作设计时，需要考虑企业所需员工的数量、操作任务、技术水平、能力高低，以及每个工作岗位的权责范围和控制幅度等因素。

（一）工作专业化

工作专业化是指对企业员工进行专业化分工，每个员工都固定在一定的工作岗位上操作，一个人只承担整个工作操作流程中的一小块任务。员工工作专业化以后，可以将复杂的工作分解为许多简单的高度专业化的操作，这样对每个人要求掌握的操作技术标准下降了，可以在很大程度上降低劳动力成本。员工由于从事较为简单的重复性操作，可以较容易地提高操作的熟练程度和工作流程的机械化与自动化程度，也有利于对员工的控制。但是，长期重复单一的操作会使员工产生厌烦和不满，导致员工士气和效率下降。而且员工终日在操作中接触的只是产品的一部分，不容易了解自己的工作对整个企业的意义，不利于培养员工的成就感和自豪感。

（二）工作轮换

工作轮换是指在一定的时期内使员工轮换工作岗位，在不同的工作岗位上进行操作。进行工作轮换可以为企业员工提供全面观察和了解整个工作流程的机会，以及提供全面发展技术的机会，减少长期从事重复单一的操作带来的厌烦和不满。由于员工参与了整个工作流程的操作，亲眼见到了产品生产的全过程，对自己工作的意义就会有更为深刻的理解，从而产生成就感和自豪感，有利于提高员工的士气和工作效率。但工作轮换并不可能完全消除员工在工作中的重复单一感，员工在一定的时期内仍然不得不从事简单重复的操作。因此，工作轮换只能在有限的程度上发挥作用。

（三）工作扩大化

工作扩大化是指扩大员工的工作范围，使员工从事的操作多样化。进行工作扩大化后，员工通常仍然以原来从事的操作为主要操作，只是将其操作的范围扩大到原操作的前后工序，员工的工作性质并没有太大的变化。因此，工作扩大化是员工工作范围的横向增加。通过增加每个员工应掌握的操作的种类和扩大员工从事的操作工序的数量，可以减轻员工对原来从事的操作的单调感和厌烦情绪，从而提高员工的劳动生产率。从管理的角度来看，采用工作扩大化可能会增加企业在工具和培训方面的开支。从员工的角度来看，从事新的操作、掌握新技术可能产生激励作用，然而一旦熟悉新技能之后，这种激励作用就会消失。

（四）工作丰富化

工作丰富化是纵向扩大员工的工作范围，增加员工在工作中的责任、自主权和信息反馈，即在一定程度上使员工承担一部分管理方面的工作。例如，让员工参与工作计划的制订，由员工自行决定工作的速度和进展，由员工自己对工作的成果进行控制和考核，对产品质量进行自我监督等。工作丰富化能够为员工提供更多的激励和满足，从而提高员工的劳动生产率。然而，工作丰富化产生作用的一个条件是员工能够从工作丰富化中受到激励。实践证明，工作丰富化只是对一部分员工具有激励作用。

课后阅读

发达国家的职业生涯规划

职业规划起源于20世纪初的美国，是伴随着市场经济的迅速发展应运而生的。发达国家的职业指导随着本国的社会、经济的发展，经历了近百年的历史，逐渐改变了最初的职业指导形象。尤其是在50年代以后，职业规划走上了国际舞台，国际间的探讨和交流不断加深，不同的国家也不断丰富着各自的实践。

◆ 日本：20世纪中后期，随着教育改革的深入，职业生涯指导被正式列入学校的教育计划，职业生涯教育开始进入“课程化”时期。1958年和1960年，文部省分别对初中和高中的学习指导大纲进行了全面修订。在这两个大纲中，正式把职业指导更名为“出路指导”，目的在于使学校的职业指导与社会上的职业指导有所区别。学校进行的职业指导实际上既包含着就业指导又包含着升学指导。进入70年代以后，根据日本社会产业结构和就业结构的变化，文部省曾多次提出加强、改善和充实学校出路指导的意见。强调要有计划、有组织地进行指导；要着重培养学生的职业观和价值观以及自主选择决定将来出路的能力。

◆ 美国：在美国的教育历史上，曾两次专门以政府法案的形式进行了职业生涯教育改革，对美国的教育产生了重大影响，它们分别是20世纪70年代的《生计教育法案》以及90年代的《学校就业法案》。

◆ 英国：教育部门在教育改革的实践中也注意到社会与教育的相互作用，注意利用各方力量。在一些相关法令中规定，相关社会各部门要为学生熟悉各种职业提供便利条件。各企事业单位和工厂要与学校建立广泛的合作关系，给学生提供参观和就地实习，以熟悉各专业、职业和工种的机会，以利于学生做出正确的选择。同时，学校也注意赢得学生家长的支持，定期举办家长的培训，使他们注意从小对学生进行职业意识的灌输，锻炼他们的独立能力，只靠学校单方是难以完成的，这些都保证了学校教育改革得以有序地进行。

◆ 瑞典：学校设置职业指导课程，帮助学生根据个人的知识和能力选择职业。职业指导课程在义务学校中设置，也在高中设置，这种课程每校必备，不是职业指导专家进行的个别行为。该课程贯穿在全部学习中，老师的责任不仅教理论课，也教职业指导课。其中20%的职业指导课程在校外进行，由职业指导老师自己设置。同时，增强家长和学生对职业与培训选择的全面了解。请家长到校听职业指导课，对家长进行职业、培训方面的宣传，使家长帮助学生确定职业和学习科目的选择；安排学生到父母工作的工厂参观，增强其对社会的了解；聘请职业指导专家帮助学生确定所选专业，帮助学生制订个人发展计划。让学生先试选职业培训课程，试读后再确定课程，做到职业培训与学校文化教育相结合，并将职业培训融会于3年学制之中，逐步提高。

思考与练习

1. 简述企业人力资源管理的特点及基本职能。
2. 简述企业人力资源管理的各项基本原则。
3. 什么是组织设计？企业内部组织设计包括哪些内容？
4. 企业员工招聘工作的基本步骤有哪些？
5. 企业员工教育培训的基本方法有哪些？

案例分析

A公司的清扫工作该由谁来做

A公司于2012年10月正式成立，开发与生产电子产品，该公司原来是一家国有研究机构，公司现任总经理是原研究机构的高级工程师，他在技术领域和学术造诣上堪称泰斗，对于现代企业管理却不甚精通。为了配合总经理的工作，公司为他配备了两名总裁助理，他们都是近年从高校招聘的本科毕业生，了解企业管理知识。公司设立财务、人力资源、营销和生产四个职能部门，部门经理分别为廖某、张某、王某和李某。廖某、张某和王某都是原来研究机构的技术骨干，李某是总经理的一个朋友，以前从事私营企业经营。在四个职能部门当中，李某主管的生产部实际上处于中心位置。在生产部门之下，依次设有各车间、班组。

公司满怀信心地投入了运营，各路人马按部就班，各司其职。然而，开业尚不足两个月，公司在内部员工职责权限划分上接连出现了问题。

先是在组装车间，一个包装工不小心将大量液体洒在操作台周围的地板上。正在一旁的包装组长见状立即走上前要求这名工人打扫干净。不料这名工人一口回绝道："我的职责是包装产品，您应该让勤杂工处理这样的工作。况且，我的工作职责中没有要求我打扫卫生。"组长无奈，只得去找勤杂工，而勤杂工不在。因为，勤杂工要在正班工人下班后才开始清理车间。于是，包装组长只好自己动手，将地板打扫干净。

第二天，包装组长向车间主任请求处分包装工，得到了同意。谁料人力资源部门却不予支持，反而警告车间越权。车间主任感到不解，并向李某反映了这一情况，请求得到支持。包装组长更是满腹委屈，他反问道："难道我就该什么都负责？我的职责中也没要求我做清扫工作呀。"

李某觉得自己的车间主任受了委屈，就向总经理反映了这一问题，要求总经理警告人力资源部不要过多地干涉车间内部事务，否则生产运作会受到不利的影响。总经理却说："我只管战略性的重大事务。内部的分工与沟通，你们自己去协商。"

李某尽管感到很吃惊，但还是表示理解总经理的指示，并且与人力资源经理张某进行协商。张某的态度也很积极，马上让秘书拿来工作说明书一起分析。包装工的工作说明书规定：包装工以产品包装工作为中心职责，负责保持工作平台以及周围设备处于可操作状态。勤杂工的工作说明书规定：勤杂工负责打扫车间，整理物品，保持车间内外的整洁有序；为了保证不影响生产，工作时间为生产休息时刻。包装组长的工作说明书规定：包装组长负责使班组的生产有序、高效，并协调内部工作关系。车间主任的工作说明书规定：车间主任负责本车间生产任务的完成，并且可以采取相应的措施对员工加以激励。人力资源部门的职责主要包括员工的招聘、选拔、培训、考评、辞退、奖惩、工资福利等。

因为员工奖惩权归人力资源部门，因此人力资源部坚持认为生产部门对员工的处分决定是越权。生产部门则认为，对员工的奖惩应由自己决定，否则难以对员工进行有效管理，包装组长更是感到委屈，并声称要辞职。协商陷入了僵局。

问题：

1. A公司的员工在工作中产生矛盾的原因是什么？应该如何解决矛盾？
2. 你认为应该采取什么措施防止类似事件再次发生？

第七章
财务管理

本章导读

现代企业财务管理包括财务活动和财务关系两个方面，财务活动泛指企业在生产过程中涉及的资金活动，财务关系是指财务活动中形成的企业各方面的经济关系。本章介绍财务管理的任务、目标、内容和职能；分析现代企业内部的财务管理体制、财务管理的基础工作和资金时间价值等财务管理观念；研究现代企业的筹资管理、投资管理和股利分配及其政策。

引入案例

蓝月亮集团增收不增利：短期困境还是成长性衰竭

国内日化龙头公司蓝月亮集团正面临股价大幅破发和利润下行的双重压力。

蓝月亮集团2021年年底在港交所上市，市值一度突破1100亿港元。2022年9月9日收盘，总市值仅349.9亿港元，较巅峰时期蒸发超700亿港元。股价也处于明显的破发状态，9月9日收盘价5.97港元/股，较13.16港元/股的发行价下跌约54.6%。一些看好蓝月亮集团成长潜力的投资者目前被深度套牢。

股价表现欠佳固然与发行价过高、港股大盘走势不佳有关，更重要的是，该公司业绩欠佳，连续两年中报亏损、陷入增收不增利的窘境。

蓝月亮到底还有没有超预期的成长性？增收不增利只是短期的问题还是长期创利能力和成长性枯竭？增收不增利，上半年亏损1.49亿港元。

蓝月亮集团中报显示，2022年上半年，公司实现营收28.83亿港元，同比增长22.4%；净亏损1.49亿港元，较去年同期多亏1.05亿港元。

对于亏损原因，蓝月亮官方解释为公司持有的离岸人民币计值银行存款兑美元贬值产生的汇兑损失所致，并非来自公司主要业务营运。若剔除汇兑损失的1.42亿港元影响，蓝月亮当年上半年的净利润为−0.07亿港元，仍处于亏损状态。

中报显示，上半年公司的毛利为15.29亿港元，较上年同期的12.59亿港元上升21.4%，整体保持平稳。但要注意的是，公司从2020年开始毛利率有走低的趋势。

2020年上半年，蓝月亮集团毛利率高达63.99%，2022年上半年仅为53.05%，两年时间毛利率下降了10.94个百分点。

近忧：原材料价格上涨吞噬利润。

原材料价格上涨是蓝月亮毛利率下降的重要因素。

公开信息显示，蓝月亮的原材料主要分为两个部分：一是以棕榈油为主的产品内容物，二是以低密度聚乙烯塑料为主的产品包材。其中，低密度聚乙烯塑料为原油下游产品，棕榈油则为生物柴油的原料，它们的价格受原油价格波动影响。

在2020年全球新冠疫情暴发后，国际原油价格整体呈现出波动上行的趋势；2022年上半年，由于地缘冲突升级，国际原油价格加速上涨，棕榈油价格也在原油价格催化下快速上升。2022年上半年，棕榈油期货收盘均价在1万元/吨，低密度聚乙烯期货收盘均价在8500元/吨。在原材料成本整体推高的背景下，上半年，蓝月亮的原材料成本达到13.27亿港元，较上年同期的9.34亿港元大幅上涨约30%。

受原材料价格上涨影响，蓝月亮的营业成本从2021年上半年的10.96亿港元上升至13.54亿港元，涨幅约为23.5%，高于营收22.4%的增速。与此同时，公司原材料成本占营业成本的比例也从85%提高到98%。

简单来说，原材料价格的波动将直接影响公司的营业成本，其价格的上涨也会吞噬利润。

远虑：线上销售承压、销售费用攀升、原材料成本上涨可能是一个短期因素，未来相关原材料价格仍有下降的可能性，而线上销售承压、销售费用攀升这些结构性的压力可能更难应对。

上半年蓝月亮线上渠道仅实现销售额 14.76 亿港元，较上年同期的 16.40 亿港元下降 10%，占总营收的比例从 69.6%下降至 51.2%。

线下分销渠道销售额同比大增 98.5%，至 10.8 亿港元，占当期总营收的比例进一步提升至 37.5%。这与公司发展重心转战到线下渠道有一定关系。公司在近几年的业绩报告中反复提及“下沉市场”策略以及加大对线下渠道的扩张。

但是，线下销售面临更高的销售费用。报告期内，蓝月亮的销售费用达到 11.49 亿港元，较上年同期的 9.16 亿港元上升约 25.1%。销售费用增速快于整体营收增速。

数据显示，2022 年中期蓝月亮销售费用占总营收的比例已达到 39.8%，如果持续增加，或将进一步挤压公司盈利空间。

线下销售带来的另一些潜在问题可能是回款周期变长、存货周转速度变慢等，对现金流产生一定压力。

蓝月亮当前的困境究竟是短期压力，抑或是长期成长能力衰竭，有待进一步观察。如果是前者，也许存在困境反转带来的超额收益；如果是后者，可能就是长久的沉沦。

港股是一个非常现实的市场，困境反转如果被验证，可以很快在股价上反映出来；但是，如果业绩继续滑坡，腰斩之后再次腰斩的案例也比比皆是。

随着国内外经济环境的不断变化，企业面临日益严峻的、前所未有的机遇和挑战，这就要求企业从市场的新视角来审视企业的发展战略，特别是财务管理战略，它是企业战略中居于核心地位的一种职能战略，是组织资金运动和协调财务关系的一项综合性管理工作，涉及并渗透到企业经营管理活动的全过程。搞好企业财务管理，对于改善企业经营管理、提高企业经济效益有着举足轻重的作用。

第一节 财务管理概述

一、企业财务管理的基本任务

企业财务管理的基本任务是做好各项财务收支的计划、控制、核算、分析和考核工作，依法合理筹集资金，有效地利用企业各项资产，努力提高经济效益。

（一）选择筹集渠道，降低资金成本

正确、及时地筹集资金是保证企业生产经营活动持续发展，提高资金利润率的前提。筹集资金总要付出一定的代价，这种代价包括资金占用费用（如借款利息、债券利息及股息等）和资金筹集

费用（如股票发行费、债券注册费用），即资金成本。因此，企业在筹集资金时就要充分考虑资金成本费用的支出，合理选择筹资渠道和方式，做到既能筹到必要的资金又尽可能降低筹资成本，使企业建立起科学、合理的资金结构。

（二）管好用好各项资产，提高资产的利用效果

在管理各项资产方面，要结合本企业特点，从基础工作抓起，从不断提高企业的经济效益入手，正确地选择企业经营策略和资产投向。处理好资产、负债、费用和利润的关系，使企业各项资产得以科学运用，企业产品结构、资源利用、盈利水平等方面处于最佳状态，经营效益不断提高。

（三）降低成本费用，增加企业盈利

降低成本费用就是要有计划地安排生产经营过程中的人力、物力和财力的消耗。根据企业的生产任务、消耗定额和其他条件合理控制各种生产经营耗费。在正确核算成本费用的基础上分析研究生产经营耗费水平和企业盈利水平，即揭示生产经营中存在的问题，提出改进措施，促进企业改善经营管理。开拓市场经营渠道，运用先进的营销手段，增加企业盈利。

二、企业财务管理的目标

财务管理是企业管理的一部分，是有关资金的获得和有效使用的管理工作。财务管理的目标取决于企业的总目标，并且受财务管理自身特点的制约。传统企业经营目标简单地说就是利润最大化。现代企业仅仅追求利润最大化是不够的，还应追求所有者权益最大化和企业价值最大化。现代企业的经营目标要求财务管理完成筹措资金，并有效地投放和使用资金。

股份公司，尤其是上市公司，企业价值可根据其股票价格来确定。因此，股价的高低反映了财务管理的目标的实现程度。公司股价受外部环境和管理决策两方面因素的影响。管理决策属于公司内部因素，是公司管理当局可以控制的因素；公司外部环境因素，是公司管理当局难以控制的因素。从可控因素看，股价高低取决于企业的报酬率和风险，而企业的报酬率和风险又是由企业的投资项目、资本结构和股利政策决定的。因此，这五个因素影响企业的价值。财务管理正是通过投资决策、筹资决策和股利决策来提高报酬率，降低风险，实现其目标的。企业的外部环境因素，又称企业的财务管理环境、理财环境。其对企业财务活动产生的影响作用是企业的财务决策难以改变的外部约束条件，企业财务决策更多的是适应它们的要求和变化。财务管理的环境涉及的范围很广，其中最重要的是法律环境、金融市场环境和经济环境等。

三、财务管理的对象与内容

财务管理是有关资金筹集、投放和分配的管理工作。财务管理的对象是资金的循环和周转，主要内容是筹资、投资和股利分配，主要职能是决策、计划和控制。

（一）财务管理的对象

财务管理主要是资金管理，其对象是资金及其流转。资金流转的起点和终点是现金，其他资产都是现金在流转中的转化形式，因此，财务管理的对象也可以说是现金及其流转。财务管理也会涉及成本、收入和利润问题。从财务的观点来看，成本和费用是现金的耗费，收入和利润是现金的来

源。财务管理主要在这种意义上研究成本和收入，而不同于一般意义上的成本管理和销售管理，也不同于计量收入、成本和利润的会计工作。

（二）财务管理的主要内容

1. 筹资

企业资金按投资者权益不同分为权益资金和债务资金。权益资金包括由所有者投入企业的资本金和企业在生产经营活动中形成的资本公积金、盈余公积金和未分配利润，其所有权属于企业所有者；债务资金包括流动负债和长期负债，其所有权属于企业债权人。筹资是企业财务管理的基础环节，要科学、合理地确定资金数额和资本结构，合理选择筹集资金的方式，努力降低资金成本和筹资风险。

2. 投资

企业筹集资金的直接原因是为了投资。企业投资分为对内投资和对外投资。对内投资是对企业内部投放资金，主要投放于流动资产、固定资产、无形资产和递延资产等；对外投资是对企业外部投放资金，其形式多种多样，按不同标准可分为外购与新建、合资与独资、子公司和分公司、股票与债券等。对内投资所形成的各项资产是企业直接从事生产经营活动的经济资源，在生产经营活动中会不断被耗费。投放资金是企业财务管理的关键环节，要认真选择投资方向和投资形式，合理安排资产结构，努力降低生产耗费和投资风险，力争提高效率。

3. 股利分配

企业进行投资的具体原因虽然有所不同，但从根本上都是为了获取利润。利润分配是指在企业赚得的利润中，有多少作为股利发放给股东，有多少留在企业作为再投资用。如何制定合理的股利分配政策，正确确定利润留存与分配的比例，是影响企业股价在市场上的走势和在社会公众中享有的信誉的一个大问题。每个企业根据自己的具体情况确定最佳的股利分配政策，这是财务决策的一项重要内容。

相关链接

我国资本市场在新时代发生深刻的结构性变化

党的十八大以来，以习近平同志为核心的党中央高度重视资本市场工作，加强对资本市场的集中统一领导，做出一系列重大决策部署，明确提出要通过深化改革打造一个规范、透明、开放、有活力、有韧性的资本市场。习近平总书记深刻指出，要把发展直接融资放在重要位置，形成融资功能完备、基础制度扎实、市场监管有效、投资者合法权益得到有效保护的多层次资本市场体系；要把主动防范化解系统性金融风险放在更加重要的位置，科学防范，早识别、早预警、早发现、早处置，着力防范化解重点领域风险，着力完善金融安全防线和风险应急处置机制；等等。这些重要论述为新时代资本市场改革发展指明了方向。特别是2017年全国金融工作会议以来，在以习近平同志为核心的党中央坚强领导下，我国紧扣金融供给侧结构性改革的主线，坚持用改革的思路和办法来破解资本市场体制机制性障碍，坚定推进全面深化资本市场改革，推动资本市场发生深刻的结构性变化，服务经济发展实现量质双升。

股债融资稳步增长。2017 年至 2021 年，首次公开发行股票（IPO）和再融资金额合计 5.2 万亿元，交易所债券市场发行 33.9 万亿元。其中，2021 年 IPO 和再融资金额合计约 1.5 万亿元，股票和交易所债券市场融资合计超 10 万亿元，均创历史新高。

市场结构明显优化。截至 2022 年 6 月末，A 股战略性新兴行业上市公司超过 2200 家，新一代信息技术、生物医药等高科技行业市值占比由 2017 年年初的约 20%增长至约 37%，上市公司研发投入占全国企业研发支出的一半以上，上市公司作为实体经济“基本盘”、转型发展“领跑者”的角色更加凸显。投资者结构逐步改善，境内专业机构投资者和外资持仓占流通市值比例由 2017 年年初的 15.8%提升至 23.5%。

多层次市场体系不断健全。科创板、创业板试点注册制相继成功落地，大大提升了资本市场对优质企业的吸引力。深化新三板改革、设立北京证券交易所，打造服务创新型中小企业主阵地迈出关键一步。《中华人民共和国期货和衍生品法》审议通过，有效填补了期货和衍生品领域的“基本法”空白。截至 2022 年 6 月末，期货期权品种已有 94 个，基本涵盖国计民生主要领域，在 2021 年以来国际大宗商品价格大幅上涨的背景下，我国动力煤、铁矿石等主要期货品种价格及涨幅均小于现货、小于境外，为保供稳价大局贡献了积极力量。

优化资源配置的功能进一步发挥。资本市场基础制度的适应性、包容性明显提升，市场化的激励约束机制不断完善。资本市场并购重组主渠道作用不断强化，近 5 年并购重组交易金额约 10 万亿元，激发了市场主体活力。退市制度进一步健全，2022 年已有 42 家公司强制退市，进退有序、优胜劣汰的市场生态正加速形成。

高水平制度型开放稳步推进。统筹开放和安全，推动市场、产品和机构全方位开放。证券基金期货行业外资股比限制全面放开。互联互通不断深化，沪深港通制度安排持续优化，交易型开放式基金（ETF）纳入沪深港通标的落地实施，沪伦通机制对内拓展到深交所，对外拓展至德国、瑞士。A 股纳入国际知名指数并不断提升比例，在香港推出 A 股指数期货。外资连续多年保持净流入，我国资本市场的国际吸引力和竞争力明显增强。

四、财务管理的职能

财务管理的职能是指在财务管理中所使用的各种业务手段。这些方法互相配合，联系紧密，构成完整的财务管理工作体系。

（一）财务预测

财务预测是对企业经济活动状况进行估计和推测。财务预测的范围很广，目的也不尽相同。为了搞好财务预测，在正式开展工作之前，要根据预测的目的收集和整理有关资料，深入了解相关情况，在此基础上选择科学的方法，确定财务指标预测值，为下一步决策提供依据。

（二）财务决策

财务决策是针对企业的各种财务问题决定行动方案。财务决策是企业经营决策的重要组成部分，是企业财务管理的基础环节，其正确与否直接关系到企业的兴衰成败。为了正确开展财务决策，首先要根据企业内部和外部经营环境拟订数个决策方案，在此基础上运用数学方法对各备选方案的预期经济效果进行定量和定性的经济分析，最后从诸方案中选择一个最优方案，并组织实施或否决全部备选方案。

（三）财务计划

财务计划是企业财务管理目标的系统化、具体化，是企业实行内部经济责任制的重要基础，也是财务监督和财务检查的重要依据。为了编制既先进又切合实际的财务计划，企业在正式编制计划以前，要采取技术经济措施并预测各项措施的经济效果，要收集和整理有关资料并预测计划指标的水平，在此基础上计算各项计划指标，并正式编制计划表格。

（四）财务控制

财务控制是企业财务管理的重要环节，是降低成本、费用和增加利润的重要措施。为了有效地实行财务控制，企业要制定各项消耗定额和费用开支标准，编制财务计划，为财务控制确定标准；要建立健全财务制度，把财务控制任务落实到各部门、各单位和有关职工，并明确其相应的权责利，以保证财务控制标准的执行；当执行结果与标准发生差异时，要确定差异程度并分析原因，明确其性质和责任，针对存在的问题采取有效措施。

（五）财务分析

财务分析包括事前、事中和事后分析。在财务预测、决策和计划编制过程中进行的分析称为事前分析。其目的是科学地确定各项财务活动的具体目标和评选财务活动方案。在财务计划执行过程中进行的分析称为事中分析，其目的是掌握计划的执行情况及实际脱离计划的原因，以便采取措施保证计划的实现。在计划期结束以后进行分析称为事后分析。其目的是确定实际脱离计划的程度和原因，以便总结经验，提高企业计划管理水平。

（六）财务检查

财务检查既可在计划期中进行，也可以在计划期结束以后进行。在财务检查中，要了解企业执行财经纪律、财务计划和经济核算的情况，揭露财务活动中存在的问题并查明原因和分清责任，促进企业严格遵守财经法纪和加强经济核算。要搞好财务检查，检查人员应该认真阅读财会凭证、账目和报表，并提出处理办法和改进意见。

五、企业财务管理的原则

企业财务管理的原则可概括为建立健全企业内部财务管理制度，做好财务管理基础工作，如实反映企业财务状况，依法计算和缴纳国家税收，保障投资者权益等。

（一）在企业内部财务管理体制上实行统分结合的原则

企业财务管理要实行由企业总经理统一管理，分级核算的原则。总会计师或者财务副总经理要协助总经理管理好企业财务，监督检查企业生产经营活动，为企业理好财。企业内部实行部门经理负责制，在统一的财务管理制度、核算办法的基础上，适应各职能部门分口管理，以求做到各职能部门有职、有权、有责。

（二）在财务会计核算上坚持反映企业财务状况的原则

如实反映企业财务状况的原则要求企业财务会计人员要客观地记录企业经营业务发生的情况，

准确地核算企业的收入、成本费用和利润，真实地报告企业的财务状况。

(三) 坚持依法计税的原则

企业必须在正确核算收入和利润的基础上，依据税法的规定，及时、足额地向国家上缴税金。纳税是企业应尽的义务，任何违反国家税法的偷漏税行为都是法律所不允许的。

(四) 保证投资者合法权益不受侵犯的原则

只有对所有者的权益实行保护，才能实现公平的市场竞争，这是发展市场经济的要求，也是企业所有者的期望。否则，投资者权益得不到保护，小则侵害投资者的合法权益，大则会直接影响到国内外投资者进行投资的积极性，最终影响到市场经济的正常发展，受损失的还是企业。

第二节 企业内部的财务管理

一、企业内部财务管理体制

(一) 企业内部财务管理方式

企业内部财务管理有以下两种方式可供选择。

(1) 一级核算方式。采用这种财务管理体制的企业，财务管理的权力集中，企业的各项资金、财务收支等都集中管理，下属部门一般只负责管理、登记所使用的财产、物资等，经济上不独立。

(2) 二级核算方式。实行这种财务管理体制的企业，财务管理的权限部分下放到下属部门。采用这种体制的企业，下属部门在管理上有相对的灵活性，便于调动下属部门经营的积极性。

(二) 企业内部财务管理指标体系建设

企业内部财务管理方式一经确定，就要着手研究制定诸如指标体系、奖惩措施等方面的内容。

(1) 资产方面，要研究和确定筹集资金的具体方式和途径，为企业内部各部门核定资产占用额、利用效果或费用定额等指标，并定期进行考核。

(2) 收支管理方面，除逐级分解成本指标外，对各部门还要核定收入、支出及经营成果指标。

(3) 物质奖励方面，要根据各部门经济指标完成情况，奖优罚劣，鼓励各部门生产经营的积极性。

(三) 确立企业内部财务管理体制的注意事项

确立企业内部财务管理体制的注意事项如下。

(1) 保证企业生产经营活动的整体性，不要机械式地照搬国家对企业的管理办法，做到既不违反国家政策，又适合本企业实际情况。

(2) 处理好集权与分权的关系，做到统一规划，各行其权，调动各个方面的积极性。

(3) 划清企业内部各部门以及上下级的责任范围，防止越权管理，或不尽职的情况发生，避免出现经济纠纷，使企业的经营管理有序、高效地进行。

二、企业内部财务管理的基础工作

（一）建立健全财务管理机构

财务管理机构是组织财务管理工作的职能部门，要根据企业特点合理设置。

（二）建立健全财务管理制度

企业内部财务管理制度和规定是组织企业财务活动的行为规范，它具体规定了企业内部各级、各部门财务管理的职责权限。企业财务管理制度应与企业财务管理的内容相适应。制度建立以后，就要认真执行，严格遵守。

（三）加强计量检测工作

计量检测就是用一种标准的单位对一类经济活动的量进行测定，它是从数量和质量两方面反映企业生产经营活动成果的。计量检测是否准确，很大程度上取决于原始记录的准确性及可靠性。同时，还必须采用先进的计量检测手段、先进的管理方法和精干的专职人员。

（四）制定企业内部核算价格

企业内部发生经济来往也要计价核算，这是经济核算制度所要求的。为此，就要合理制定企业内部核算价格，将在企业内部发生的材料领用、产品转移、劳务提供等经济活动用内部核算价格进行计价核算，以考核企业内部各部门的劳动成果，分清经济责任。

（五）建立健全原始记录，加强信息管理

原始记录是对企业生产经营活动的最初记录，是珍贵的资料档案，必须如实记载，不能遗漏和伪造。信息一般是消息、情报和记号的总称。信息管理是指对信息的搜集、传递、加工、整理等各项工作的管理。建立健全信息管理系统，加强信息管理，是企业管理的重要环节。

三、企业内部财务管理的基本环节

（一）财务预测

财务预测是根据企业财务活动的历史资料，综合现实的需要，对企业决策方案或未来的财务活动和成果做科学的预测，为财务决策提供理论依据。进行财务预测时，一方面要利用一些直接资料，如根据企业财会人员的经验和有关资料进行分析、做出判断、预测未来发展变化的趋势；另一方面，要在比较完备的数据资料基础上，运用科学的方法，建立经济发展模型，做出科学的预测。

（二）财务决策

财务决策就是在财务预测的基础上对企业财务活动生产经营方案做出的评价和选择。企业财务决策主要包括筹资决策和投资决策。

（三）编制财务计划

财务计划是企业生产经营计划的重要组成部分，包括资产计划、成本计划、收入和利润计划等。编制财务计划要做到既先进又切实可行，同时注意留有充分余地，防止短期行为，不能使计划高不

可攀。财务计划还要与生产经营计划相衔接。

四、企业内部财务管理的价值观念

资金时间价值和投资风险价值是财务活动中客观存在的经济现象，也是进行财务管理必须树立的价值观念。

(一) 资金时间价值

企业把资金存入银行可以获得利息，用于投资可以得到收益。这些报酬是由于投资者进行投资后而获得的，它随时间而变化，投资时间越长，报酬就越多，所以把它称为资金时间价值。不过，在投资有风险的条件下，投资者投资获得的报酬除包含资金时间价值以外，还包含投资风险价值。资金时间价值是时间的函数，一般情况下按复利计算。资金时间价值随时间变化而变化，它有现值、终值和年金三种表示方法。现值是指为取得利息和收益进行投资时的资金价值量；终值是指资金在将来某时间的本利和；年金是指间隔相同时间（一般为一年）支付或收入相等数额的款项。资金时间价值计算通常有以下六种方法。

1. 已知现值求终值

用复利计算终值的公式为

$$F=P(1+i)^n$$

式中：i——利润/利率（%）；

P——本金，又称资金的现价；

n——计算时间价值的次数，通常以年为单位；

F——本金和利息之和，又称资金的终值。

【例 7-1】 某人将 10000 元投资于一项事业，年报酬率为 6%，两年以后的复利终值为

$$F=10000\times(1+6\%)^2=11236\text{（元）}$$

2. 已知终值求现值

现值的计算公式可以根据终值的计算公式推导出来，因为 n 年以后的终值 $F=P(1+i)^n$，所以现值的计算公式为

$$P=\frac{F}{(1+i)^n}=F\times\frac{1}{(1+i)^n}$$

【例 7-2】 某企业想要在 10 年以后得到一笔 20000 元的款项，按年利率 10%计算，那么现在需要在银行存款为

$$P=20000\times\frac{1}{(1+10\%)^{10}}=7710\text{(元)}$$

3. 已知年金求终值

在 n 年中，每年年末投资 A 元，则第 n 年年末的本利和应为各年投资本金与复利之和，即第一年年末 A 元，赚取利息为年数的 $n-1$ 年，其本利和 $F=A(1+i)^{n-1}$，第二年末 A 元，赚取利息的

年数为 $n-2$ 年，其本利和 $F=A(1+i)^{n-2}$。以此类推，第 n 年年末投资 A 元得不到利息，即 $F=A(1+i)^{n-n}=A$，所以第 n 年年末的本利和应为

$$F=A(1+i)^{n-1}+A(1+i)^{n-2}+\cdots+A(1+i)+A$$

上式两边同时乘 $1+i$ 可得

$$F(1+i)=A(1+i)^{n}+A(1+i)^{n-1}+\cdots+A(1+i)^{2}+A(1+i)$$

上述两式相减，可得

$$F(1+i)-F=A(1+i)^{n}-A$$

所以有

$$F=\frac{A(1+i)^{n}-A}{(1+i)-1}=A\frac{(1+i)^{n}-1}{i}$$

【例 7-3】　某企业进行一项技术改造工程，需要向银行借款 300 万元，年利率为 9%。该项目分 3 年建成，每年投资 100 万元，项目建成时向银行还本付息的金额为

$$F=100\times\frac{(1+9\%)^{3}-1}{9\%}=327.81(\text{万元})$$

4. 已知终值求年金现值

已知终值求年金现值的计算公式为

$$A=F\frac{i}{(1+i)^{n}-1}$$

【例 7-4】　某企业 5 年后要偿还 50 万元的债务，为筹措资金，从现在起每年年末需要在银行存入一笔定额存款，年利率为 8%，每年定额存款应为

$$A=500000\times\frac{8\%}{(1+8\%)^{5}-1}=85228.22(\text{万元})$$

5. 已知现值求年金

已经推导出利用年金求终值的计算公式为

$$F=A\frac{(1+i)^{n}-1}{i}$$

利用现值求终值的公式为

$$F=P(1+i)^{n}$$

后一计算公式代入前一计算公式，可得

$$P(1+i)^{n}=A\times\frac{(1+i)^{n}-1}{i}$$

上式整理后，就可得出已知现值求年金的计算公式，即

$$A=P\frac{i(1+i)^{n}}{(1+i)^{n}-1}$$

【例 7-5】　某企业购买生产设备需要向银行借款 100 万元，年利率为 8%，计划 5 年收回全部投资，每年应收回投资为

$$A=100\times\frac{8\%(1+8\%)^5}{(1+8\%)^5-1}=25.05(万元)$$

6. 已知年金求现值

已知年金求现值的计算公式可以根据已知现值求年金的计算公式推导出来。因为

$$A=P\ \frac{i(1+i)^n}{(1+i)^n-1}$$

所以已知年金求现值的计算公式为

$$P=A\ \frac{(1+i)^n-1}{i(1+i)^n}$$

【例 7-6】 企业联营对外投资，利润率为 15%，如果每年想得到 20 万元的收益，并打算在 5 年内收回全部投资，该企业现在必须投资

$$P=20\times\frac{(1+15\%)^5}{15\%\ (1+15\%)^5}=67.044\ (万元)$$

（二）投资风险价值

1. 投资风险的定义

当一项投资活动的未来情况存在多种可能性时，这项投资就存在风险。在有风险的情况下进行投资，不仅要考虑资金的时间价值，而且要考虑投资的风险价值，即决策时所要求的投资收益率，既包括资金的时间价值，又包括资金的风险价值。

投资活动面临的风险分为可分散风险和不可分散风险两类。可分散风险又称为非系统风险或公司特别风险，是指某些因素对特定企业造成经济损失的可能性，如公司个别产品在市场竞争中的失败等。不可分散风险又称为系统性风险或市场风险，是指某些因素对行业或全部企业都带来经济损失的可能性，如经济衰退、经济政策变化、石油价格涨跌等。可分散风险可通过多元化投资来规避，不可分散风险不能通过多元化投资来规避。

2. 投资风险价值的定义

投资风险价值是指投资者投资活动中冒风险而取得的超过资金时间价值的额外报酬。投资者冒的风险越大，要求得到的风险价值就越多，因此，投资收益率也就越高。

3. 投资风险价值的表现形式

投资的风险价值有两种表现形式：一种是绝对数，即“风险报酬额”，是指冒险进行投资而取得的额外报酬；另一种是相对数，即“风险报酬率”，是指额外报酬占投资总额的百分率。

4. 投资风险报酬率的确定方法

为了正确进行投资，在有风险的情况下需要确定风险报酬率。确定风险报酬率一般有两种方法：一种是决策人员根据自己的经验和各行业的情况进行主观判断；另一种是决策人员根据有关数据进行定量分析。其具体步骤如下。

(1) 计算投资收益期望值。假设某企业投资 12600 万元购买固定资产生产某种产品，经分析预测，产品销售时有 20%的可能出现市场畅销，每年能获得经营收益 2000 万元，有 50%的可能出现市

场销售情况一般，每年获得经营收益 1000 万元，有 30%的可能会出现市场销售情况较差，每年只能获得经营收益 500 万元。有关情况如表 7-1 所示。

表 7-1　企业经营收益资料

可能出现的市场	年经营收益/万元	概率
畅销	$X_1 = 2000$	$P_1=0.2$
一般	$X_2 = 1000$	$P_2=0.5$
较差	$X_3 = 500$	$P_3=0.3$

产品销售以后能得到多少经营收益现在并不确定，它是随机变量。但是，可以运用概率论的方法解决这一问题。

上例中可能得到的经营收益值为经营期望值（用 $\bar{E}$ 表示），它是各个随机变量以其各自的概率进行加权平均所得的平均数，计算公式为 $\bar{E} = X_i P_i$。根据上例资料，其经营期望值为

$$\bar{E} = 2000\times0.2+1000\times0.5+500\times0.3=1050\text{（万元）}$$

（2）计算标准离差。前面计算的经营收益期望值是 1050 万元，表明企业投资 12600 万元在各种可能的风险条件下每年将得到的平均经营收益值。但是，实际出现的情况只能是其中的一种，得到的经营收益一般不等于经营收益期望值，分别为 $X_1 = 2000$ 万元，$X_2=1000$ 万元，$X_3 = 500$ 万元。因此必须考虑各随机变量与期望值可能发生偏离的程度，即风险程度。在实际工作中，经常用标准离差（用 σ 来表示）来反映随机变量与期望值之间的差距。标准离差的计算公式为

$$\sigma = \sqrt{\sum_{i=1}^{n}(X_i - \bar{E})^2 P_i}$$

$$\sigma = \sqrt{(2000-1050)^2\times0.2+(1000-1050)^2\times0.5+(500-1050)^2\times0.3} = 522.02\text{（万元）}$$

标准离差是由随机变量与期望值之间的差距所决定的，它们之间的差距越大，标准离差就越大，风险也就越大；反之越小。所以，标准离差的大小可以看作风险价值大小的标志。

（3）计算风险报酬率。前面计算的标准离差是一个绝对数。为了比较不同投资方案的风险程度，需要把它同期望值相比，求出相对值，即标准离差率。实例的标准离差率为

$$\frac{522.05}{1050}\times100\%=49.72\%$$

前面讲过，标准离差率越大，投资风险越大。可见，标准离差率与风险报酬率成正比关系。但是，标准离差率并不等于风险报酬率，因为标准离差率是标准离差与期望经营收益的比率，而风险报酬率是投资者冒风险取得的报酬与投资额的比率。风险报酬率的计算公式为

$$\text{风险率}=\text{投资期望回收率}\times\text{标准离差率}\times100\%$$

公式中的投资期望回收率包含两部分内容：一是投资的时间，即利率；二是投资的风险价值，即风险报酬率。一项投资的期望回收率是一定的，其中包含的风险报酬率越高，所包含的利率就越低；反之，利率就越高。而风险报酬率与标准离差率成正比，一项投资的标准离差率越高，它的风险报酬率也就越高，所以，风险报酬率等于投资期望回收率乘标准离差率。

结合实例，将有关数值代入公式，可得

$$风险报酬率=\frac{522.05}{1050}\times\frac{1050}{12600}\times100\%=4.14\%$$

假设投资者所需求的货币时间价值为7%，那么投资期望回收率只有超过11.14%（7%+4.14%），投资方案才是可取的。从实例来看，投资期望回收率只有8.33%（1050÷12600×100%），因此，该投资不可取。

思政园地

引导资本　服务共同富裕

习近平总书记指出："非公有制经济在我国经济社会发展中的地位和作用没有变！我们毫不动摇鼓励、支持、引导非公有制经济发展的方针政策没有变！我们致力于为非公有制经济发展营造良好环境和提供更多机会的方针政策没有变！"在引导资本的过程中，要正确处理好政府与市场的关系。一方面要充分发挥市场机制的优势，优化资源配置，持续促进生产力发展，奠定共同富裕的物质基础；另一方面，要更好发挥政府的调节功能，不断健全生产关系，为促进共同富裕提供重要的制度和政策保障。

第三节　企业的筹资管理

创建企业、企业经营发展都会产生对资金的需要。在资金的筹集过程中，要考虑所需筹集资金量、从何渠道筹集、筹集资金的性质及其成本等问题。在市场经济条件下，随着金融市场的建立和完善，对筹集资金的过程进行管理显得越来越重要。

一、企业资金筹集方式

企业筹集资金的渠道多种多样，有国家财政资金、银行信贷资金、非银行金融机构资金及社会（其他企业、民间）资金等。企业的筹集方式主要有以下三种类型。

（一）筹集权益资金

权益资金也称为自有资金，由股本和留用利润构成，是指可以由企业依法长期占有、经营、使用，为股东谋取长期投资收益的资金。

筹集股本金的方式有吸收直接投资和发行股票两种形式。

有限责任公司筹集股本金通常采取吸收直接投资方式，股份有限公司采取发行股票的形式，其他类型的企业筹集股本金一般采取吸收直接投资的方式。

发行股票是股份公司筹集自有资金的基本方式。股票按股东权利和义务的不同分为普通股和优先股。普通股股东享有对公司经营层的监督权和重大事项参与表决权，一般通过股东选举的股东代表形成公司的董事会，执行对公司的监督管理权。普通股的股利不固定。优先股股东不行使股东权利，同时，优先股的股利固定。

由于股东对投入股本要求较高的回报，企业必须支付较多的股利，使用权益资金的成本较高。另外，只要公司存在，筹集权益资金是不需要归还的，财务风险低。筹集权益资金能提高企业的资信和借款能力。

（二）长期负债筹资

长期负债是指企业融入的使用期限在 1 年以上、需要按期偿还本金和利息的资金来源，主要是投向固定资产和长期流动资产。其方式有长期借款和发行长期债券。

1. 长期借款

长期借款是企业向银行或其他非银行金融机构借入的长期资金来源。企业在向银行申请贷款时，要与银行签订借款合同，借款合同中明确贷款种类、用途、金额、利率、期限、还款金额来源和方式、保护性条款、违约责任等。长期借款的利率较低，借款弹性大，同时融资的速度较快。不足之处是长期借款的限制条件较多，采取长期借款筹集资金会降低企业的资信和借款能力。

2. 发行债券

企业债券是指企业发行的期限在 1 年以上、需要按期还本付息的有价证券。公司发行债券通常是为大型投资项目一次性筹集大量资金。债券具有票面金额和票面利率。为了保证债券投资人的利益，公开发行债券的公司要由债券评信机构评定等级。债券的等级通常分为三等九级，信用等级从高到低依次为 AAA、AA、A、BBB、BB、B、CCC、CC、C 级，债券的信用等级越高，偿还本金利息的能力越强，投资风险越低；反之亦然。

（三）短期筹资

企业短期筹资一般是在 1 年以内周转使用并要求偿还的资金，即短期负债筹资。短期资金一般是投向企业的短期资产上，以利于在负债期限内尽快将资金周转出来。企业在融入短期资金时，要注意防范筹资风险，避免因到期日短而不能按期归还负债资金的风险。

企业短期筹资方式有商业信用、短期借款、发行短期融资券等形式。

1. 商业信用

商业信用是指商品交易中由于延期付款或预收货款所形成的企业间借贷关系。利用商业信用筹资有应付账款、应付票据和预收账款等形式。以下是提供商业信用一方开出的条件：“2/10，*n*/45”。该信用条件表示信用期限为 45 天，若在 10 天之内付款，可享受 2%的现金折扣；若在 10～45 天付款，不享受现金折扣。

2. 短期借款

短期借款是指企业向银行和其他非银行金融机构借入的期限在 1 年以内的借款。我国《贷款通则》中将短期借款分为以下三类。

(1) 信用借款。它是指借款人在无担保的情况下，仅凭其信用取得借款的形式，又称无担保贷款。

(2) 担保借款。它是指有一定担保人做保证或利用一定的财产做抵押或质押而取得的借款。

(3) 票据贴现。它是指商业票据的持有人把未到期的商业票据到银行贴现，银行经过计算，将票面金额扣除票面金额乘贴现率所得余额之后的数额，付给持票人。

3. 短期融资券

短期融资券又称商业票据、短期债券，是由大型工商企业或金融企业所发行的短期无担保本票。其前身是在商品劳务交易过程中签发的一种债权债务凭证。后来脱离了商品交易过程，而是由信誉较佳的大企业发行的，专门用于筹措短期资金的债务凭证。

二、资金成本

(一) 资金成本的概念

资金成本是企业为筹措和使用资本所付出的代价，主要是自有资金成本和长期借入资金成本。资金成本包括用资费用和筹资费用两部分。用资费用是指企业在生产经营过程中为使用资金而付出的代价，如股利、利息等；筹资费用是指企业为筹措资金而支付的费用，如发行费用、借款手续费等。

(二) 资金成本的计算

资金成本的相对数形式是用资费用与实际使用资金额的比率。企业实际使用的资金额为筹资总额扣除筹资费用后的余额。资金成本计算公式为

$$K=\frac{D}{P-f}$$

或

$$K=\frac{D}{P(1-F)}$$

式中：K——资金成本；

D——用资费用；

P——筹资总额；

f——筹资费用；

F——筹资费用率，即筹资费用在筹资总额中占的比例。

1. 长期借款成本

长期借款利息在税前缴纳，计算长期借款的资金成本时应加以考虑。长期借款资金成本计算公

式为

$$K_1=\frac{I_1(1-T)}{L(1-F_1)}$$

式中：K_1——长期借款资金成本；

I_1——长期借款年利率；

L——长期借款资金总额；

F_1——长期借款筹集费用率；

T——所得税率。

当长期借款的筹资费用很低时，可以忽略不计。此时，上式可写为

$$K_1=\frac{I_1(1-T)}{L}=R_1(1-T)$$

式中：R_1——长期借款的利率。

【例 7-7】 甲企业有长期贷款 360 万元，借款利率为 6%，借款期限 3 年，每年付息一次。企业所得税率 25%，筹集这笔借款的费用为筹资额的 0.3%。这笔借款的资金成本为

$$K_1=\frac{360\times 6\%\times (1-25\%)}{360\times (1-0.3\%)}=4.51\%$$

2. 长期债券成本

企业发行债券也是筹集借入资金。发行债券除了支付较高的筹资费用，还要按照票面标明的金额与利率支付较高的利息。债券发行有溢价、等价、折价发行三种形式。债券的利息在税前列支。

长期债券资金成本计算公式为

$$K_b=\frac{I_b(1-T)}{B(1-F_b)}$$

式中：K_b——债券资金成本；

I_b——债券年利息；

B——债券筹资总额；

F_b——债券筹资费用率；

T——所得税。

【例 7-8】 甲企业发行债券筹集长期资金，平价发行。总面额为 800 万元，票面利率为 7%，发行费用为筹资总额的 3%，所得税率为 25%。该企业发行债券的资金成本为

$$K_b=\frac{800\times 7\%\ (1-25\%)}{800\times (1-3\%)}=4.84\%$$

3. 普通股成本

普通股资金成本主要是发行费用和向股东支付的股利。股利的支付在税后进行。股利发放的多少由企业经营的业绩、未来发展对资金的需要和股东要求的回报等因素决定。普通股资金成本计算公式为

$$K_c=\frac{D_1}{P_c(1-F_c)}+G$$

式中：K_c——普通股资金成本；

D_1——预期第一年股利额；

P_c——普通股筹资总额；

F_c——普通股筹资费用；

G——普通股股利年增长率。

【例 7-9】 某公司发行普通股共6000万元，预计第一年股利率12%，以后每年增长2%，发行普通股筹资费用为筹资额的3.5%。该普通股的资金成本为

$$K_c = \frac{6000 \times 12\%}{6000 \times (1 - 3.5\%)} + 2\% = 14.44\%$$

4. 留用利润成本

企业税后利润按规定提取一定比例，用以满足企业生产经营对资金的需要。企业使用这部分资金，其要求的回报与普通股相同，因此留用利润的资金成本与普通股相同，只是没有筹资费用。其计算公式为

$$K_r = \frac{D_1}{P_c} + G$$

式中：K_r——留用利润成本。其他符号同普通股成本。

依例 7-9，留用利润的成本为

$$K_r = \frac{6000 \times 12\%}{6000} + 2\% = 14\%$$

5. 综合资金成本

企业有多种筹资渠道，可以采取多种筹资方式筹集资本金。综合资金成本是指企业全部长期资金成本的总成本，一般以加权平均资金成本来计算。其计算公式为

$$K_w = \sum_{j=1}^{n} K_j W_j$$

式中：K_w——综合资金成本；

K_j——第 j 种个别资金成本；

W_j——第 j 种个别资金成本在全部长期资金中占有的比例。

【例 7-10】 某企业账面反映的长期资金共7600万元，其中长期借款1200万元，长期债券2500万元，普通股3500万元，留用利润400万元。各种资金的资本成本分别为3.2%、5.6%、15%、14%。该企业的综合资金成本为

$$K_w = 30\% \times \frac{1200}{7600} + 56\% \times \frac{2500}{7600} + 15\% \times \frac{3500}{7600} + 14\% \times \frac{400}{7600} = 10\%$$

三、财务风险

企业资本结构中，负债和权益资本各占一定比例。财务风险是企业负债而增加的风险。企业合理负债起到财务杠杆的作用，可以增加每股收益，提高股东权益报酬率。以甲、乙两个企业为例，

其资本、负债情况如表 7-2 所示。

表 7-2　甲、乙两个企业的资本、负债情况

单位：万元

资本结构	甲企业	乙企业
普通股	2000	1000
负债	0	1000
资本总额	2000	2000
普通股数	2000	1000

从表 7-2 中可以看出：甲企业全部使用权益资金，未利用财务杠杆；乙企业负债经营，可以利用财务杠杆。当甲、乙两个企业税息前利润都为 180 万元，乙企业的债务利率为 7%，所得税为 25% 时，它们的每股收益情况为：

$$每股收益=\frac{税息前利润-利息总额-所得税}{普通股数}$$

$$甲企业每股收益=\frac{180\text{ 万元}-0-180\text{ 万元}\times25\%}{2000\text{ 万股}}=0.0675\text{（元）}$$

$$乙企业每股收益=\frac{180\text{ 万元}-1000\text{ 万元}\times7\%\times（1-25\%）}{1000\text{ 万股}}=0.0703\text{（元）}$$

从以上可以看出，合理的负债能够提高每股收益，为股东带来更多的利益。但是，随着债务的增加，企业的财务风险必然也加大。如果出现经营风险，将导致每股收益下降。经过研究，企业合理负债以发挥财务杠杆作用的前提条件是企业的税息前利润率大于负债利率。

综上所述，企业在筹集各种长期资金时，既要考虑资金的成本，又要考虑自有资金与借入资金的比例。筹集自有资金可以提高企业的资信和负债能力，但要付出较高的资金成本；筹措借入资金可以使企业利用财务杠杆，同时其资金成本较低，但财务风险较大。企业要从成本和风险两方面考虑，才能做出正确的筹资决策。可以说，在现有筹资条件下，使综合资金成本最低时的资本结构是企业的最佳资本结构。

第四节　企业的投资管理

投资是指企业投入筹集的资金，以期望获得预期收益的行为。企业投资分为对内投资和对外投资。对内投资是指企业将财力投入到企业内部各种生产经营性资产上，如流动资产、固定资产和无形资产等。对外投资是指企业以现金、实物、无形资产等对其他单位的投资，如与其他企业组建合资、合作公司，兼并控股及证券投资等。

一、对内投资管理

对内投资包括企业内部的短期投资和长期投资。短期投资又称流动资产投资，是指对本企业投入的在 1 年内能够收回的投资，主要包括现金、原材料、工人工资等。长期投资是在 1 年以上才能收回的投资，包括厂房、设备、土地使用权及商标、专利等。

（一）对内长期投资管理

1. 固定资产的管理

企业在生产经营中，凡是使用年限在 1 年以上，单位价值在规定的标准以上，并在使用过程中保持原有物质形态的资产作固定资产，主要有厂房、机械设备、建筑物等。

固定资产在企业中占用的资金量大，因此，加强固定资产的管理，可以有效地利用固定资产，达到提高企业资金使用效率的目的。固定资产在使用过程中实物不发生变化，在核算成本时，固定资产的价值是以折旧的形式分期摊入成本中的。固定资产折旧的计算方法有直线折旧法和加速折旧法等。

1）直线折旧法

直线折旧法是一种将可折旧价值在资产的整个使用年限内均等分摊的折旧方法。折旧额计算公式为

$$折旧额=\frac{购置成本-残值}{使用年限}$$

与直线折旧法类似，工作量法是采用服务单位或产量单位为基数计算每单位的平均折旧额。如载货汽车单位里程折旧额计算公式为

$$单位里程折旧额=\frac{购置成本-预计净值残值}{规定的总行驶里程}$$

例如，载货汽车规定的总行驶里程为 20 万千米，购置成本 30 万元，预计残值 8000 元，则

$$D=\frac{30\text{ 万元}-8000\text{ 元}}{20\text{ 万千米}}=1.46\ （元/千米）$$

2）加速折旧法

为了避免技术更新的风险，尽快收回固定资产投资，有的企业使用比直线折旧法更快的方法——加速固定资产的折旧。其方法有双倍余额递减法和年数总和法。

双倍余额递减法采用固定的折旧率乘每期期初的固定资产账面价值提取折旧。折旧率计算公式为

$$折旧率=\frac{100\%}{使用年限}\times 2$$

例如，当使用年限为 4 年时，可得折旧率为

$$折旧率=\frac{100\%}{4}\times 2=50\%$$

年数总和即各使用年限的数字相加所得数。例如，使用年限为 4 年，年数之和即为 4+3+2+1=10 年。每年提取折旧额计算公式为

$$每年提取折旧额=\frac{尚余使用年限（包括当年）}{年限总和}\times（购置成本-预计残值）$$

【例 7-11】　某设备购置成本为 8 万元，预计残值为 2000 元，预计使用年限 4 年，分别使用以上各种方法计提折旧。各年折旧额如表 7-3 所示。

表 7-3　各年折旧额

单位：元

年限	直线折旧法	双倍余额递减法		年数总和法	
	年折旧额	期初账面价值	年折旧额	尚余使用年限/年限总和	年折旧额
1	19500	80000	40000	4/10	31200
2	19500	40000	20000	3/10	23400
3	19500	20000	10000	2/10	15600
4	19500	10000	5000	1/10	7800

2. 固定资产投资管理

企业将财力投入到内部生产经营用固定资产上，如购买机器设备、建造车间、厂房等，进行固定资产投资。固定资产投资具有投资回收期长、投资数量大、不易变现等特点。因此，投资的风险大，一旦失败将影响企业的长远发展。在决策中，要周密分析企业内外部环境，客观、准确地评价项目可行性，在充分估计各种风险的前提下大胆决策。

投资决策时应注意以下几个问题。

（1）机会成本。资金具有机会成本。在投入一种用途后必然失去用于其他用途的机会。资金用于其他用途所能带来的最大收益是该投资项目的机会成本。例如，工厂占用的一块土地，既可以用于生产经营也可以用于出租。在进行投资项目决策时，要考虑资金用于其他投资机会的收益，为该资金寻求最有利的使用途径。

（2）沉没成本。沉没成本属于已支出的成本，与现在所作的接受与否决策无关。以前花费的成本已经不可收回，现在所作的决策只关乎未来成本收益情况，决策者追求的目标是该方案投资后产生的未来净利益的最大化。

（3）投资决策使用现金流量，而不是会计利润作为评价项目经济效益的基础。会计利润以账面价值为核算的基础，与实际情况有时不一致；同时，会计利润未考虑资金的时间价值，在决策中有时会得出错误的结论。

3. 投资项目的现金流量

现金流量是指在投资决策中该项目引起的企业各种现金支出和现金收入增加的数量。这里“现金”是广义的含义，不仅包括各种货币资金，而且包括项目需要投入企业所拥有的非货币资源的变现价值。例如，某项资产的购置成本为 6000 元，使用寿命 6 年，已使用 2 年，6 年后无残值，直线法计提折旧。此时固定资产账面净值为 4000 元，若出售可得价款 2460 元，此时计算现金流量时考虑出售价值 2460 元而不考虑账面价值 4000 元。

现金流量包括现金流出量、现金流入量和净现金流量三种形式。现金流入量是指投资方案引起的企业现金收入的增加额或成本的降低额，现金流出量是方案引起的企业现金支出的增加额，它们的关系如下：

净现金流量＝现金流入量－现金流出量

固定资产投资项目引起的现金流量通常包括以下三个部分。

（1）初始现金流量：项目开始营运前发生的现金流量。其包括：固定资产的购入成本，运输、安装费用等；新建厂房、购入土地使用权等；原有固定资产的变价收入；营运资金的垫支及其他费用。

（2）营业现金流量：项目开始运行后在其寿命周期内产生的现金流量。以1年为期，其现金流入主要是销售收入，现金流出是营业现金支出和缴纳的税金。在会计成本核算中，折旧计入成本，但并不发生现金流出。因此，营运现金支出就是扣除折旧后的成本即付现成本，则有：

每年营业净现金流量＝销售收入－付现成本－税金

（NCF）＝净利＋折旧

（3）终结现金流量：投资项目完结后产生的现金流量。其主要有固定资产残值收入、垫支的营运资金的回收、土地使用权变现价值等。

【例 7-12】 某公司考虑购置两台设备，A设备购置成本为50000元，每年产生30000元的销售收入，付现成本12000元。B设备购置成本为80000元，每年产生45000元的销售收入，付现成本18000元。两台设备的使用寿命均为8年，期满后无残值。采用直线法折旧，假定所得税为40％。

两个方案的现金流量如下：

	A方案（单位：元）	B方案（单位：元）
初始现金流量	50000	80000
年营业现金流量：		
销售收入①	30000	45000
付现成本②	12000	18000
折旧③	6250	10000
税前利润④	11750	17000
所得税⑤＝④×40％	4700	6800
年现金流量⑥＝①－②－⑤	13300	20200
终结现金流量	0	0

两个方案全部现金流量计算如表7-4所示。

表 7-4　A和B方案的现金流量计算

年限	1	2	3	4	5	6	7	8	9
A设备	－50000	13300	13300	13300	13300	13300	13300	13300	13300
B设备	－80000	20200	20200	20200	20200	20200	20200	20200	20200

4. 投资决策指标

（1）投资回收期。投资回收期是指收回初始投资所需要的时间，即项目投产后的净现金流量

（一般为现金净流入）达到与初始投资的现金流量（一般为现金净流出）等额时所需要的时间。

在上例中：

$$A设备的投资回收期=\frac{原始投资}{每年等额的现金净流量}=\frac{50000}{13300}=3.76（年）$$

$$B设备的投资回收期=\frac{80000}{20200}=3.96（年）$$

从计算结果可以看出，A 设备的投资回收期比 B 设备的投资回收期要短，能够更快收回投资。回收期法的优点是一目了然，简单、易算。不足之处是未考虑资金的时间价值，也不能比较投资回收期之后的现金流量。

（2）净现值。在考虑方案是否值得投资时，首先比较现金流入量与现金流出量，只有净现金流量大于零时，方案才能被采纳。在考虑时间价值的情况下，一个方案的所有现金流量现值之和称为净现值（NPV）。净现值计算公式为

$$NPV=\frac{NCF_1}{(1+k)^1}+\frac{NCF_2}{(1+k)^2}+\cdots+\frac{NCF_t}{(1+k)^n}$$
$$=\sum_{i=1}^{n}\frac{NCF_1}{(1+k)^t}$$

式中：NCF_t——第 t 年的净现金流量；

k——贴现率（资金成本或企业要求的报酬率）；

n——项目从开始投资到终结的年限，包括建设期和投产期。

【例 7-13】　设企业资金成本为 10%，计算例 7-12 中两个方案的净现值。

购置 A 设备时，有：

$$NPV=\sum_{t=1}^{9}\frac{NCF_t}{(1+10\%)^t}-C$$
$$=13300\times\sum_{t=2}^{9}\frac{1}{(1+10\%)^t}-50000$$
$$=13300\times5.335-50000$$
$$=20955.5(元)$$

购置 B 设备时，有：

$$NPV=\sum_{t=1}^{9}\frac{NCF_t}{(1+10\%)^t}-C$$
$$=20200\times\sum_{t=2}^{9}\frac{1}{(1+10\%)^t}-80000$$
$$=20200\times5.335-80000$$
$$=27767(元)$$

当净现值大于零时，说明投资方案投产后产生的现金流量，可以收回投资，并支付资金成本。在有多个备选方案的净现值都大于而只能选一个方案的情况下，选择净现值最大的方案。

上例中购置 B 设备产生的净现值大于购置 A 设备产生的净现值，因此应购置 B 设备。

（3）内部报酬率。在比较净现值指标时，使用资本成本或企业要求的报酬率作为未来现金流量

的贴现率，投资方案的实际报酬率仍然是未知的。这里引入内部报酬率指标来衡量方案的实际报酬率情况。

内部报酬率是指投资项目的净现值等于零的贴现率。其计算公式为

$$\sum_{t=1}^{n} \frac{\mathrm{NCF}_t}{(1+r)^t}=0$$

式中：r——内部报酬率。

其他符号含义同前。

经测算，购置A设备方案的内部报酬率为20.76%，购置B设备方案的内部报酬率为18.95%。显然，购置A设备的内部报酬率要高一些。结合净现值指标，可以看出二者的比较结果并不一致。正如利润总额与利润率指标一样，利润总额大的方案不一定利润率高，净现值大的方案不一定内部报酬率指标高。在投资决策中一般选择净现值作为决策的依据。

5. 无形资产及递延资产的管理

(1) 无形资产的管理。无形资产是指企业在生产商品提供劳务、出租给他人和作为管理目的而持有的，没有实物形态的非货币长期资产。无形资产可以分为可辨认无形资产和不可辨认无形资产。可辨认无形资产包括专利权、非专利技术、商标权、著作权、土地使用权和特许权等。不可辨认无形资产主要指商誉。它们没有物质实体，但能够给企业带来超额利润。因此，被当作资产的已确认项。

(2) 递延资产的管理。递延资产是指不能全部计入当年损益，应当在以后年度内分期摊销的各项费用，包括开办费、以经营租赁方式租入的固定资产改良工程支出等。

(二) 对内短期投资管理

对内短期投资是企业将资金投放到原材料、工资和应收账款等方面，在1年或营业周期内周转出来的经营活动，主要形成流动资产。对流动资产的管理体现在两个方面：一是在保证正常生产经营所需资金的前提下，尽量减少资金的占用，在资金闲置时，通过对外投资提高资金的利润率；二是在正常生产经营条件下，提高资金的周转速度，为企业带来更大的收益。

企业流动资产主要包括现金、短期投资、应收账款及存货等。

1. 现金

在企业流动资产中，现金的流动性最强，可以满足企业多方面的需要；但它的获利能力最差。过多的现金闲置会降低企业资金的使用效率。企业资金的管理应保持一定的现金余额，节约使用资金，并从暂时闲置的资金中获得最多的利息收入。当企业的现金余额不足以满足计划资金需要量时，要进行短期筹资；但资金闲置时，可以对外投资，以获得较高的收益。

2. 应收账款

应收账款是由企业为对方提供商业信用形成的。提供赊销有利于企业的销售工作，减少企业产成品存货。持有应收账款也要付出一定的代价，应收账款的成本包括应收账款占用资金的机会成本、应收账款的管理费用、收账费用和坏账成本。

企业应比较应收账款的成本和收益，确定执行较严或较宽的信用政策。应收账款的管理还要重

视应收账款的周转期和周转率，加快应收账款资金的周转。

3. 存货

存货是指企业在生产经营中为销售或者耗用而储备的物质，包括原材料、辅助原料、燃料、低值易耗品、在产品、半成品和产成品等。一般生产企业中，存货的品种多，在流动资产中占的比例大，管理的难度大。

存货管理的目的是既要保持生产经营的连续性，又要节约存货资金的占用，同时加速存货资金周转，提高存货资金使用效率。

（1）存货定额的核定。确定存货资金占用额，应按存货在生产过程中的形态分类分别计算各种不同形态存货资金使用量。

原材料资金周转日数为

$$原材料资金周转日数=在途日数+验收日数+整理准备日数+供应间隔\times供应间隔系数+保险日数$$

供应间隔系数通常为0.5～0.6。

公式中

$$供应间隔系数=\frac{平均经常储备量}{最高储备量}$$

在产品资金占用额为

$$在产品资金占用额=每日平均生产费用\times生产周期\times在产品成本系数$$

式中：每日平均生产费用=计划期平均日常量×产品计划单位成本。

生产周期是产品从投入、加工到完成，产成品验收入库所需要的时间；在产品成本系数是按生产周期计算的在产品资金需要量的折扣率。

成品资金定额为

$$成品资金定额=平均每日产成品入库量\times产品计划单位成本\times产成品资金周转期$$

式中：产成品资金周转期包括库存日数、包装运发日数和结算货款日数。

（2）存货管理ABC分析法。对于种类繁多的存货，宜进行分类控制。ABC分析法就是将每一种存货按照资金占用额排列，划分为A、B、C三个类别，分类管理。

A类存货的特点是品种少，但占用的资金多，例如10%的存货品种，占用的资金金额为全部存货金额的70%，A类存货是存货管理的重点，要严格按照经济批量规划，对其收入和发出严格控制。

B类存货的品种数量一般是在存货中占比较高，例如20%的存货品种，占用资金的比例为25%，对这类存货要适度控制，尽量按照经济批量管理。

C类存货品种繁多，但占用资金少，例如，70%的存货品种，占用资金的比例为5%，对这类存货不必进行严格的经济批量管理，可凭借经验进行管理。

二、对外投资管理

对外投资主要包括证券投资以及兼并和收购等形式。

证券基本类型分为三种，即股票、债券和投资基金。在健全的资本市场上，企业（或政府）可以通过发行证券筹集资金，投资者通过在一级市场上购买证券将资金投入企业，在二级市场上交易以保持资金的流动性。下面分别介绍各种证券的特点及其投资方式。

(一) 债券

债券是一种有价证券，是债务人为了筹措资金向非特定的投资者出具的、承诺在一定时期内支付利息和本金的凭证。债券包括国库券、金融债券和公司债券。

投资债券除了要承受违约风险之外，还要承受利率变动的风险。当市场利率上升时，债券的价格一般会下跌；市场利率下降时，债券的价格则会上升。

债券投资价值的计算公式为

$$V=\frac{I_1}{(1+i)^1}+\frac{I_2}{(1+i)^2}+\cdots+\frac{I_n}{(1+i)^n}+\frac{M}{(1+i)^n}$$

式中：V——债券的价值；

I——每期相等的利息；

n——期数；

i——每年的利息；

M——到期本金。

【例 7-13】 某公司拟购买一张债券，该债券面值 1000 元，票面利率为 5%，购买后每年年末支付一次利息，3 年后到期。现在的市场利率为 4%，债券市价为 1020 元。问是否购买该债券？

该债券的价值为

$$V=\sum_{t=1}^{3}\frac{1000\times 5\%}{(1+4\%)^t}=\frac{1000}{(1+4\%)^3}=102775(\text{元})$$

债券的价值高于市价，应购买该债券。

(二) 股票

股票是由股份有限公司发给股东的，代表所有权的有价证券。股东的权利与义务有：

(1) 股东作为出资人，有权按公司章程获得股息和利润；

(2) 股东有权出席股东大会，选举公司董事，参与经营决策；

(3) 在缴纳股本后，不得擅自抽回出资；

(4) 股东以所持股份为限对公司承担责任等。

投资者购买了股票后，不能直接从公司里抽回资金，只能在二级市场交易股票。普通股投资的潜在报酬率比其他投资方式高，但风险最大。衡量股票投资价值的简单方法为市盈率法。

市盈率是股票市价与每股收益之比，即

$$\text{市盈率}=\frac{\text{股票市价}}{\text{每股收益}}$$

在没有优先股的情况下，每股收益的计算公式为

$$\text{每股收益}=\frac{\text{年净利润总额}}{\text{年度末发行在外股份总数}}$$

【例 7-14】 某公司上年每股收益为 0.6 元，现在的市价为 23.4 元。该股票的市盈率计算如下：

$$\text{某公司股票市盈率}=\frac{23.4}{0.6}=39\ (\text{倍})$$

市盈率反映了投资者在现有价格下用每股利益收回投资所需的期数。一般情况下，市盈率越高，投资该股票面临的风险也越大。同时也表明，投资者对公司的增长潜力看好。市盈率越低，投资者面临的风险越小。同时也表明，投资者不看好公司未来收益增长。一般而言，市盈率在 5～20 倍较为正常。高科技公司的股价市盈率一般高于其他企业，传统的大型企业的股票市盈率相对较低。

（三）投资基金

投资基金是一种集合投资制度，由众多的中小投资者通过购买收益证券将资金集合，委托由投资专家组成的专门投资机构代为理财的形式。投资基金最早出现在英国，而后在美国得到发展。我国目前上市的基金也已超过 20 家。

投资基金按照基金的组织形式分为单位信托基金和互惠基金。单位信托基金以委托的形式设立；互惠基金则以有限公司的形式设立，投资者购买基金单位后，即成为互惠基金公司的股东。按基金证券是否可以赎回分为开放式基金和封闭式基金。

第五节　企业的股利分配

一、股利分配的内容

股利分配是指公司制企业向股东分配股利，是企业利润分配的部分内容，而不是利润分配的全部。按照《中华人民共和国公司法》和有关财务法规的规定，企业取得的税后利润分配的内容包括以下三个部分。

（一）盈余公积金

盈余公积金是企业在税后利润计提的用于增强企业物质后备、防备不测事件的资金。盈余公积金包括法定盈余公积金和任意盈余公积金两种。法定盈余公积金按税后利润 10%计提，但企业盈余公积金累计额达到企业注册资本 50%时，可以不再继续提取。任意盈余公积金是在计提法定盈余公积金和公益金后，由企业章程或股东大会决议所提取的公积金。

（二）公益金

公益金是企业在税后利润中计提的、专门用于职工集体福利设施建设的资金。公益金按税后利润 5%～10%的比例提取。计提一定数额的公益金，有益于企业改善职工的物质文化生活，提高防范意外事件发生的能力。

（三）向股东分配股利

公司制企业向股东分配股利又称分配红利，是利润分配的主要阶段。企业在弥补亏损、提取公积金和公益金以后才能向股东分配股利。通常情况下，企业当年如无利润，就不能进行利润分配。但用盈余公积金抵补亏损以后，为维持公司股票信誉，经股东大会特别决议，也可用盈余公积金支付股利，只是这样支付股利后留存的法定盈余公积金不得低于注册资本的25%。

二、股利分配的政策

股利分配政策是指公司确定股利以及与之有关的事项所采取的方针和策略，其核心是正确处理公司与股东之间、当前利益与长远利益之间的关系，依据实际情况确定出一个恰当的股利支付率。企业的股利分配政策受企业经营环境、经营方针和投资者要求等因素的影响，因此，各企业股利分配的政策是不完全相同的。从股份有限公司的股利分配政策来看，主要有以下四种。

（一）剩余股利政策

股利分配与公司的资本结构相关，而资本结构又是由投资所需资金构成的，因此实际上股利政策要受到投资机会及其资本成本的双重影响。剩余股利政策就是在公司有着良好的投资机会时，根据一定的目标资本结构（最佳资本结构），测算出投资所需的权益资本，先从盈余当中留用，再将剩余的盈余作为股利予以分配。奉行剩余股利政策，意味着公司只将剩余的盈余用于发放股利。这样做是为了保持理想的资本结构，使加权平均资本成本最低。

（二）固定或持续增长的股利政策

这一股利政策是将每年发放的股利固定在某一相对稳定的水平上，并在较长的时期内不变，只有当公司认为未来盈余会显著地、不可逆转地增长时，才提高年度的股利发放额。固定或持续增长股利政策的主要目的是避免出现由于经营不善而削减股利的情况。稳定的股利向市场传递着公司正常发展的信息，有利于树立公司良好形象，增强投资者对公司的信心，稳定股票的价格。稳定的股利额有利于投资者安排股利收入和支出，特别是对股利有着很高依赖性的股东更是如此。而股利忽高忽低的股票，不会受这些股东的欢迎，股票价格会因此而下降。稳定的股利政策可能会不符合剩余股利理论，但考虑到股票市场会受到多种因素的影响，其中包括股东的心理状态和其他要求，因此为了使股利维持在稳定的水平上，即使推迟某些投资方案或者暂时偏离目标资本结构，也可能要比降低股利或降低股利增长率更为有利。

（三）固定股利比例政策

公司确定一个股利占盈余的比率，长期按此比率支付股利的政策。在这一股利政策下，每年股利额随公司经营的好坏而上下波动，获得较多盈余的年份股利额高，获得盈余少的年份股利额就低。主张实行固定股利支付率的人认为，这样做能使股利与公司盈余紧密地配合，以体现多盈多分、少盈少分、无盈不分的原则，才算真正公平地对待了每一位股东。但是，在这种政策下各年的股利变动较大，极易造成公司不稳定的感觉，对于稳定股票价格不利。

（四）低正常股利加额外股利政策

公司一般情况下每年只支付固定的、数额较低的股利，在盈余多的年份再根据实际情况向股东发放额外股利。但额外股利并不固定化，不意味着公司永久地提高了规定的股利率。这种股利政策使公司具有较大的灵活性。当公司盈余较少或投资需用较多资金时，可维持设定的较低但正常的股利，股东不会有股利跌落感；而当盈余有较大幅度增加时，可适度增发股利，把经济繁荣的部分利益分配给股东，使他们增强对公司的信心，这有利于稳定股票的价格。这种股利政策可使依靠股利度日的股东每年至少得到虽然较低但比较稳定的股利收入，从而吸引住这部分股东。

三、股利分配的形式和发放的程序

（一）股利分配的形式

公司向股东分配股利的形式通常有以下几种。

1. 现金

支付现金是公司向股东分配股利的基本形式。在公司营运资金和现金较多而又不需要增加投资的情况下，采用现金分配形式既有利于改善公司长短期资产结构，又有利于股东取得现金收入和增强投资能力。否则，采用现金分配形式将会增加公司的财务压力，从而导致偿债能力下降。

2. 财产或债务

运用财产分配股利主要是将公司所拥有的有价证券作为股利分配给公司股东。采用这种分配形式的原因：一是公司缺乏现金；二是股东有分配股利的迫切需求。运用债务分配股利是指公司签发应付票据或发行债券作为股利分配给股东。采用这种分配形式的原因与前者基本相同。

3. 配股

发放股票股利是股份有限公司近年来向股东分配股利的一种重要形式，其优点主要有：

（1）可以避免采用分配股利而导致公司支付能力下降、财务风险加大的缺点；

（2）当公司现金紧缺时，发放股票股利可起到稳定股利的作用，从而维护公司的市场形象；

（3）发放股票股利可避免发放现金股利或再筹集资本所发生的费用；

（4）股票股利可增加公司股票的发行量和流动性，从而提高公司的知名度。

不过，发放股票股利会被认为是公司资金紧缺的象征，有可能导致公司的股票价格下跌。

4. 红股

红股是在现金股利的基础上向股东加派的红利，它是按照股东持股量的一定比例派发的，其资金来源是公司的留存收益。因此，公司派发红股既不改变股东的持股比例，又不直接增加股东利益。公司派发红股的主要原因：在不增加资本总额的前提下增加股票发行量，从而限制股票价格的上涨。如果一家公司的留存收益较多，股价就会上升，这对公司股价的流通性会产生不利影响。为了解决这一问题，公司可向股东增派红股，即在不增加公司资本总额的条件下使发行在外的股票数量增加，从而达到限制股价上涨的目的。

增派红股这种分配形式的优点主要有：

（1）可增加公司股票的发行量，从而提高公司的知名度；

（2）可降低每股净资产的数额，从而限制股价上涨和增强股票的流通性；

（3）股东能得到免费的股票；

（4）传递的信息是公司的留存收益较多，意味着股价上涨的潜力较大。

（二）股利发放的程序

股份有限公司的股东较多，而且上市公司的股价交易频繁，这就决定了其股利发放的复杂性。

为了体现公开、公平和公正的分配原则，有关法规就公司发放股利的程序作了规范化的规定。

1. 股利宣告日

股利宣告日即公司董事会将股利发放情况予以公告的日期，同时公布每股股利、股权登记日、除息日和股利发放日。股利可按季、半年或年发放。大多数公司按年向股东发放股利。

2. 股权登记日

股权登记日又称为除权日，即股东领取股利的资格登记截止日期。只有在股权登记日在公司股东名册上有姓名的股东才有权分享股利。证券交易所的中央清算登记系统为股权登记提供了方便，一般在除权日营业结束的当天即可打印出股东名册。

3. 除息日

除息日即领取股利的权利与股票相互分离的日期，一般在股权登记日几个营业日之前的某一天。在除息日之前，股利权从属于股票，持有股票者享有股利的权利；自除息日起，股利权不再属于股票，新购入股票的人不能分享股利，这是因为股票的买卖过户需要一定的时间。在实行回转交易制度的情况下，发放股利的除权日与除息日是同一天。除息日以后买进股票的股东得不到股利，股利只能由公司支付给股票出售者，因此，除息日后股票的交易价格将会下跌。

4. 股利支付日

股利支付日即公司向股东发放股利的日期。这一天，公司以现金等不同方式将股利支付给股东，或通过证券交易所的中央清算登记系统转入股东资金账户。如果股东需要现款，那么可通过证券代理商从其资金账户中支用。

课后阅读

党的二十大报告为资本市场发展指明方向

星石投资合伙人、副总经理易爱言对《经济参考报》记者表示，党的二十大报告明确了资本市场的使命，为资本市场发展指明方向。中国特色现代资本市场是国内市场经济体系中极为重要的一环，在坚定不移走中国特色金融发展之路的大背景下，融资功能完备、基础制度扎实、市场监管有效、投资者合法权益得到有效保护的多层次资本市场体系将持续优化，我国资本市场将进一步有效助力实体经济的发展形成。党的二十大的胜利召开，是资本市场服务经济高质量发展的新起点、新征程。

易爱言表示，对内资本市场将持续拓展服务实体经济发展的深度和广度。党的二十大报告再次明确资本市场服务实体经济的宗旨和使命。随着国内资本市场制度建设不断为市场主体赋能，市场主体的积极性将不断提高，我国经济将在发展中夯实基础，实现高质量发展。

党的二十大报告提出，健全资本市场功能，提高直接融资比例。明确了资本市场发展方向，未来资本市场将在直接融资体系中发挥重要价值。从供需两端提升服务实体经济的质量和满足居民财富管理需求。资本市场能够以决策分散、风险自担的方式推动资金向创新产业聚集，帮助创新企业和产业有效对接风险偏好更高的资金；尤其近两年股权融资开始下沉至中小型企业和创新能力更强的企业，多层次的资本市场体系不断完善。预计后续资本市场将继续体现对实体经济的大力支持，从市场结构上继续优化，偏重科技创新企业的融资需求。同时随着居民财富增长带来的投资需求提升，资本市场将成为满足居民增加财产性收入的重要渠道。

与此同时，对外也将加快资本市场国际化进程和提升国际吸引力。党的二十大报告指出，推进高水平对外开放。易爱言表示，我国资本市场将在坚持深化改革开放的大环境下扩大高水平双向开放，不断提升国际吸引力。

目前，我国证券基金期货行业不再限制外资股比，沪深港通制度安排持续优化，A股纳入国际知名指数比例不断提升，以年为维度来看北向资金持续流入，我国在国际资本市场上的地位不断提升。预计后续我国资本市场将在统筹开放和安全的前提下不断推进市场规则、制度、标准的开放，推进我国金融、贸易及投资的一体化开放，我国资本市场将在开放中发展壮大，不断提升中国资本市场在全球的吸引力和竞争力。

易爱言指出，整体来看，我国资本市场将在制度优化、结构优化、体系健全、持续开放的进程中发挥好经济晴雨表作用和资源配置作用，紧扣金融供给侧结构性改革主线，持续提升资本市场服务经济高质量发展的能力。

思考与练习

1. 现代企业财务管理的目标是什么？企业应如何实现这一目标？
2. 简述企业财务管理的内容及财务管理的基本任务。
3. 简述财务管理的原则和职能。
4. 试述企业内部财务管理的方式及指标体系。
5. 如何提高企业的资信能力和举债能力？
6. 什么是资本金？什么是资本公积金？其筹集方式如何？

案例分析

YD集团投资的财务舞弊

YD集团投资2014年年报显示，现金余额11.88亿元，其中有外埠定期存款5.27亿元。人们不禁发出疑问：好端端地跑大老远去存什么定期存款？且该存款无质押。

截至2014年年底，该公司资产总额61.87亿元，其中货币资金11.88亿元，资产负债率63%，银行贷款31.66亿元（包括应付票据5.07亿元），2014年该公司实现收入11.88亿元，实现净利3982万元，经营活动、投资活动及筹资活动现金净流入分别为6.13亿元、-1.40亿元及-0.04亿元。2014年现金净增加4.69亿元。

2014年年报披露：截至2014年12月31日，公司控股股东YD集团及其子公司占用公司资金净额（YD 集团及其子公司占用公司资金扣除公司及子公司占用 YD 集团及其子公司资金）合计为 22629.00 万元。其中，本年累计增加 138246.84 万元，本年累计减少 144899.44 万元，全年平均占用净额 48809.61 万元。

2015 年半年报显示，货币资金余额减至 9.22 亿元，经营性现金净流出 4.64 亿元。货币资金中有 5.25 亿元是其他货币资金，附注称期末其他货币资金中为办理承兑汇票抵押存款金额 51910.50 万元、信用保证金存款 659.44 万元、外埠定期存款 3.24 万元。而 2014 年年报中 11.88 亿元中有 9.37 亿元是其他货币资金，附注称期末其他货币资金中为办理承兑汇票抵押存款金额 26429.50 万元、信用保证金存款 2639.19 万元、外埠定期存款 52700.00 万元。

至此，可以百分之百肯定 YD 集团投资外埠定期存款 5.27 亿元实为虚构或已设定质押，造假目的是掩盖关联方占用上市公司巨额资金违规行为。

问题：

你认为应该采取什么措施防止类似事件再次发生？

第八章
管理创新

本章导读

企业管理创新是企业生存的根本，也是区分其他竞争者，拥有核心竞争力的来源。本章介绍思维与方法的创新、产品创新、技术创新、组织创新，企业在管理创新过程中遵循的科学性原则、开放性原则、动态性原则、系统性原则、发挥优势原则和企业管理创新的五个阶段，企业管理创新方法与实施。

引入案例

变废为宝

1974年，美国政府为清理给自由女神像翻新扔下的废料，向社会广泛招标。几个月过去了，没人应标。因为在纽约州，垃圾处理有严格规定，弄不好会受到环保组织的起诉。麦考尔公司的董事长得到此消息后，立即飞往纽约，看过自由女神像下堆积如山的铜块、螺丝和木料后，未提任何条件，当即就签了字。纽约许多运输公司对他的这一愚蠢举动暗自发笑。就在一些人要看这个犹太人的笑话时，他开始组织工人对废料进行分类。他让人把废铜熔化，铸成小自由女神像；把水泥块和木头加工成底座；把废铅、废铝做成纽约广场的钥匙。最后，他甚至把从自由女神像身上扫下的灰包装起来，出售给花店。不到3个月的时间，他让这堆废料变成了350万美元现金。一堆垃圾，从此让他名扬四海。

对于企业来说，创新是企业生命延续的动力，如果企业的发展一成不变，对于动态变化的经营环境来说，难以适应，必将被社会和其他的竞争者淘汰。创新是当今世界对每个渴望成功的个人和组织提出的不可或缺的条件。知识经济时代是一个创新时代，日益个性化的消费需求和新的营销环境，对组织，特别是作为组织掌舵人的领导的创新思维和能力提出了更高的要求。世界从来没有像今天这样面临如此快速的发展，无论是技术变革还是产业环境和社会环境的变化都是如此之快，事物的快速变化要求我们必须迅速地适应，这种适应就意味着自身的变革，即通过创新来适应变革，甚至是引领变革。

第一节 认识企业管理创新

一、企业管理创新的含义

创新是人类以获取新成果为目标的一种认识世界和改造世界的活动，是人类生命体内自我更新、自我进化的自然天性。生命的本质属性即表现为生命体内的新陈代谢和自我更新，从结果上来说，生命的缓慢进化也是生命自身创新的一种。从人类心理上来说，创新也是人类特有的天性。人类通过探究未知、反思自我、诉求生命、拷问价值反映人类客观的主观能动性。同时，创新也是人类自身存在与发展客观要求的一种反应。人类通过与自然界进行资源交换来谋求生存发展，因此，创新也是人类与自然交互作用的必然结果，更是人类社会文明与进步的标志。

综上所述，创新是指人类为了满足自身的需要，不断拓展对客观世界及其自身的认知与行为的过程和结果的活动。具体地讲，创新是指人为了一定的目的，遵循事物发展的规律，对事物的整体或其中的某些部分进行变革，从而使其得以更新与发展的活动。

从企业层面来说，按照管理大师熊彼特理论，企业管理创新是企业生产要素的重新组合，包括引进一种新产品，采用新的生产方式，开辟新的市场，开辟和利用新的原材料，采用新的组织形式。其实，还应包括观念和价值观的更新。

二、企业管理创新的类型

企业管理创新可以从不同的角度进行分类。

（一）按创新的规模以及创新对系统的影响程度，可分为局部创新和整体创新

局部创新和整体创新是企业技术创新过程中的两种表现。局部创新是指对产品的一部分功能或技术要素进行创新。整体创新是指将使整个技术系统发生质变或部分质变的创新。局部创新的结果表现为现有产品的不断完善，整体创新的结果表现为更新换代产品的推出。

局部创新具有风险小、见效快的特点，故几乎所有企业都对其较为重视。但充分利用局部创新的同时，应看清其固有的局限性，那就是它无法保证企业摆脱现有竞争对手的围追堵截，也很难对企业的长足发展作出贡献。实践证明，几乎企业的每一次突破性进展都源于整体创新，如果企业一味地强调局部创新，忽视对企业整体创新能力的培养，就极有可能陷入局部创新的战略盲区。

（二）按创新与环境的关系，可分为消极防御型创新和积极进攻型创新

消极防御型创新是指为了避免威胁或由此造成的系统损失扩大，系统在内部展开的局部或全局性的调整。

积极进攻型创新是指敏锐地预测到未来环境可能提供的某种有利机会，从而主动地调整系统的战略和技术，以积极地开发和利用这种机会，谋求系统发展的创新方式。

（三）按创新的组织程度，可分为自发创新和有组织的创新

自发创新是指单个组织针对自身组织的现状而进行的自发调整活动，其特征是单一的活动。自发创新包括两个方面的含义：一方面是指组织自发地应对组织所处的环境，并对环境的变化做出自发的反应，因而进行的创新；另一方面是指组织内部的团体或个人根据自己的意愿进行的创新，主要是指没有受到组织的指令而进行的创新。从自发创新的这两种情况来看，这些创新最终仍需要得到组织的认可，否则就不可能进行下去。

有组织的创新是指组织内部管理人员通过创新活动的制度化、组织化，有计划、有组织地进行创新活动。有效的管理要求有组织的创新，有组织的创新能培养创新精神，形成创新习惯，使创新活动有计划、有目的、有组织地进行，避免了创新的盲目化，容易取得创新的成功。

自发创新通常是局部的、小范围的，并且极有可能遭到保守势力的反对和扼杀而失败，同时由于缺乏组织，自发创新的进程、程度和影响难以控制，这会使创新结果充满不确定性；而组织创新容易得到其他部门及组织领导的支持、配合与协作，进而减少了变革过程中的阻力，使其容易取得成功。因此，管理者的职责之一就是及时意识到变革的必要性，对出现的创新积极予以支持，使这

种自发创新变为有组织的创新。

三、企业管理创新的内容

从企业管理角度来说，创新不必涉及管理过程的全部环节，与管理相关的任何一个功能、环节，相关人员都可以进行创新。从管理的相关内容和过程来说，企业管理创新内容主要包括思维与方法的创新、产品（服务）创新、技术创新、组织创新和制度创新。

（一）思维与方法的创新

对于管理者来说，管理者思维与管理方法很大程度上决定企业的生死存亡，管理者的思维习惯将影响企业管理经营走向。惯性思维也称思维定式，就是按照积累的思维活动经验教训和已有的思维规律，在反复使用中所形成的比较稳定的、定型化了的思维路线、方式、程序、模式。消极的思维定式是束缚创造性思维的枷锁。创新思维必须破除思维定式的习惯。常见的思维定式有以下五种形式。

1. 惯性思维定式

很多时候，以往的经历经验会帮助人们分析形势，做出决策，但也极容易形成惯性思维和思维定式，从而严重阻碍创新。这时需要广开言路，博采众人之长。“头脑风暴”是比较容易实施的办法，鼓励基层管理者和员工就某一问题提出解决办法，或者提出当前管理存在哪些问题，并对被采纳的意见的提出人员给予一定的奖励措施，形成组织内部民主、团结向上的企业文化氛围，势必会对于企业的管理创新产生深远的影响 。

2. 从众思维定式

它是人不假思索地盲从众人的认知与行为。从众行为的存在，对于公司而言，利弊完全取决于对象主体。对于公司员工，从众思维的存在，从管理便利程度来说，较为容易管理，因为对极少数员工做到管理把控后，就可以管理其他员工。但是同时，对于公司管理者来说，也意味着将失去来自员工层面的创新思维和行为。

3. 书本思维定式

它源于人对书本知识的完全认同与盲从。书本定式就是在思考问题时不考虑实际情况，不假思考地盲目运用书本知识，一切从书本出发、以书本为纲的思维模式。书本对人类所起的积极作用是显而易见的，但是，如果只是死读书，没有考虑到社会的发展和知识的时效性，那么当书本知识和客观事实出现差异时就会成为思想障碍，失去获得重大新成果的机会 。

4. 以自我为中心的思维定式

在日常的思维活动中，人们自觉或不自觉地按照自己的观念、用自己的目光、站在自己的立场上去思考别人乃至整个世界，由此产生了自我中心的思维定式。这种思维定式应用到企业管理创新上，带来的后果就是忽视消费者需求，甚至造成企业管理资源的浪费。

5. 直线思维定式

它是指人面对复杂多变的事物，仍用简单的非此即彼或者顺序排列的方式去思考。

思维定式一般与个人的世界观的形成存在内在的必然联系。由于它具有社会性、阶段性以及知识经验的局限性，在一定的历史时期成为指导人们个人行为方式的固有模式，然而，当时代需要变更创新、新旧交替时又成为其发展的主要障碍。因此，作为企业管理者，最重要的是培养创新型思维，打破思维定式，管理指导企业的经营行为。

（二）产品创新

并不是只有新产品开发才算产品创新，产品线延伸、填补新市场空白，产品的重新定位以及产品品牌延伸都属于产品创新。

无论是何种产品创新，确定产品的创新源泉是实现产品创新最直接最有效的方式。

（三）技术创新

技术创新是指企业对生产要素、生产条件、生产组织进行重新组合，以建立效率更高的新生产体系。技术创新是培育和增强企业核心竞争力的基础。企业一方面可以通过降低成本使企业产品在市场上更具价格优势，另一方面通过增加用途、完善功能、改进质量以及保证使用而使产品对消费者更具特色吸引力，从而在整体上推动企业不断提高核心竞争力。技术创新主要表现在要素创新和要素组合方式创新方面。

1. 要素创新

企业的生产经营过程实质在于对资源要素进行合理配置，其资源要素包括材料、设备、人员等多类。因此，要素创新包括以下三种。

（1）材料创新。材料创新是指企业开辟新的材料来源，以保证企业扩大再生产的需要；开发并利用大量廉价普通材料或发现普通材料的新用途代替稀缺材料，以降低生产成本；提高所用材料的质量和性能，保证产品质量不断提升。

（2）设备创新。设备创新是指将先进的科学技术成果用于革新设备，采用全新的装备代替原来的设备，提高企业生产过程的机械化和自动化程度；运用先进的科学技术改造和革新原有设备，延长其技术寿命和使用寿命。

（3）人力资源创新。人力资源创新是指不断从外部吸纳高素质的人力资源，或是对企业现有的人员进行培训以提高其素质。

2. 要素组合方式的创新

要素组合方式包括生产工艺与生产过程的组合。工艺创新主要指创造出新的加工方法和工艺条件。生产过程的组合创新是指企业研究和采用更合理的空间布局与时间组合，提高生产率，缩短生命周期。

（四）组织创新

组织创新是指在企业中引入新的管理方式或方法，实现企业资源更有效的配置。组织创新主要有以下三种。

一是以组织结构为重点的变革和创新。例如，重新划分或合并部门，改变岗位及岗位职责，调整管理幅度。

二是以人为重点的变革和创新。即改变员工的观念和态度，知识的变革、态度的变革、个人行为乃至整个群体行为的变革。美国通用电气集团总裁杰克·韦尔奇执政后所采取的一系列措施，要求一个做了4年的部门主管继续增加盈利，主管不理解，韦尔奇建议其休假一个月：放下一切，等你再回来时，变得就像刚接下这个职位，而不是已经做了4年的老员工，从心态上会更容易重视公司的盈利。

三是以任务和技术为重点。任务重新组合分配，更新设备、技术创新，达到组织创新的目的。

对企业来说，创新是企业生存发展的动力，全面把握管理创新内容，有助于更好地实现企业发展。但是，组织创新也是一个连续不断的过程，在组织创新中不能完全抛弃组织的历史，要注意掌握适度的原则，过于频繁的大规模的组织变动会使组织经常陷于动荡状态，不利于组织功能的发挥与组织目标的实现。

（五）制度创新

制度创新是引入一项新的制度安排来代替原来的制度，以适应制度对象的新情况、新特性并推动制度对象的发展。制度创新一般包括以下三种。

1. 产权制度创新

产权制度是决定企业其他制度的根本性制度，它规定了企业最重要的生产要素的所有者对企业的权利、利益和责任。不同阶段，企业各种生产要素的相对重要性是不同的。产权制度主要是指企业生产资料的所有制。目前存在的生产资料所有制的形式主要是私有制和公有制，但是纯粹的私有制和公有制已逐步被取消。我国企业产权制度从“相对独立的商品生产”逐渐转向“完全独立的商品生产”，从纯粹的“公有制”趋向“股份制”。

2. 经营制度创新

经营制度是企业相关经营权的归属及其行使条件、范围等方面的原则规定。经营制度表明了企业的经营方式，确定了企业的经营者，明确了企业生产资料的使用权、占有权和处置权的行使，同时也确定了企业的生产方向、生产内容和生产形式等。所以，企业的经营制度创新应力求寻找企业生产资料最合理、最有效的利用方式。

3. 管理制度创新

管理制度是行使经营权、组织企业日常生产经营活动的各项具体规则的总称，包括对材料、资金、设备、人员等各种要素的取得和使用的规定。管理制度的创新，要求企业根据内外部环境变化，结合企业自身特点，适时地调整企业的管理制度，提高企业运行的有效性。

四、企业管理创新的特征

（一）系统性

该特性源于企业的系统性，由于企业是一个复杂系统，系统内的各要素相互联系、相互作用。当系统内某个或某些要素处于不良状态时，必有其他要素受到影响，因此，企业系统从整体上陷入不良状态。同时，从系统构成人员来说，企业系统是由人来运行的，也是为人服务的。当企业系统处于不良状态时，必有相关的人感到不满。反过来，如果没有相关的人感到不满，企业系统就处于良性状态。当企业人员不满时，意味着企业必须进行管理创新，以此平衡企业系统稳定，因此，企业的系统性为管理创新寻找着力点提供了可能，同时也为管理创新成果的评价提供了标准。

（二）全员性

企业管理创新的程度有大有小，创新程度不高的管理创新只是对现有管理工作一定程度上的改进，或者是对成熟管理技术的引进，其复杂程度不高。因此，可以认为企业所有员工都能成为管理创新的主体。依靠员工来解决问题已被认为是改变现代管理面貌的十二种创新之一。从根本上看，企业管理创新涉及企业中的每个人，每个人对管理系统是如何影响他本人以及从他的角度来看应该如何改进都是最有发言权的，因此，企业中每个员工都能够且应该成为管理创新的主体。

相关链接

华为的创新

华为是世界500强中唯一一家没有上市的公司和一家100%由员工持股的民营企业。目前，华为有7万多名员工持有公司股权，全员持股吸引了越来越多的人才到华为工作，全员持股成为激活华为员工创造潜力与创新能力的重要因素。

华为还探索了一套独特的商业模式，建立了一套行之有效的人力资源管理体系，尊重和爱护人才，聚集了一大批技术精英，为华为的可持续发展提供了人力保障。在培养接班人方面，任正非打破家族式继承，推行轮值CEO制度，让没有血缘关系的优秀后继者担任轮值CEO，首开中国民营企业“代际传承”之先河。

（三）变革性

该特性是指管理创新一般会涉及企业内权益关系的调整，因此，许多管理创新，尤其是程度大的管理创新实质上就是一场深刻的变革。从管理史上较为著名的管理创新来看，它们都具有变革性。比如：泰勒科学管理原理的应用需要劳资双方进行精神革命，协调利益关系；梅奥人群关系论的应用需要企业管理者改变管理方式，尊重员工。由于企业本身就是一个利益聚合体，或者是一个政治实体，因此，不触及现有权益关系、皆大欢喜的管理创新是不存在的。

（四）高风险性

管理创新是以新的管理模式取代旧有模式，这意味着需要重新对员工权责进行分工，以及利益分配调整，在推行过程中经常会遇到较大的阻力，导致未能按照预定计划推进，因而具有较大的创新风险。同时，由于发展环境、竞争者等未知因素的存在，企业在变革过程中对管理创新实施后的结果难以预测，这在一定程度上也增加了企业管理的创新风险。

第二节 企业管理创新的原则与过程

一、企业管理创新的原则

管理创新的原则是指产生管理创新创意的行为准则。由于它是产生管理创新创意的行为准则，而管理创新创意是创新的出发点，因此又可把管理创新的原则看作管理创新的基准和出发点。企业在管理创新过程中遵循的原则如下。

（一）科学性原则

由于管理创新的主要目的是寻找新的管理模式，因此在管理创新的过程中要有一定的科学性理论作为依据，并且对于管理创新达到的效果，要采取一定的科学方法和指标进行衡量。

（二）开放性原则

目前，随着互联网的快速发展，企业的国际化趋势增强，在谋求更好更快的发展时，追求发展目标多元化、高新技术化，因而企业管理创新要综合很多方面的理论知识，企业管理创新需要一个开放的领导体系，更需要全体员工的共同努力。因此，企业管理创新要求参与主体开放，创新思维开放。

（三）动态性原则

对于企业来说，外界环境并不是完全静止的，而是动态变化的，这种不断变化的外界环境使得企业需要不断面临新的挑战，同时也在无形中要求企业不断进行管理创新，以迎接社会发展和新的竞争者带来的挑战，基于此，企业要根据市场的需求动态调整管理的方法与模式。

（四）系统性原则

企业的市场竞争力主要依靠自身的综合实力，因此企业在进行管理创新时要以系统的理念来进行管理规划。企业作为一个系统，是各部分各因素相互联系相互作用共同形成的有机整体，并非各部分的简单加总，任何一个小小的变动都很容易出现牵一发而动全身的不良后果。因此，企业在进行管理创新时，要坚持系统性原则，兼顾多方面因素才能更好地发展。

（五）发挥优势原则

在管理史上，曾经盛行“木桶理论”，原因是一只木桶能装多少水，不是取决于最长的木板，而是取决于最短的那块木板，由此给企业带来的启发是要弥补企业的不足，从而提高企业的发展能力。但随着实践经验不断积累，人们发现，如果一直弥补短板，最后可能会失去企业的发展优势，于是产生了“新木桶理论”，企业在管理发展过程中，尽量回避短处，发挥企业优势，才能走得更远。企业在寻求管理创新过程中，要将企业优势成倍放大，形成独特的企业竞争力，在激烈的市场竞争中获胜。

企业管理创新原则的遵守有利于企业更好地发展壮大，实际上，从管理创新的历史过程来看，有两种创新方式是值得重视的：一是用新的科学技术、新的学科知识来研究、分析现实管理问题。由于是用新的学科知识和技术来看待现实管理问题，即从一种新的角度来研究问题，这样就可能得到不同于以往的看法、启示，这便是一种创新的灵感。二是沿用以往的学科知识、方法、手段，但不是分别单一地去看待每个现实的管理问题，而是将这些学科知识、方法、手段综合起来，系统地来看待管理问题，这样也能得到不同于以往的思路、看法、启示等。

二、企业管理创新过程

企业的管理创新过程是一个渐进的过程，是从无到有、从认识到认知、从认知到创新的过程，它分为五个阶段。

（一）分析管理创新需求

构建新的发展战略或管理模式，首先要厘清创新的动因以及企业发展的管理创新需求。一般来说，管理创新的需求通常来源于三个方面。

一是环境变化引发创新需求。比如：市场环境变化，导致消费者需求减少，产品销量下降，这时，利润的下降会迫使企业变革，寻求新的解决方法；企业所在地区、国家的法律和经济政策的变化，享受的税收优惠取消等因素的变动，也会促使企业提高自身的技术水平，提高产品的附加值。

二是发展战略的调整。当企业面临股权结构变动或是转型升级，甚至是管理者更替时都需要调整原有的发展战略。

三是管理模式漏洞。旧有的模式已经无法适应新的企业环境，特别是新技术的应用，使得针对员工的监管难以有效实施，或者员工对企业原有管理模式不满或企业遭遇到前所未有的发展危机而导致组织和员工在认识上与原有管理理论思想存在冲突，都需要调整或制定新的管理模式，使其更好地服务企业发展 。

（二）确立管理创新目标

当管理者认识到企业现有管理手段、方法的落后后，对新的管理理念和成功经验主动去认知、借鉴和学习，但企业创新需求与企业有限的资源能力并不能完全匹配，导致在一定时期内并非所有创新需求都得到满足。由此可见创新实施遵循循序渐进的节奏展开。对于管理创新的对象和内容，列出重点，明确管理创新涉及的技术及相关理论，确定创新的路径依赖性，根据改革的迫切程度制定轻重缓急的创新目标，以此满足企业的综合发展需求。这个过程需要大量的理论基础和案例的支持，从这些经验中汲取有利的元素，应用到新的管理体系之中。

（三）设计管理模式

此阶段是在了解确定企业管理创新的目标和主要内容之后，根据其改革动因和环境因素有针对性地设计管理模式，将企业之中不满的因素、先进的管理理论和成功的创新案例组合到一起，加以总结、提炼、加工，在重复、渐进的不断尝试中寻求一个最佳创新方案，包括企业管理流程，根据新的管理职责有效分工和岗位设置，构建新的管理组织机构，以及新组织机构的运行工作机制，为新的管理创新目标提供制度支持。根据管理创新任务，采用不同思路和方法设计新的管理模式，可以从两方面入手：一是系统化改造法，对现有的管理模式进行辨析，结合管理目标和任务，对其系统化改进形成新的管理模式，在运作形式上还保留原有管理模式的优点；二是全新设计法，这种方法超脱于原有管理模式，重新设计管理目标和任务，在结构、表现形式上进行全新创造。

（四）实施新的管理模式

在实施过程中，将企业的岗位、人员重新调配，使其工作更科学、合理，对工作人员来说，清晰其岗位职责化和管理流程，使其遵循新的组织管理架构，能够切实履行管理工作。由于创新管理模式的采用以及新的利益配置方案的实施，不可避免地会影响一部分人的权利和责任，这给实施过程带来较大的阻力。此外，企业设计较好的管理模式，如果实施环节把控不好，也会影响新的管理模式的运行效果，与预期效果不相符。基于此，需要在正式实施前做好充分的宣传工作，以此消除企业全员对于新管理模式的疑虑，了解管理创新的迫切性和必要性，尽可能争取新管理模式获得各方支持，减少实施过程的负面影响。对于受到影响的人员，要做出合理的安排和补偿。

（五）效果评价

为了更好地追踪新的管理模式实施效果，检验企业管理创新是否与企业发展相匹配，是否需要调整和优化，需要在管理模式中设立效果评价环节，效果评价有助于帮助管理人员了解管理创新目标和任务的完成进度，以及评估新管理模式对企业工作效率、经济效益、核心竞争力的影响。通过评价结果分析和反馈，有针对性地调整管理创新目标，以新的管理模式和实施方式提高管理模式的运用成效，满足企业管理创新的需求。一般情况下，采用即时评价和阶段性评价两种评价方法。即时评价主要通过沟通交流，了解员工对于新管理模式的看法和意见，从中获取有益修改建议，其工作重点在于将管理创新方法导入新的管理模式，及时地控制和修正其错误的部分，使其沿着正确轨道进行。阶段性评价主要是采用管理创新方法一段时间后，对实施阶段的工作绩效进行评价，从整体上分析其不合理、有错漏的地方，注重将某一段时期的管理创新方法导入整体过程，通过绩效评价为企业深入管理创新提供借鉴和指导。

综上不难看出，管理创新的最初阶段首先要得到组织内部的一致认可，这是管理创新得以执行的基本前提，创新的管理需要拥护者，并且需要在最短时间内取得成果来证明创新的有效性。即使有些创新需要很长的时间，但是有理论认证的创新也能增加创新者和支持者的信心。

相关链接

自主创新案例——华为

华为从 2 万元起家，用 25 年时间，从名不见经传的民营科技企业，发展成为世界 500 强和全球最大的通信设备制造商，成功的秘密就是创新。“不创新才是华为最大的风险”，华为总裁任正非的这句话道出了华为骨子里的创新精神。

华为虽然和许多民营企业一样从做“贸易”起步，但是华为没有像其他企业那样，继续沿着“贸易”的路线发展，而是踏踏实实地搞起了自主研发。华为的创新体现在企业的方方面面，在各个细节之中，技术创新方面，表现在技术引进、吸收与再创新层面上，主要是在国际企业的技术成果上进行一些功能、特性上的改进和集成能力的提升。对于所缺少的核心技术，华为通过购买或支付专利许可费的方式，实现产品的国际市场准入，再根据市场需求进行创新和融合，从而实现知识产权价值最大化。华为的管理创新方面，实现了与国际接轨，不仅经受了公司业务持续高速增长的考验，而且赢得了海内外客户及全球合作伙伴的普遍认可，有效支撑了公司的全球化战略。在产品研发上，华为“以客户需求为导向”，以客户需求驱动研发流程，围绕提升客户价值进行技术、产品、解决方案及业务管理的持续创新，快速响应客户需求。同时，华为还坚持“开放式创新”，先后在德国、美国、瑞典、英国、法国等国家设立了23个研究所，与世界领先的运营商成立了34个联合创新中心，从而实现了全球同步研发，不仅把领先的技术转化为客户的竞争优势，帮助客户成功，而且为华为输入了大量高素质的技术人才。

华为的“客户创新中心”和“诺亚方舟实验室”就是专门为客户量身打造的创新研究机构。华为还探索了一套独特的商业模式，建立了一套行之有效的人力资源管理体系，尊重和爱护人才，聚集了一大批技术精英，为华为的可持续发展提供了人力保障。

华为的创新，绝不是单一某方面的创新，涉及了管理中的每一个环节，从技术到组织管理，所以对今天华为所取得的成绩并不奇怪。

第三节　掌握企业管理创新的方法与实施

一、企业管理创新方法

在对企业管理理论与实践的研究与创新中，不能总是重复别人走过的路，要不失时机地抓住机遇，实施管理创新，探索企业管理现代化新途径。可以从以下四个方面切入。

（一）企业管理目标的创新

传统的观念认为，利润最大化应是企业管理的目标。但随着管理的发展完善，企业管理的目标逐渐转向市场占有率。因为市场占有率是企业市场竞争力的综合表现与集中反映，在市场经济条件下，企业要出效益必须以市场为导向。因此，企业管理的最终目标是市场化。

（二）组织结构、决策与沟通机制的创新

精干高效的组织结构是贯彻实施经营战略的组织保证。首先，企业作为经济主体，不应承担过多的社会职能与政府职能，应减轻企业负担；其次，以专业化社会协作为依据，服务部门等非生产主体分离出来，精简企业结构。在决策创新层面，选择方案的过程实际是分析决策的好与坏的过程。一项有效的决策其实质是强调各决策阶段的工作质量。因此，决策创新的主要方面体现在围绕企业经营管理的长远目标对人、财、物的合理配置上。

（三）战略管理的创新

目前战略管理的最大创新就是企业管理的信息化。

（四）人性化管理是现代企业管理的发展态势

人性化管理就是一种在整个企业管理过程中充分注意人性要素，以充分开发人的潜能为己任的管理模式。人性化管理在企业中常表现为以下五个方面。

1. 情感化管理

情感化管理就是要注重人的内心世界，把握好人的本性与欲望，激发、发展人性中光明的、积极的一面，给人向上的动力与希望；同时，关注人的欲望，激发职工的积极性，消除职工的消极情感，从而实现员工的价值追求与企业发展动力的巧妙结合。

2. 民主化管理

民主化管理就是企业组织者在做出决策时让员工参与决策，耐心地听取他们的意见，提高员工的士气，增强员工的主人翁责任感。通过企业与员工的关联机制的建立实现民主化管理，比如让员工持有一定的股份。

3. 人才管理

不仅要发现有能力的人才，还要让人才管理好自己。企业的竞争核心是人才，人的创造性是可以通过学习造就的。在知识经济时代，创造性人才在经济中的重要性日益突出，企业组织管理者在使用人才的过程中，应当建立人才信息管理系统，科学化统筹人才的培养、使用、储存、流动等工作，真正实现人事工作科学化、合理化，激励并保护创造性人才的创造性。因此，组织管理者要不断增强管理的柔性因素，注意做好有关人员的各项工作，注意感情投资，重视倡导企业精神，重视民主管理，使企业具有巨大的向心力与凝聚力。

4. 自我管理

自我管理是民主管理的深化发展，是职工根据企业的发展战略目标，自主制订计划、实施控制、实现目标，即“自己管理自己”。它是个人意志与企业意志的统一结合，让每个人心情舒畅地为企业作奉献。企业要尊重并相信员工，发挥员工个人积极性，开发其潜力与创造力，才能提高企业劳动生产率，从而创造出更大的价值。

5. 文化管理

文化管理是人性化管理的最高层次，它通过企业文化培育、管理文化模式的推进，使员工形成共同的价值观与共同的行为规范。

综上不难发现，对于企业而言，企业管理创新方法与实施主体之间相互关联，从管理层级角度构建基于管理者层级的管理创新方法体系。

二、企业管理创新实施

企业管理创新实施从以下六个方面着手。

（一）加强企业管理创新的认识

在互联网经济快速发展、全球化背景条件下，企业管理对于经济发展有着重要的作用。因此，企业创新管理是企业快速有效发展的重要途径。在当前的经济环境下，拥有较高企业管理水平的企业才能发挥有效市场竞争力。再者，加强企业管理创新的力度是符合科学发展观的重要措施。

（二）加强企业战略管理和质量管理

企业战略管理的主要目的是提升自身的行业竞争力，通过外界环境的变化和自身的需求制订企业未来的发展计划，在根本上提升企业的生存空间和竞争力。对于一家企业来讲，要重视和加强企业战略的规划，将战略管理作为企业管理的重心。

（1）加强企业产品质量管理的力度，将客户的要求作为质量的衡量标准，将客户的评价作为质量好坏的最终衡量标准，严格把关生产过程，防止产品质量不达标的情况发生。

（2）树立良好的企业形象，通过高质量产品来提升企业的知名度。

（3）实行标准化战略，建立标准化的管理体系，主要包括产品、管理、技术等标准，同时依照国家的相关标准来进行生产和发展。

（4）加强质量监督管理的力度，保障产品的质量，避免不良产品流入市场，防止产品质量问题造成人民生命财产损失的情况发生。

（三）加强技术、财务内控制度的管理创新

企业只有不断进行技术创新，才能生产出具有市场竞争力的产品。首先要建设技术创新队伍，创新队伍主要由企业技术人员、政府人员、科研部门人员组成，其中企业技术人员是创新队伍的核心，其他相关人员要以企业为主体开展创新工作。同时要把技术创新融入生产的整个过程当中，在整体创新的同时也要保障生产过程的创新，不仅要开发市场需要的新产品，而且要为企业未来发展创新出新技术和新产品。企业管理的中心是财务管理，同时财务管理也是企业能否长远发展的重要决定因素，因此要不断改善企业在财务管理方面的缺陷，完善财务管理体制。积极学习新的财务管理知识，通过企业的自身状况健全企业内控制度，加强企业财务管理水平的提升。

（四）财务风险管理创新策略

（1）完善财务风险处理机制，提高财务风险防范能力。要想有效避免财务风险的发生，必须从企业的长远利益出发，不断完善企业财务风险处理机制。

（2）厘清企业财务关系。要想有效预防企业财务风险，必须厘清企业的财务关系，企业不同部门要了解自身在财务管理过程中的责任和权利，要有明确的权责制度。同时企业在进行利益分配时要保障公平性，保障各个部门的利益。

（五）人力资源管理和企业文化管理的创新

建设人才培养机制，通过科学有效的晋升机制来激励员工的工作积极性。同时为企业员工设计良好的职业生涯规划，实行岗位竞争机制，将市场竞争的机制落实到企业岗位当中，让企业的岗位管理形成动态化。在岗位升职方面要有有效的管理措施，通过竞争上岗的方式来选取正确的人才。形成企业独特的文化氛围，使员工产生归属感，有利于企业长久发展。

（六）建立学习型企业

（1）学习型领导班子的培养。社会已经进入信息化和知识经济的时代，对企业的领导者提出了更高的要求，特别是在知识和素质方面。所以，要有终身学习和持续学习的观念，建立终身学习的理念体系，创造良好的学习环境。不仅要强化企业的知识积累和知识更新，还要从外界环境中寻找有利知识理论，将有效的知识融入企业的发展当中，从而实现企业在知识方面的资源优化。

（2）学习型员工的培养。通过有效的培训，建立起一支学习型职工队伍，提升员工的知识量和知识面，为企业在社会中的竞争增加筹码 。

课后阅读

中国上市公司创新势力和创新效率分析

近年来，中国企业正在经历以往从未经历过的变化与冲击——创新驱动发展。那么，拥有更强创新能力的公司，是否能在长期性冲击下展现出更强的韧性？它们的盈利和增速是否都有更佳的表现？

2022年，浙江大学管理学院选取2842家中国A股上市公司为评估对象，基于创新势力和创新效率两个维度构建评估模型，推出2021年中国上市公司创新指数500强，覆盖了制造业，信息传输、软件和信息技术服务业，科学研究和技术服务业，综合四大类36个二级细分行业，根据研发投入规模、研发人员规模、专利规模数据、平均销售利润率、研发强度指标、技术效率、商业模式新颖性七个指标来构建创新指数评估方法。上海、北京、深圳、杭州、南京、无锡的创新指数500强数量位列前六。其中，计算机、通信与其他电子设备制造业，软件与信息技术服务业，医药制造业，专用设备制造业，电气机械及器材制造业上榜企业数量占比较高。

（1）创新型企业分布呈区域集中，上海、北京、深圳数量居前三。

创新型公司存在明显的区域集中趋势，较为集中分布在以长三角、珠三角为代表的东南沿海与一线城市。从城市分布来看，创新指数500强公司中，有261家总部位于10个城市：上海（58家）、北京（49家）、深圳（34家）、杭州（33家）、南京（17家）、无锡（17家）、广州（16家）、成都（13家）、苏州（12家）、宁波（12家）。十大城市的创新型公司在行业分布上既有共性又有区域性的特点。从十大城市创新指数优势企业的行业分布来看，前六大城市创新指数前五名均涉及计算机、通信和其他电子设备制造业。

（2）浙江省上榜企业82家，首次超越广东省，排名第一。

浙江省的创新指数500强企业数量首次超过广东省，成为数量最多的省份；江苏省上榜企业数量新增最多，相比去年增加9家；四川省首次进入前五名（直辖市不计入排名）。从行业分布来看，各省排名前列的行业主要包括化学原料及化学制品制造业，电气机械及器材制造业，计算机、通信和其他电子设备制造业以及专用设备制造业。例如：广东省的75家创新指数500强企业中，20%属于计算机、通信和其他电子设备制造业；山东省的29家创新指数500强企业中，34%属于化学原料及化学制品制造业。

除共性以外，浙江省、广东省和四川省企业数量占比前五的行业特征明显。浙江省与广东省医药制造业企业数量均排名前列，并且有相当数量的软件和信息技术服务业企业上榜。四川省并列排名第一的行业包括化学原料及化学制品制造业，有色金属冶炼及压延加工业，酒、饮料和精制茶制造业，各有3家企业，各占四川省创新指数500强企业总数约15.8%。

根据各省创新势力、创新效率排名，可将相关省份、直辖市划分为四类：一是高势力-高效率省份，以上海、北京、河北为主，其创新势力、创新效率的排名均领先于其他各省；二是高势力-低效率省份，以广东、湖北、安徽为代表，这类省份在创新势力方面具有较大优势，但创新效率上尚有所欠缺；三是低势力-高效率省份，以四川、浙江、江西为代表，这类省份的创新效率优势较强，但创新势力仍有待提升；四是低势力-低效率省份，以陕西、福建、江苏、天津为主，这些省份在创新指数的两个分项指标的表现上都不突出。

（3）浙江省、江苏省排名稳定，上升发展势头良好。

浙江省、江苏省创新企业发展势头良好，北京市、上海市创新企业质量稳居“第一梯队”。

（4）创新指数500强企业数字化关注程度相对较高。

2022年报告新增企业韧性与数字化关注方面的内容。分析发现，在2842家A股上市公司样本中，其年报共提及数字化关键词60831次，平均每家公司提及21.4次。创新指数排名越靠前的企业对数字化的平均关注更高，但是创新指数上榜企业之间差距不大。报告对创新指数500强企业进行分组检验，发现不论是前50%的企业与后50%的企业对数字化的平均关注水平，还是前25%的企业与后75%的企业对数字化的平均关注水平均不存在显著差异。

（5）企业创新能力越强，拥有的资产收益率越稳定。

2018—2021年，创新指数排名更靠前的公司不论是在盈利性还是在业务增长上都具有更强的韧性表现。此外，总样本中创新规模较大或创新效率较高的企业最近四年拥有更为稳定的资产收益率。

思考与练习

1. 简述企业管理创新特征。
2. 简述企业管理创新的原则。
3. 简述企业的管理创新过程。
4. 企业管理创新方法有哪些？
5. 简述企业管理创新措施。

案例分析

5G应用下的智慧物流

运输作为物流的重要环节，也是物流成本中占比最大的部分，据统计，我国运输占物流成本的比例在51%左右。而公路运输是其中的最主要部分，按照2020年的统计数据，全国公路货运规模占比为73.93%，铁路货运规模占比为9.62%，水路货运规模占比为16.43%。

也正是因为如此，公路运输需求广泛，在降低物流成本国内生产总值（GDP）占比、支持经济发展的背景下，公路运输的公益属性更加突出，而公路运输企业自身存在“散、小、乱、差”的特点，在面临铁路、水运、航空等运输方式竞争下，企业效益下降，安全事故管控难，在面临疫情管控的情况下，司机短缺问题也极大地影响着物流运输效率，加剧了公路运输的困境。

通过数字化的手段优化运输路线、协调运力资源、提升管理水平，被认为是提升公路运输能力和效益的有效手段，同时5G车联网和无人驾驶技术的发展为物流运输的智慧化提供了关键基础设施和关键技术，这有助于大幅降低交通事故和交通事故伤亡率，显著提升交通效率和物流企业效益，并能有效降低交通能耗和排放，助力双碳目标的实现。

基于自动驾驶的物流干线运输具有广阔的市场。首先从市场空间来说，预计干线运输达到7000亿元左右。其次，中国有近3000万名卡车司机，由于市场分散、价格不透明，层层转包的现象很多，服务难以保障。尽管随着货运平台的兴起，市场得到规范，但司机以个体为主，疲劳驾驶等安全问题仍很突出。最后，干线货运的成本结构可理解为“3322”，30%是燃油费，30%是路桥费，20%是司机，20%是车辆的折旧和维修。可以看到，司机和燃油的成本占比达到50%。基于以上因素，通过自动驾驶技术实现公路货运干线运输，能够有效达成降本、增效、安全的目标。

4G/5G-V2X技术成为支持无人驾驶公路货运的关键技术，在网络架构、通信协议、服务级别协议（SLA）保障等方面均专门设计，以满足车联网的通信和部署要求。

问题：

1. 结合案例分析智慧物流属于管理创新的哪种类型，智慧物流会对企业发展产生怎样的影响。
2. 从思政角度分析5G技术的发展及应用体现了我国哪些发展战略。

参考文献

[1] 刘磊．现代企业管理［M］．北京：北京大学出版社，2019.

[2] 陈杰．现代企业管理［M］．北京：北京理工大学出版社，2018.

[3] 高海晨．现代企业管理［M］．北京：机械工业出版社，2018.

[4] 刘珂．现代企业管理［M］．北京：经济科学出版社，2018.

[5] 姜真．现代企业管理［M］．2 版. 北京：清华大学出版社，2018.

[6] 于卫东．现代企业管理［M］．北京：机械工业出版社，2018.

[7] 王关义，刘益，刘彤，等．现代企业管理［M］．4 版. 北京：清华大学出版社，2018.

[8] 陈民伟，林朝朋．供应链管理实务［M］．哈尔滨：哈尔滨工业大学出版社，2017.

[9] 罗玉明，刘莉芳．企业战略管理［M］．北京：中国传媒大学出版社，2017.

[10] TAYORFW. 科学管理原理［M］．马风才，译．北京：机械工业出版社，2013.

[11] FAYOL H. 工业管理与一般管理［M］．迟力耕，张璇，译．北京：机械工业出版社，2013.

[12] 周三多．管理学：原理与方法［M］．6 版. 上海：复旦大学出版社，2014.